生态维度下土地规划管理及其法制考量

The Management and Legal Consideration about Land Plan in Ecological Dimension

胡耘通 著

经济管理出版社
ECONOMY & MANAGEMENT PUBLISHING HOUSE

图书在版编目（CIP）数据

生态维度下土地规划管理及其法制考量/胡耘通著．—北京：经济管理出版社，2013.5

ISBN 978-7-5096-2477-7

Ⅰ.①生… Ⅱ.①胡… Ⅲ.①土地管理法—研究—中国 Ⅳ.①D922.304

中国版本图书馆 CIP 数据核字（2013）第 104876 号

组稿编辑：宋 娜
责任编辑：宋 娜 马英菊
责任印制：黄 铄
责任校对：陈 颖

出版发行：经济管理出版社
（北京市海淀区北蜂窝 8 号中雅大厦 A 座 11 层 100038）
网 址：www. E-mp. com. cn
电 话：（010）51915602
印 刷：北京广益印刷有限公司
经 销：新华书店
开 本：720mm×1000mm/16
印 张：18.75
字 数：308 千字
版 次：2013 年 7 月第 1 版 2013 年 7 月第 1 次印刷
书 号：ISBN 978-7-5096-2477-7
定 价：82.00 元

编委会及编辑部成员名单

本书受到“中国博士后科学基金面上资助项目（编号：2011M501379）”资助。

序　一

博士后制度是19世纪下半叶首先在若干发达国家逐渐形成的一种培养高级优秀专业人才的制度，至今已有一百多年历史。

20世纪80年代初，由著名物理学家李政道先生积极倡导，在邓小平同志大力支持下，中国开始酝酿实施博士后制度。1985年，首批博士后研究人员进站。

中国的博士后制度最初仅覆盖了自然科学诸领域。经过若干年实践，为了适应国家加快改革开放和建设社会主义市场经济制度的需要，全国博士后管理委员会决定，将设站领域拓展至社会科学。1992年，首批社会科学博士后人员进站，至今已整整20年。

20世纪90年代初期，正是中国经济社会发展和改革开放突飞猛进之时。理论突破和实践跨越的双重需求，使中国的社会科学工作者们获得了前所未有的发展空间。毋庸讳言，与发达国家相比，中国的社会科学在理论体系、研究方法乃至研究手段上均存在较大的差距。正是这种差距，激励中国的社会科学界正视国外，大量引进，兼收并蓄，同时，不忘植根本土，深究国情，开拓创新，从而开创了中国社会科学发展历史上最为繁荣的时期。在短短20余年内，随着学术交流渠道的拓宽、交流方式的创新和交流频率的提高，中国的社会科学不仅基本完成了理论上从传统体制向社会主义市场经济体制的转换，而且在中国丰富实践的基础上展开了自己的伟大创造。中国的社会科学和社会科学工作者们在改革开放和现代化建设事业中发挥了不可替代的重要作用。在这个波澜壮阔的历史进程中，中国社会科学博士后制度功不可没。

值此中国实施社会科学博士后制度20周年之际，为了充分展示中国社会科学博士后的研究成果，推动中国社会科学博士后制度进一步发展，全国博士后管理委员会和中国社会科学院经反复磋商，并征求了多家设站单位的意见，决定推出《中国社会科学博士后文库》(以下简称《文库》)。作为一个集中、系统、全面展示社会科学领域博士后优秀成果的学术平台，《文库》将成为展示中国社会科学博士后学术风采、扩大博士后群体的学术影响力和社会影响力的园地，成为调动广大博士后科研人员的积极性和创造力的加速器，成为培养中国社会科学领域各学科领军人才的孵化器。

创新、影响和规范，是《文库》的基本追求。

我们提倡创新，首先就是要求，入选的著作应能提供经过严密论证的新结论，或者提供有助于对所述论题进一步深入研究的新材料、新方法和新思路。与当前社会上一些机构对学术成果的要求不同，我们不提倡在一部著作中提出多少观点，一般地，我们甚至也不追求观点之“新”。我们需要的是有翔实的资料支撑，经过科学论证，而且能够被证实或证伪的论点。对于那些缺少严格的前提设定，没有充分的资料支撑，缺乏合乎逻辑的推理过程，仅仅凭借少数来路模糊的资料和数据，便一下子导出几个很“强”的结论的论著，我们概不收录。因为，在我们看来，提出一种观点和论证一种观点相比较，后者可能更为重要：观点未经论证，至多只是天才的猜测；经过论证的观点，才能成为科学。

我们提倡创新，还表现在研究方法之新上。这里所说的方法，显然不是指那种在时下的课题论证书中常见的老调重弹，诸如“历史与逻辑并重”、“演绎与归纳统一”之类；也不是我们在很多论文中见到的那种敷衍塞责的表述，诸如“理论研究与实证分析的统一”等等。我们所说的方法，就理论研究而论，指的是在某一研究领域中确定或建立基本事实以及这些事实之间关系的假设、模型、推论及其检验；就应用研究而言，则指的是根据某一理论假设，为了完成一个既定目标，所使用的具体模型、技术、工具或程序。众所周知，在方法上求新如同在理论上创新一样，殊非易事。因此，我们亦不强求提出全新的理论方法，我们的最低要求，是要按照现代社会科学的研究规范来展开研究并构造论著。

我们支持那些有影响力的著述入选。这里说的影响力，既包括学术影响力，也包括社会影响力和国际影响力。就学术影响力而言，入选的成果应达到公认的学科高水平，要在本学科领域得到学术界的普遍认可，还要经得起历史和时间的检验，若干年后仍然能够为学者引用或参考。就社会影响力而言，入选的成果应能向正在进行着的社会经济进程转化。哲学社会科学与自然科学一样，也有一个转化问题。其研究成果要向现实生产力转化，要向现实政策转化，要向和谐社会建设转化，要向文化产业转化，要向人才培养转化。就国际影响力而言，中国哲学社会科学要想发挥巨大影响，就要瞄准国际一流水平，站在学术高峰，为世界文明的发展作出贡献。

我们尊奉严谨治学、实事求是的学风。我们强调恪守学术规范，尊重知识产权，坚决抵制各种学术不端之风，自觉维护哲学社会科学工作者的良好形象。当此学术界世风日下之时，我们希望本《文库》能通过自己良好的学术形象，为整肃不良学风贡献力量。

中国社会科学院副院长

中国社会科学院博士后管理委员会主任

2012 年 9 月

序　二

在21世纪的全球化时代，人才已成为国家的核心竞争力之一。从人才培养和学科发展的历史来看，哲学社会科学的发展水平体现着一个国家或民族的思维能力、精神状况和文明素质。

培养优秀的哲学社会科学人才，是我国可持续发展战略的重要内容之一。哲学社会科学的人才队伍、科研能力和研究成果作为国家的“软实力”，在综合国力体系中占据越来越重要的地位。在全面建设小康社会、加快推进社会主义现代化、实现中华民族伟大复兴的历史进程中，哲学社会科学具有不可替代的重大作用。胡锦涛同志强调，一定要从党和国家事业发展全局的战略高度，把繁荣发展哲学社会科学作为一项重大而紧迫的战略任务切实抓紧抓好，推动我国哲学社会科学新的更大的发展，为中国特色社会主义事业提供强有力的思想保证、精神动力和智力支持。因此，国家与社会要实现可持续健康发展，必须切实重视哲学社会科学，“努力建设具有中国特色、中国风格、中国气派的哲学社会科学”，充分展示当代中国哲学社会科学的本土情怀与世界眼光，力争在当代世界思想与学术的舞台上赢得应有的尊严与地位。

在培养和造就哲学社会科学人才的战略与实践上，博士后制度发挥了重要作用。我国的博士后制度是在世界著名物理学家、诺贝尔奖获得者李政道先生的建议下，由邓小平同志亲自决策，经国务院批准于1985年开始实施的。这也是我国有计划、有目的地培养高层次青年人才的一项重要制度。二十多年来，在党中央、国务院的领导下，经过各方共同努力，我国已建立了科学、完备的博士后制度体系，同时，形成了培养和使用相结合，产学研相结合，政府调控和社会参与相结合，服务物质文明与精神文明建设的鲜明特色。通过实施博士后制度，我国培养了一支优秀的高素质哲学社会科学人才队伍。他们在科研机构或高等院校依托自身优势和兴趣，自主从事开拓性、创新性研究工作，从而具有宽广的学术视野、突出的研究能力和强烈的探索精神。其中，一些出站博士后已成为哲学社会科学领域的科研骨干和学术带头人，在“长江学者”、“新世纪百千万人才工程”等国家重大科研人才梯队中占据越来越大的比重。可以说，博士后制度已成为国家培养哲学社会科学拔尖人才的重要途径，而且为哲学社会科学的发展造就了一支新的生力军。

哲学社会科学领域部分博士后的优秀研究成果不仅具有重要的学术价值，而且具有解决当前社会问题的现实意义，但往往因为一些客观因素，这些成果不能尽快问世，不能发挥其应有的现实作用，着实令人痛惜。

可喜的是，今天我们在支持哲学社会科学领域博士后研究成果出版方面迈出了坚实的一步。全国博士后管理委员会与中国社会科学院共同设立了《中国社会科学博士后文库》，每年在全国范围内择优出版哲学社会科学博士后的科研成果，并为其提供出版资助。这一举措不仅在建立以质量为导向的人才培养机制上具有积极的示范作用，而且有益于提升博士后青年科研人才的学术地位，扩大其学术影响力和社会影响力，更有益于人才强国战略的实施。

今天，借《中国社会科学博士后文库》出版之际，我衷心地希望更多的人、更多的部门与机构能够了解和关心哲学社会科学领域博士后及其研究成果，积极支持博士后工作。可以预见，我国的博士后事业也将取得新的更大的发展。让我们携起手来，共同努力，推动实现社会主义现代化事业的可持续发展与中华民族的伟大复兴。

王晓初

人力资源和社会保障部副部长

全国博士后管理委员会主任

2012 年 9 月

摘 要

毫无疑问，土地是我们的一切，是我们生存的首要条件。在所有的自然资源中，土地与人类之间的关系最为密切。土地是人类生产、生活不可缺少的资源基础，同时也承担着人类生存、发展的生态重任。但在经济发展、社会建设、人口增长的多重影响下，土地开始由单纯的资源短缺问题逐渐演变成复杂的系统紊乱危机。这场危机不是针对个人、政府或者某个跨国组织的，而是普遍的、全球性的，因而人们不得不转变对待土地的态度、行为。土地规划作为一项世界普遍采用的管理制度，虽然由于各国国情状况、社会结构、管理体系、产权制度等方面存在差异，并没有形成统一的运行模式，但都旨在合理配置土地，遏制土地过度开发，以实现资源的可持续利用。为保障土地规划的权威、有效，各国相继制定了规划管理法律，构建了完整的法制体系。为了实现永续发展，保护土地、改善环境的生态运动不断涌现，无论作为单体的个人、集体的社会，还是作为全球的生态系统，都面临着重大转折。与此相伴，规划管理法制以化解土地危机为己任，采取各种关涉环境保护的措施，不断探索着生态化的变革。

在我国，土地从古至今都是关系国计民生的问题。由于人多地少的现实，加之不合理的利用方式，土壤污染、土地退化、水土流失等问题频频爆发，土地利用与经济、社会、生态持续发展的矛盾愈加深刻。近半个世纪以来，虽然我国土地规划管理无论在编制技术还是实施手段上均取得了长足进步，但当我们审视脚下土地的时候，不得不承认这一制度仍然陷入困境：为了追求经济效益而任意调整规划，为了实现政绩工程而违规征地拆迁……究其根源，现行法律、法规远不能满足规划土地利用的法制诉求，缺少真正意义的土地规划管理法制。并且，在可持续发展的战略背景下，一种超越工业文明的崭新时代——生态文明悄然降临，但与土地利用、生态保护紧密联系的土地规划管理法制却没能跟上时代的变迁。

基于此，本书汲取前人的研究成果，深入论证生态维度下土地规划管理及其法制考量命题，以期为土地规划管理法制的生态改进提供理论支撑。本书共分为七章，主要内容与研究思路按照如下顺序依次展开：

第一章揭示规划介入土地管理的必然。数量减少、质量降低引发土地利用局限与需求扩张之间的冲突，规划管理恰源于土地利用窘迫的危机状况。由于市场存在外部性、信息不对称等弊端，难以有效配置土地资源，规划通过合理安排土地以规范利用行为，弥补市场失灵状态。

第二章解读土地规划管理的法制认知。土地规划管理乃规划法制的构建基础，法学意义的规划限于“一定空间和土地利用”，范围除土地利用总体规划之外，还覆盖了城乡规划中关于土地利用的部分。法制体系由关于土地管理的宪法规定、土地规划基本法律等五个层级构成。规划法制的属性侧重于行政法，并伴随生态需要而逐步填充生态意蕴。阐述规划与土地私权、用途管制之间的关系，明确土地规划管理的法制定位。剖析前两轮土地利用总体规划的实施状况，寻找规划失效的法制根源。

第三章论述土地规划管理的生态议题与法制实践。土地具备诸多生态功效，规划管理势必引发生态反应。面对不同的土地问题，规划管理经历了消极回避、公害控制、生态治理等阶段。法制生态化乃法律面临生态危机而进行的革命，现行法律法规亟须进行相应的生态改造。为适应自由国、社会国、环境国的不同期待，规划管理法制由萎缩变革为逐步兴起并积极扩展。美国、澳大利亚土地规划管理法制的生态实践，为我国土地规划管理法制的生态变革提供了经验。伦理观念的转变，审视着规划管理法制的生态向度，“人类利益至上”、“经济发展优先”的现实倾向，阻碍了我国土地规划管理法制作用的发挥。

第四章阐释土地规划管理的法制生态选择。基于现实需要，法制仅能渐进地协调生态与经济、社会之间的冲突，逐步奠定生态变革的基础。土地规划属于国家经济社会发展的重大事项，专门制定土地规划法业已成为法制构建的当务之急。规划管理法制价值回应生态趋向——秩序与正义价值的生态扩展、延伸，以充分维护整体的生态利益。规划管理法制实现生态蜕变，意旨定位于土地规划的可持续性，并实现土地权利与规划权力的协调平衡。基本原则贯穿了规划管理法制的各个环节，确立了生态优先、风险预防、全程管理等原则，从而宏观指导具体规则的架构。

第五章构想土地规划管理实体规则的生态完善。为了实现权力配置，决定合法、责任负担等法治目标，规划制定主体亟须进一步廓清，而其他规划主体则从主体融合、范围扩展、职能回归等方面完善。规划权力具有极大的裁量特性，必须明确权力的法律依据、运行要求，在政府与人大、中央与地方等层面改革权力配置。土地用途类型乃规划法制不可缺少的内容，现行法律在土地用途划分上存在诸多不足，从类型法定、标准完善、体系修正等方面重新构架了土地规划用途的分类体系。

第六章考量土地规划管理程序规则的生态构建。规划具有科技复杂、利益冲突等特质，要求夯实权力运行的正当基础，而正当法律程序能够回应规划管理的正当性问题。本章考察了日本、德国以及我国台湾地区土地规划的正当程序规则，检视了我国规划法定程序的正当性缺失，并针对非拘束性、拘束性规划分别设定一般程序和确定程序。规划管理程序的有效运行需要完备的制度配合，完善信息公开、公众参与、环境影响评价等成为最低公正的要求。

第七章探索土地规划管理法制实现的生态途径。规划法制规则采用“目标—手段—效果”的程式构造，意在追求特定目标的达成。土地规划管理法制具有动态、导向的生态特征，虽然规划制定重在土地可持续利用，但规划实施必须寻求达致目标的各种途径。土地规划管理法制的实施需要结合市场机制、土地发展权、信赖保护等内容，建立、完善规划指标、规划许可、规划评估以及规划变更等具体途径，促使规划真正实现生态目标的法制愿景。

关键词： 土地规划　管理　法制　生态

Abstract

There is no doubt that land is our all and our first condition of existence. In all of the natural resources, relationship between land and human is the most closely. Land is an indispensable resource base of production and life and also bears ecological functions of survival and development. Under multiple effects of economic and social development, population growth and question of land shortage gradually starts to evolve into a complex crisis of system disorder. The crisis are not only for individuals, governments or international organizations but are also general and global which people need to change their attitudes and behaviors towards the land. In order to rational allocation of land; curb excessive development and sustainablly utilization of resources, land plan has been a widely used management system in the world and has not formed a unified model because of the existence of differences in national conditions, social structure, management system and property right system. For protection authority and effectivity of land plan, many countries have developed law to establish a perfect legal system. In order to achieve goals of sustainable development, ecological movements continue to emerge to protect the land and improve its environment. A single individual, a collective social or the world's ecosystem are facing a major turning point. In the period, plan management law shall be taken to various protection measures to resolve land and explores the ecological changes.

In China, land has been an important lifeline of the people's livelihood from ancient times. However, soil pollution, land degradation, soil erosion and other issues frequently accur due to the actual situation of the land and unreasonable using – patterns. The contradiction is increasingly profound among land use, economic, social and ecological. Nearly half a century, the plan management of land plan have achieved great progress on organization techniques or implementation method. But when we re – examine reality, problems have not been thoroughly solved: arbitrary adjustment plan, land acquisition and demolition in order to achieve political project, in order to pursue economic benefits. The reason is that law of land plan management is lacking and the existing law can not meet legal requirement of land plan. Under background of sustainable development, the ecological civilization takes us to the time, and law of land plan management could not keep pace with the times.

Based on those above, the author widely learns from previous research results to study land plan management and legal consideration in ecological dimension which provides theoretical support for the improvement of the law of land plan management. Through regulating using behavior for rational arrangement, land plan makes up for failure of market in malpractice of externalities and asymmetric informationan that solves contradiction of land using condition in maximum. The relationship between plan and land rights, use control shall be clear and position of land plan management shall be definite. The two rounds of implementation of land plan is analyzed for seeking the legal causes. Because land has ecological effect, land plan will result on ecological reaction. Land plan management is the base of establishing land law and gradually fills ecological implication. Law is modificuted for facing ecological civilization and law of plan management changes from atrophy to gradually rise and actively expand. The ecological practice on law of land plan management in USA and Australia draws lesson for ecological changes about law of land plan management. Land plan belongs to the major issues of economic and social development, "law of land plan" has become a pressing matter of establishing law.

From the macroscopic aspect, legal value of plan management responses to the ecological trend which are the order and justice of ecological expansion. The objective locates sustainable in land plan implementation keeps balance of land rights and plan power. Basic principles includes ecological priority, risk aversion whole management guidance and throughout all aspects of law of plan management. In the specific ideas, plan – making subject should be cleared and other plan subject should be improved on the main body, scope expansion and function return. Plan power has characteristic of discretion, so legal basis, operating requirements are needed. Land use type is the indispensable content of land law. The classification system of land plan shall be reconstructed from legal type, standard perfect and system correction. Due procedure of law responses to legitimacy of plan management. Through investigation about due procedure rules of land plan in Japan, Germany and Chinese Taiwan; we see the lack of legitimacy in plan procedure and respectively set general procedure and determining procedure for non – binding plan and binding plan. Information disclosure, public participation and environmental impact evaluation are to be perfected and effective operation of plan management completes the minimum requirements of justice. Law of plan management is intended to find specific target by using program structure of "target – mean – effect". The orient of plan is sustainable utilization of land, plan implementation must seek ways to achieving goals by combining market mechanism, land development rights, trust protection and other contents to build and perfect plan target, plan permission, plan evaluation and plan changes to realize the vision of ecological objectives.

Key Words: Land Plan; Management; Law; Ecology

目　录

Contents

第一章　规划介入土地管理的必然

从生态意义上讲，土地是由地球一定高度和深度的岩石、矿藏、土壤、水分、空气和植被等构成的自然综合体。毫不夸张地说，这个自然综合体是我们的一切，是我们生存的首要条件。在所有的自然资源中，土地与人类之间的关系最为密切。土地是人类生产、生活不可缺少的资源基础，同时也发挥着人类生存、发展的生态功效。人类所面临的人口、资源、环境与发展的全球性问题，无不与土地或者土地利用产生千丝万缕的关联。

由于土地总量有限，且几乎不可再生，因此土地的可持续利用既关系国民的生存、发展和社会的安宁、稳定，也影响着国家的政局，甚至其在世界范围的主权、地位。不断增长的人类需求和经济活动正在给陆地资源造成空前的压力，引起竞争和冲突，从而造成对土地的使用不当。自20世纪中期开始，随着经济、社会的快速发展，几乎每个国家都面临着大量土地遭受破坏的厄运，我国也难以避免。土地问题一直都是关系我国国计民生的重中之重。由于人多地少的现实国情，加之不合理的土地利用方式，土壤污染、土地退化、水土流失等一系列问题频繁爆发，土地资源的形势十分严峻，甚至引起经济、社会、生态的持续发展与土地利用之间的重大矛盾。

经济、社会、人口超乎想象的发展促使政府必须采取各种应对措施，以缓解土地、城镇资源的短缺问题。此时，如何实现资源的最优配置，以最大限度地满足人类需要，成为整个社会的关注核心。“20世纪初期以来，由行政计划所担当的任务观之，现代国家重视行政计划的理由乃因其实现国家任务时，面临时间紧迫性、空间不足性、财源有限性等不足状态的缘故。”① 1972年，《增长的极限》期望“通过有计划的措施，而不是

① 刘宗德：《现代行政与计划法制》，载刘宗德《行政法基本原理》，学林文化事业有限公司1998年版，第203页。

通过偶然性或者突变，来达到合理的持久的均衡状态的任何深思熟虑的尝试，最终都必以个人、国家和世界的价值和基本目标为基础”。① 在规划的尝试过程中，人们不仅必须充分掌握可供利用的资源，同时必须正确评估周围情况对目的实现的影响，并随时调整未来的动向，此即为规划的真谛。

第一节 资源稀缺的危机形势

“如果能无限量地生产出各种物品，或者如果人类的欲望能够完全地得到满足，那么会产生什么样的后果呢？人们拥有了一切想要的东西，因而不必担心花光其有限的收入；企业则不必为劳动成本和医疗保健而犯愁；政府也不必再为税收和支出而争斗，因为谁都不会在乎。另外，由于我们所有人都能够随心所欲地得到想要的东西，因而就没有任何人会去关心不同人或不同阶层之间的收入分配问题。”如此一来，“在这个理想的家园中，不存在经济品，所有的物品都是免费的，像沙漠中的沙和海洋中的海水，但任何社会都不可能达到这种境界，物品是有限的，而人的需求是无限的”。② 稀缺意味着供不应求，社会因此处于激烈的冲突与痛苦的选择中。土地的稀缺源于土地供给有限与人类利用需求无限之间的矛盾。因此，“在自然资源限度内，人们必须决定生产多少稀缺物品，同时又必须决定谁能得到这些物品”。③

土地有限性首先体现为数量限制，由于土地不可再生，无论是在整个地球上还是在某个特定区域内，土地总量都基本恒定，不会因人类需求的增长而增加（在某些土地面积十分匮乏的国家、地区，在积极地进行“围海造田”，以增加可以利用的土地面积，如日本、荷兰等国家以及我国深圳、香港等地区，这些不属于本书研究范围）。其次，以地表为基准

---

①［美］米都斯：《增长的极限》，李宝恒译，吉林人民出版社 1997 年版，第 151 页。

②［美］萨缪尔森、诺德豪斯：《经济学》，萧琛等译，华夏出版社 1999 年第 16 版，第 2 页。

③［美］卡拉布雷西、罗比特：《悲剧性选择——对稀缺性资源进行悲剧性分配时社会所遭遇到的冲突》，徐品飞等译，北京大学出版社 2005 年版，第 2 页。

的空间延伸，似乎具有无限性，但源于某些条件的制约，可以为人类利用的也相当有限，如虽然地表距离地核几十公里，由于目前技术的限制，我们可以利用的地表之下的范围仅有几公里。最后，土地承载能力有限，即土地具有阈值——熵。虽然科技能够提升土地的承载能力，但土地的极限却难以突破。1996 年“中国土地人口承载能力”研究报告认为，中国 2000～2050 年将有 11～17 个省、自治区、直辖市土地上的人口超过或者接近临界值。

历史表明，社会发展必然推动人类欲望扩张，为解决需求与资源之间的冲突局面而要求社会退回原始状态是难以想象的。“重新退回到中世纪的社会经济形态中去是不可能的，这一点非常清楚，无须解释。中世纪在欧洲各民族居住的土地上只养活了相当于今天生活在这块土地上人口总量的一小部分……假如有人要把现代居民的生活水平降低到现有水平的十分之一或二十分之一……人们肯定会回答，这是不可能的和不可思议的事情。”① 我国进入 20 世纪以来，随着工业化、城市化进程的深入，土地资源的紧迫形势愈加突出：

第一，耕地面积逐年剧减（见图 1-1）。全国耕地面积已从 2001 年的 19.14 亿亩减少到 2008 年的 18.257 亿亩。其中，建设占用耕地 287.4 万亩，灾毁耕地 37.2 万亩，生态退耕 11.4 万亩，农业结构调整减少 37.4 万亩，同期土地整理复垦开发补充耕地 344.4 万亩，年度净减少耕地面积 29 万亩。② 与 2007 年全国耕地面积净减少 61.01 万亩相比，耕地面积减少速度明显趋缓，但人地矛盾仍然十分突出。目前，人均耕地面积仅为 1.38 亩，约为世界平均水平的 40%，优质耕地减少明显，1997～2005 年全国灌溉水田、水浇地分别减少 1397 万亩、449 万亩，同期有排灌设施的补充耕地比例不足 40%。耕地后备资源潜力在 2 亿亩左右，但 60% 以上分布在水源不足或者生态脆弱地区，开发利用的制约因素较多。③

①［奥］米瑟斯：《自由与繁荣的国度》，韩光明等译，中国社会科学出版社 1995 年版，第 118 页。

②《2008 年国土资源公报》，http://www.mlr.gov.cn/wszb/20090331bzzbhxdzzk/beijingziliao/200903/t20090331_117345.htm，2009 年 3 月 31 日。

③《全国土地利用总体规划纲要（2006～2020 年）》，http://www.mlr.gov.cn/xwdt/jrxw/200810/t20081024_111040.htm，2008 年 10 月 24 日。

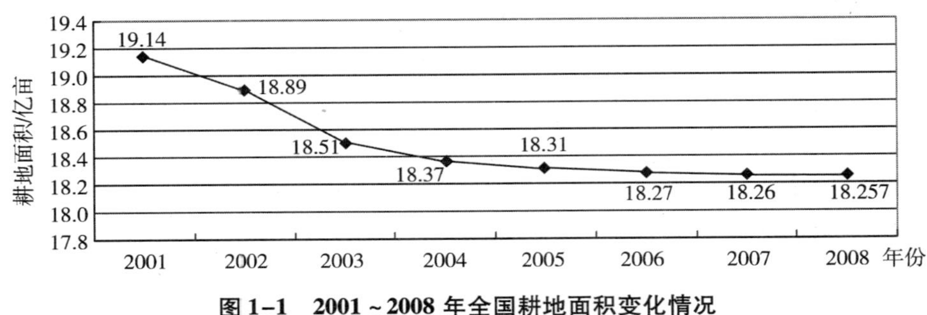

图 1-1　2001～2008 年全国耕地面积变化情况

第二，建设用地总量扩张。城镇、工矿、基础设施、村镇等各类建设用地呈全面扩张的态势。目前，城乡建设用地约 3.6 亿亩，城市人均建设用地已达 130 多平方米，远远高于发达国家、发展中国家的人均水平；2004 年村庄建设用地 2.48 亿亩，人均村庄用地 218 平方米。1990～2004 年，我国城镇建设用地由 0.195 亿亩扩大到近 0.51 亿亩，城市用地规模弹性系数（城市用地增长率/城市人口增长率）增加为 2.28，已远远超过 1.12 的合理水平。到 2020 年，我国城镇化率将达到 58%，工矿用地、基础设施用地需求量将继续增大。西部大开发、中部崛起等战略布局的展开，建设用地增加趋势开始向内地各省份大幅转移，例如 2010 年《关于中西部地区承接产业转移的指导意见》规定："进一步加大对中西部地区新增建设用地年度计划指标的支持力度，优先安排产业园区建设用地指标。"

第三，土地退化、污染严重。由于沙化、盐碱化、侵蚀、污染等原因造成土地退化，虽然有不可忽略的自然因素，但人们不合理的利用行为却加速了土地质量下降。截至 2004 年，全国荒漠化土地面积为 263.62 万平方公里，占国土总面积的 27.46%，沙化土地面积为 173.97 万平方公里，占国土总面积的 18.12%。① 据不完全调查，全国受污染的耕地约有 1.5 亿亩，污水灌溉污染耕地 3250 万亩，固体废弃物堆存占地和毁田 200 万亩，合计约占耕地总面积的 1/10 以上，其中多数集中在经济较发达的地区。② 而且，我国有不同障碍因素的贫瘠土壤达 10 亿亩以上，其中含砾

①《2005 年中国荒漠化和沙化状况公报》，http：//www.china.com.cn/policy/txt/2005－06/14/content_ 5889215.htm，2005 年 6 月 14 日。

②《先要查清家底——全国土壤现状调查情况综述》，《中国环境报》2006 年 12 月 28 日。

石层的面积5.6亿亩，板结地面积2.5亿亩，渍涝地面积1.3亿亩，沙化面积9亿亩。

总之，不恰当的利用行为以及各种污染根本改变了土地性质和传统用途，也导致土地生态系统不断恶化，森林、草地生物量下降，湿地面积持续萎缩，生物多样性减少。在相当长的一段时期内，土地稀缺将是影响我国土地利用的首要问题，也是土地规划存在的必要基础之一。

第二节　市场规律的运行缺陷

毫无疑问，市场是配置资源最基础、最主要的方式。在市场交易过程中，通过价格信号调配土地，提高土地利用效率，土地价值将获得增长。但土地的有限、固定、整体、不可替代以及不可或缺的特点，决定了土地不具备完全市场竞争的条件，市场机制很容易出现失灵状态，这也是“市场内在缺陷以及经济人的利益失衡”① 导致的负面后果。事实上，“反映各种经济决策的市场经济，不仅能够在各种相互竞争的土地使用中有效配置资源，而且也能够在某些条件下使开发达到最高的效率……但最关键的是这里的‘有些条件’不是经常存在，结果价格系统便无法完全有效率的配置资源”。② 一方面，土地价格的市场均衡不能排除寡头和多头垄断，使土地产品的消费者利益受到损害，从而影响土地资源的配置效率。另一方面，由于上市交易的只是土地的使用价值，而且通常市场价格只能反映土地的直接使用价值，土地的许多价值构成受到忽略，从而使土地利用应有的社会、环境效益难以实现。③ 因此，市场运转并不能满足土地利用的社会、生态需求。市场的不完善驱使我们寻找其他的政府管制手段，规划就是非常恰当的选择之一。

外部性、信息不完全等方面乃引发土地配置市场失灵的主要症结。土

---

① 李昌麒、应飞虎：《论经济法的独立性——基于对市场失灵最佳克服的视角》，《山西大学学报》（哲学社会科学版）2001年第3期。

②［美］Harvey，Jowsey：《都市土地经济学》，韩乾译，五南图书出版有限公司2004年版，第217页。

③ 王文革：《城市土地市场供应法律问题》，法律出版社2005年版，第7页。

地利用具有空间、时间的连续性，因而外部性问题表现得十分突出。例如，在完全的市场条件下，农地保护产生的社会、生态的良好效益无法全部回报给实际利用者；建设用地的增加造成耕地数量锐减，对农业乃至整个经济可持续发展的负面作用，却没有或者极少有责任者来负担。“如果行为人不考虑其决策对他人所产生的成本，则由社会整体管理，此种活动是有害的，除非外部效果微不足道，否则私人决策结果不会达成个人最大满足；或者说除非一项投资的所有结果，不论好坏都只发生在投资者身上，否则资源就不能达到最大的使用效率。”① 土地利用的外部性问题应当可以由规划加以解决。早期的土地规划侧重方案的具体设计，与市场运行并无交集，后来规划逐步触及处理拥挤、污染等外部领域，直至扩展到空间层面。例如，规划明确工厂—住宅、工厂—农田不同分区等，以降低相邻土地由于用途不相容而带来的竞争使用。这样，以行政权力为依托的规划分区，能够以较低的成本解决负外部性效益。

当前，我国市场经济仍处于艰难的转轨阶段，加之计划传统的强势沿袭，市场调配土地不仅无法避免负外部性的影响，甚至衍生出更多其他矛盾：

其一，土地利用结构失衡。某些区域土地利用协调不充分、布局不合理，导致住宅、工业、商业过度集聚在一起，交通、能源、水资源供应非常紧张，不仅表现在工业、商业、居住用地等行业之间的土地使用方面，即使行业内部分配矛盾也很突出。例如，新增建设用地中工矿用地比例占40%，部分地区高达60%，使得改善城镇居民生活条件的居住、休闲等用地供应相对不足。2009 年我国 81 个城市核准用地总面积为 51. 63 万亩，其中涉及农村集体土地 41. 43 万亩，占用地总面积的 80. 2%，却无法直接用于工业、城市建设。另外，城乡二元结构缺乏互动，导致土地利用缺乏统筹，尤其是农村建设用地的低效利用，间接影响城乡土地问题的整体解决。例如，我国农村居民点用地 2. 28 亿亩，占建设用地总面积的52. 5%，在城镇建设用地大幅增加的同时，农村居民点用地没有减少，与1996 年相比，2004 年全国乡村人口减少 11%，农村居民点用地反而增加了 1. 7%。

① 吴惠林：《公共政策产生的理论基础、制定方式及其他》，《经济前瞻》1989 年第 16 期。

其二，用地方式粗放无序。虽然土地集约利用总体水平有所提高，但一些地区、行业粗放、无序利用土地的现象依然存在，主要表现为：[①] 第一，基础设施重复建设与超前建设。土地浪费在交通运输等领域最为明显，如南京以下约300公里的长江沿岸建成或者在建的万吨级码头有110个，最密集的区段为江阴以下40多公里，平均每公里就有一个码头。第二，园区用地效率低下，尤其开发区用地已成为多数城市土地利用粗放的典型代表。调查显示，2004年土地市场治理整顿，全国有各级各类开发区6866个，规划面积0.579亿亩，超过了现有城市建设用地的规模总量，除少数国家级开发区土地使用率尚可之外，大部分开发区土地使用率极低。第三，建设用地大量闲置，农村更加严重。全国工业项目用地容积率为0.3～0.6，工业用地平均产出率远低于发达国家水平。2004年全国村庄用地2.48亿亩，人均村庄用地高达218平方米，比我国城市人均用地面积最高限额还多98平方米。与此同时，新建住宅却不断地向村庄四周扩张，久而久之形成“空心村”。[②]

① 薛志伟：《粗放利用浪费大量土地　我国城市建设用地面临总量失控结构失衡》，http://www.gxfdcw.com，2005年6月29日。

② 所谓“空心村”，即新建住宅大部分集中在村庄外围，而村内存在大量的空闲宅基地和闲置土地，形成了内空外延的用地状况。例如，浙江省青田县阜山乡西溪村原有580多人，后来200多人出国，300多人外出打工或移居县城，如今西溪村的实际居民只剩下40多人。

第二章　土地规划管理的法制认知

自20世纪90年代以来，我国大部分地区开展了土地利用规划与管理工作，20多年来，土地总体规划与管理工作对合理利用土地资源、强化土地利用的宏观调控、优化土地利用结构起到了积极的促进作用。[①] 早在1909年，英国《房屋和城镇规划法》首次提出土地规划管理的概念，改变了人为割裂城乡土地利用的失当局面，实现了城乡土地规划管理的一体化。之后，世界多数国家发现土地规划管理的重要作用，相继出台土地规划管理法，构建完善的法律体系，确保规划的权威性以及实施的有效性。例如，日本为保证极其短缺的土地资源能够实现可持续利用，先后颁布《国土利用计划法》、《都市计划法》、《土地区划整理法》、《森林法》、《自然公园法》、《自然环境保护法》等。虽然各国的国情状况、社会制度、管理体制、产权归属存在较大差异，但土地规划管理的法制核心均在于合理调配土地的供给与需求关系，遏制土地被过度开发甚至毁坏利用，保障土地利用与经济、社会、生态发展的协调一致。

① 刘艺等：《我国农村土地规划与管理中存在的问题及解决对策》，《农村经济与科技》2011年第12期。

第一节　土地规划的基本考察

“凡事预则立，不预则废。”“预”即是规划[①]之意。在法律术语中应用规划概念，不能脱离其基本含义，而必须要将表示该概念的这个词的通常用法当作它的出发点。[②] 因此，“简明的、不带褒意或贬意”地定义规划，即以最优方式达到目标而制定未来行为的决策过程。[③] 相应地，规划具备三个基本特征：与未来有关；与行动有关；有某个机构负责促进这种未来行动。[④] 具体说来，规划指国家（包括团体）或其机关，为进行一定之行政活动之目的，而设定一定之目标，并通过有彼此相关联的行政手段的调整与统合，而以实现上述目标所示在将来时点之一定秩序为目的之构想，或为达成此目的之活动基准的设定行为。[⑤] 但真正辨明规划的含义却相当困难：一方面其表现形式多样，具有极大的演进性、流动性而缺乏相对固定性；另一方面对规划的研究不像对其他行政行为的研究那样时间长，尤其法学对行政规划的研究起步较晚，理论也相对不成熟。[⑥] 就法律

① 就日常用语而言，规划与计划近义，人们常常在同等意义上使用两者。计划，是指“人们为了达到一定目的，对未来时期的活动所作的部署和安排，可分为各种类型，如经济计划、军事计划、各部门计划、地方计划和企业计划等”（参见辞海编辑委员会：《辞海》，上海辞书出版社 1989 年版，第 1089 页）。规划，“亦作‘规画’，谋划；筹划。指较全面或长远的计划，如科研规划、十年发展规划”（参见辞海编辑委员会：《辞海》，上海辞书出版社 1989 年版，第 4089 页）。两者相较，规划侧重于理性考虑，强调全面、长期安排。

②［奥］凯尔森：《法与国家的一般理论》，沈宗灵译，中国大百科全书出版社 1996 年版，第 4 页。

③ Dror，“The Planning Process：A Facet Design”，*International Review of Administrative Sciences*，No. 1，1963.

④［美］博恩斯坦：《东西方的经济计划》，朱泱等译，商务印书馆 1980 年版，第 4 页。

⑤ 陈清秀：《行政计划制定之手续与行政救济》，载陈清秀《行政诉讼之理论与实务》，三民书局 1994 年版，第 572 页。

⑥ 黄学贤：《行政计划比较研究》，《东吴法学》1999 年号。

术语而言，规划一般纳入行政法的考察范围，即行政规划。①

一、法学界定

从规划学或者土地学专业角度来看，土地规划即土地利用规划，是“对自然、社会和经济因素的系统评价，以此来鼓励和帮助土地利用者选择提高其生产力、可持续利用和满足社会需要的最佳途径”。② 目标在于“解决在有限的土地使用过程中的纠纷，从而提供一个紧凑的、平衡的、有秩序的土地使用安排。这是一项强调效率的工作，带有很强的技术特征”。③ 显而易见，此种界定过于强调土地规划的技术、经济属性，而忽略了公共、法律属性。法学侧重研究法律行为的类型、要件、程序、救济、责任等，如果将一般意义上的规划作为法学研究对象，由于规划过于广泛，难以进行统一的法律规制。因此，法学意义上的规划倾向于“一定空间与土地利用”，例如土地规划、城乡规划、道路规划等，而非泛指所有行政机关拟定的各种大大小小的计划。④ 因此，土地规划为实现未来土地利用目标，通过一系列措施、手段规范土地利用，从而调配关于土地利用权利或者利益的政府行为。这样，一方面突出规划的法学特质，将重点集中在与公民生存权、环境权等权益密切相关的空间与土地领域；另一方面通过扩大种差，缩小规划过宽的外延，解决其内部性质迥异而难以统一探讨的弊端。当然，完善法制乃循序渐进的过程，强调法学意义上的规划集中于“空间与土地利用”，并不截然否认其他不涉及或者较少涉及公民重大权益的规划，这仅是出于现实性、策略性考虑而作出的权宜之举。当然，从法学角度分析土地规划，也存在差异：其既可能是一种动态的特定

---

① 在德国、日本以及我国台湾地区，“计划”是作为专门法学术语和法律术语的。某些台湾学者对“计划”的界定也掺有“规划”踪迹。例如，廖义男认为“政府为引导社会经济之发展，维持公正合理之社会秩序，或就有限的资源做合理的分配运用，常拟订计划就达成该目标的有关方法、步骤或措施等，预为设计与规划，期能于计划确定后实施时，能顺利如期达成预定之目标或实现之构想，此种设计与规划行为，即为行政计划”（参见罗传贤：《行政程序法论》，五南图书出版股份有限公司 2000 年版，第 243 页）。可见，规划与计划没有十分清晰的界限，并未加以区分。

② 黄小虎：《中国土地管理研究》，当代中国出版社 2006 年版，第 210 页。

③ 童明：《政府视角的城市规划》，中国建筑工业出版社 2005 年版，第 102 页。

④ 台湾行政法学会：《行政法争议问题研究》，五南图书出版股份有限公司 2000 年版，第 540 页。

规划行为，又可能是固定下来的作为特定行为的结果——静态规划文本，还可能是围绕着规划行为建立起来的一系列制度设计。如果从基础的规划行为入手，按照行为主体、职权、目的与法律意义思路，土地规划应当属于行政规划的一种，即行政机关为了在未来一定时期内达到特定行政目的，或者实现某种行政理想就采行之步骤与方法所为规划与设计之行为。①

第一，从行为主体来说，政府及职能部门在土地规划中的主体地位是毫无疑虑的。但作为规划法律关系主体的另一方——相对人却没有得到眷顾。随着法学研究的深入，法律关系主体并非仅限于法律关系的参加者，"'主体'总是意味着某种自主性、自觉性、自为性、自律性，某种主导的、主动的地位。……如果一个人不能以自己的名义独立地享有权利和承担义务，没有意志自由和选择自由，不能明确地判断自己活动的价值和法律意义，而是盲目地、自发地依附于别人……就不能算是完整的主体"。②虽然土地规划属于政府单方行为，政府处于主要和支配地位，非以公民合意为要件，但土地规划的生命力恰恰在于公民的广泛参与而非被动服从。因此，公民与政府在土地规划法律关系中应当处于对等地位，以改变公民在权力运行中的附庸态势，回应民主参与的时代要求。③

第二，从法定职权来说，规划是政府及职能部门运用公共权力进行有计划、有目的的活动方式。运用编制、审查、审批、修改等职权④规划土地利用，实质上是对土地权利、利益的配置与管理。现实中，规划权限往往处于模糊状态，有关规划的专项立法较少，即便有也仅作概略式的规定。作为积极行政的一种方式，土地规划似乎突破"法无授权即禁止"的硬约束而适用"法无禁止即自由"的软标准。当然，组织法授予规划职权仍是土地规划合法性的底线要求，如果政府没有法律明确授予土地管理及制定或者实施规划的职权而作为，则显然超越职权而违法。另外，除组织法规定规划权限外，行为法尤其是程序法细致规范土地规划的具体运

① 陈新民：《中国行政法学原理》，中国政法大学出版社 2002 年版，第 314-315 页。

② 张文显：《法学基本范畴研究》，中国政法大学出版社 1993 年版，第 169-170 页。

③ 20 世纪以来，行政法学理论开始变革，行政主体与利害关系人处于利益一致的位置，在行为上是服务与合作的关系，在观念上是一种互相信任的关系。参见姜明安：《行政法与行政诉讼法》，北京大学出版社、高等教育出版社 1999 年版，第 142 页。

④ 但现实中的规划主体及权力处于模糊状态，政府、国土部门、建设部门、规划委员会等均可以行使相应的规划权力。

作，亦是法治的应有之义。

第三，从实现目的来说，土地规划的首要目的在于保证权力的有序行使、推动目标的有效实现。规划通过提供有组织的土地信息，缓解决策者对土地未来发展的不可预知性，为相关群体提供基本的行动指引。确定的规划反映的是不确定的未来，而不确定的未来将是现时确定的规划的发展结果，这造成土地持续利用的两难悖论。当然，权力源于公民，代表公益，因此规划必须整合土地利用中多元利益：个体与公共，生态与经济、社会的利益协调。例如，我国台湾地区“都市计划法”第1条规定“改善居民生活环境，并促进市、镇、乡街有计划之均衡发展”。

第四，从法律意义来说，土地规划具有法定效力，在法定情形下能产生不同的法律效果。《土地管理法》第21条规定：“土地利用总体规划一经批准，必须严格执行。”有学者认为，现行法律并未明确规划的法定效力，或者认为“执行”仅在行政系统内部具有效力。但就外部法律意义而言，土地规划一经制定，即对法律关系主体产生约束力，非因法定事由、法定程序，不得变更，否则将引起承担责任的法律后果。但由于针对未来事项，土地规划实际涵盖了较多可变因素，并且运行也从确定内容到积极实施再到逐步实现的过程展开。当决定土地规划的目标、手段、时间等内部因素或者其赖以存在的经济基础、社会现实、生态情形等外部因素发生变化，原定土地规划均会进行调整。基于变化而动态变更的土地规划，确定效果并不强烈。

当然，土地规划的法律属性还夹杂了其他特征：第一，引导、控制未来土地利用。规划是控制我们行动结果的尝试。[①] 可以说，土地规划具有鲜明的目标导向性，是人类有目的地改造和利用自然、创建人为土地利用环境的具体行为。引导、控制源于人们预防或者治理土地利用负面结果而采取措施。一方面，规划趋向于未来某个时段的土地利用格局，为土地利用指明未来的发展方向；另一方面，规划本身也是实现目标的行动方式，通过参与法律的实施体现存在价值。第二，兼具技术行为、政府行为双重特质。规划首先建立在调查、分析、指定的专门理论知识基础之上，无可厚非地具有技术特质。在经济、社会、生态标准以及规范价值的指引下，

① Minnery, *Conflict Management in Urban Planning*, USA: Gower, 1985, p. 40.

土地规划综合的分析、判断区域空间可持续发展以及土地高效配置，实现土地预先安排的理性化。但土地规划终究是政府为了弥补市场配置土地的缺陷，改善土地利用性质、强度、结构、布局等方面而采用的一种方式，具有鲜明的政府行为特质。当然，“在一个充满利益竞争和在地位、资源等方面存在着严重不平等的社会中，规划想要引导未来的行动，就必然地处在权力运作的过程中，并发挥作用”。① 规划考虑的任何因素都需要与政府现实相衔接，毕竟“规划编制过程中的部分或全部环节都是以规划的制度环境为背景的”。②

二、范围厘清

1.“两规”关系的分析

一般看来，土地规划仅涵盖《土地管理法》中土地利用总体规划、土地利用专项规划等，而将与土地利用相关的城市规划、村镇规划③割裂开来。城市规划是对一定时期内城市的经济和社会发展、土地利用、空间布局以及各项建设的综合部署、具体安排和实施管理。其本质是对城市内部所有人与物作适当安排，使全社区的发展能在正常的秩序下进行，以增进全社区的福利。它是一种控制土地使用及规划公众福利的预定程序。④ 土地有偿使用过程中出现的利益协调和土地使用平衡等问题，需要通过城市规划加以解决。城市功能完善、环境保护和经济发展之间的协调，土地管理者和土地使用者的利益追求最大化，实质上就是土地用途、建筑覆盖率及容积率的合理确定，这些正是城市规划的主要作用。⑤

虽然《土地管理法》明确规定了土地利用总体规划和城市规划之间的关系，“城市总体规划、村庄和集镇规划，应当与土地利用总体规划相衔接，城市总体规划、村庄和集镇规划中建设用地规模不得超过土地利用总体规划确定的城市和村庄、集镇建设用地规模”，但在实践中，两者关

---

① Forestet, *Planning in the Face of Power*, University of California Press, 1989, p. 27.

② 张兵：《城市规划编制的技术理性之评析》，《城市规划汇刊》1998 年第 1 期。

③ 2007 年《城乡规划法》颁布，《城市规划法》废止，城市规划、村镇规划统称为城乡规划。

④ 李先民：《都市规划学》，中正书局 1978 年版，第 2 页。

⑤ 戴小平、陈红春：《城市规划的制度作用与制度创新》，《城市规划》2001 年第 2 期。

系没有完全廓清，土地规划管理并未担负起对建设用地控制责任，造成城市建设大量侵占耕地的后果，地方政府随意违反或更改土地规划，超过规划范围的违法占地现象普遍存在。[①] 因此，土地利用总体规划的法律地位明显不如城市规划，城市规划有《城市规划法》作保障，而土地利用总体规划没有专门的法律。由缺乏权威性的土地利用总体规划来协调具有较高权威性的城市总体规划，具有相当的难度。[②] 其实，两者并非不可调和，均是以生存环境的良好状况为基本目的，并采取手段对相关因素实行规划控制的社会技术。并且，只有通过公正、恰当的约束，寻求对土地的合理利用，才能达到人与自然环境的和谐共生，确保生活的健康性、活动的高效性。[③] 因而，无论是土地利用总体规划还是城市规划都必须遵守自然规律，研究自然、经济、社会综合体——土地的特性及空间分布规律，以适应经济、社会、生态持续发展对土地利用的要求。土地利用总体规划重心在于综合部署土地的开发、利用、治理和保护，通过确定土地利用方式、结构和布局，以达到合理用地、节约用地和保护土地的目的；城市规划重点在于用地规模的确定、用地选择和用地分类及布局等。土地稀缺性决定了“两规”均要以节约、合理利用土地为核心内容。一般来说，在土地利用方面，城市规划和土地利用规划的关系是点和面的关系、局部和整体的关系。[④] 土地利用总体规划对规划区内（包括城市用地）全部土地的利用结构及其空间布局（包括城镇体系的用地布局）作出长期的合理安排，不仅明确了城市发展规模，也限定了一定时期内城市建设用地的供给数量。所以，城市规划中关于城镇用地布局、用地规模、用地选择、建设占地指标以及城市发展方向，均应当与土地利用总规划进行良好协调。从关系范围看，城市规划属于土地利用总体规划的一种专项规划。

2. 法定范围

规划与法律通常存在两种结合方式：其一，是将土地规划成果中具有普遍性的措施上升为法律，即立法的过程；其二，赋予土地规划以法律地

---

① 郭洁：《土地关系宏观调控规范若干问题探讨》，《政法论坛》2004 年第 2 期。

② 黄宏胜等：《土地利用规划体系探讨》，《江西农业大学学报》（社会科学版）2003 年第 3 期。

③ 张松：《〈城市规划法〉修改的理论问题初探》，《城市规划》2000 年第 3 期。

④ 陈银蓉等：《城市化过程中土地利用总体规划与城市规划协调的思考》，《中国人口·资源与环境》2006 年第 1 期。

位，即法定规划。法定规划不是法律，而是规划的一种类型，编制、审批需要遵循法定的程序，这个法定程序一般由土地规划法律加以确定，多数通过行政程序完成。法定土地规划是由法律、法规、规章确认的，以土地利用的空间布局为核心，并与土地利用数量、结构以及时间分配相结合的总称。事实上，法定土地规划体系确立了土地规划权力的内部配置和作用范围，体现了对土地规划权力的授予及限制。目前，我国土地规划的法定范围包括土地利用总体规划、土地利用年度计划、土地利用专项规划、土地利用行业规划等。总体来说，各种法定土地规划之间存在相互联系、相互补充的错综关系，上一级规划对下一级规划起着控制作用，而下一级规划对上一级规划存在反馈影响。同一层次不同档位、区域的规划存在开放的互补关系。①

土地利用总体规划是依据经济、社会发展的需要和土地自然条件，在时间、空间对国家或者某一区域的土地开发、利用、整理和保护等活动作出的总体安排。通过确定土地利用的目标和任务，土地利用总体规划综合平衡各个部门、各个行业的用地需求，保证经济、社会、生态的持续、协调发展。土地利用总体规划是规范土地利用的首要选择。我国土地利用总体规划分为全国、省级、市级、县级、乡级五个层级，各个层级的土地利用总体规划由各级政府负责，下级土地利用总体规划依据上级土地利用总体规划确定，上级土地利用总体规划依据下级和各个用地部门提供的土地利用基础数据制定，因此土地利用总体规划往往经过上下级之间、各个用地部门之间的多次协调，直至最后达成确定方案。土地利用总体规划是关于土地利用的长期安排，期限一般在 15 年左右，例如已经或者正在实施的《土地利用总体规划纲要》统筹安排的年限分别是 1986～2000 年、1996～2010 年、2006～2020 年。如果确保土地利用总体规划的贯彻落实，土地利用目标须被分解到一定时间（年度）或者某些行业，即在土地利用年度计划、土地利用专项规划、土地利用行业规划中予以明确。

土地利用年度计划是依据国民经济和社会发展计划、国家产业政策、土地利用总体规划以及建设用地和土地利用的实际状况编制，对一年内可利用的土地作出的具体安排。通过用地指标协调各类用地数量，控制建设

① 王万茂：《土地利用规划学》，科学出版社 2006 年版，第 32 页。

用地规模。利用者提出用地申请并得到批准后可以获得土地的使用权，但仅有土地使用权还不全面，从事后续开发活动还需要得到用地许可。用地许可明确利用者从事开发活动，不得超越规划对建设用地的限制，既能实现个人利益，又能与公共利益的要求相一致。[①] 在土地利用总体规划的框架之下，土地利用专项规划针对土地开发利用、整治保护的某一专门问题而进行部署。土地利用专项规划除具有土地利用总体规划的基本性质之外，还具有针对性、选择性等特点。土地利用专项规划主要包括基本农田保护区规划、土地开发复垦规划、土地整治整理规划等，能够保护、改善土地生态系统，提高土地利用率、生产力，以促进土地的可持续利用。[②] 在土地利用总体规划的指导之下，土地利用行业规划是针对某个部门、行业的土地利用问题而进行的规划，例如城乡用地规划、工业用地规划、交通用地规划、水利用地规划等，属于土地利用总体规划的延伸。

除以上各种基本的法定规划之外，还存在一种按照自然区、经济区或者流域区制定的跨行政区域土地利用总体规划，例如黄土高原区土地利用总体规划、三江平原区土地利用总体规划、京津塘地区土地利用总体规划等。《土地利用总体规划编制审查办法》第 6 条规定："根据需要可编制跨行政区域的土地利用总体规划。"在实践中，各地较少制定跨行政区域的土地利用总体规划。虽然在很大程度上各地土地利用与土地的自然、社会、经济特征密切相关，但这种关联往往与土地利用的实际情况不相符合，所以应当重视对跨行政区域土地利用总体规划的研究及立法工作，促使土地规划法定范围更加合理、完善。

第二节　土地规划管理的法制特征

土地规划管理是城乡建设、土地开发等各项土地利用活动的基本依据，对经济社会可持续发展具有重要作用。自《土地管理法》颁布以来，先后进行了全国性的多轮土地利用总体规划编制工作，尤其 1998 年修订

---

① 操小娟：《土地利用中利益衡平的法律问题研究》，人民出版社 2006 年版，第 26 页。

② 张占录、张正锋：《土地利用规划学》，中国人民大学出版社 2006 年版，第 60 页。

《土地管理法》明确了用途管制制度，使土地规划的理论、方法和管理手段等方面都有了较大的发展。“良好的制度、利益共享的规则和原则，可以有效地引导人们最佳运用其智识从而有效地引导有益于社会目标的实现。”① 作为一种符合人地关系本来规则的管理制度，土地规划的制定、实施需要明确的系统导向和可靠的法律支撑，而具有规范、强制特性的法律，成为保障土地规划运行的最重要方式。规划管理失效的摆脱最终得通过主体权利的行使、义务的履行及责任的承担，而做出利于土地规划的积极的管理行动。这些积极的管理行动只有在健全而完善的法制框架内，才能使土地规划的意愿、形式及效应得到确认、保障。2010 年 5 月，河南省南阳市宛城区新店乡和红泥湾镇有上千亩小麦被毁，被当地政府改种树苗。毁麦种树的原因，是第七届全国农运会将于 2012 年在该市举办，该市为此致力于“打造园林城市品牌，切实搞好城市周边绿化”。如果土地规划管理不能真正实现法制化，类似南阳的做法今后还会如暗流涌动。②

一、法制体系

1. 土地规划法

法律是依据国家强制力保障且必须遵守的行为准则，包含了权利、义务规范，而概念、规则的确定性是法律的应有属性，寻求精确化的结论和解释是法律发展的目标。土地规划法是国家制定或者认可的，基于政府管理土地规划、协调土地利用需要，调整人们在规划土地活动中发生的各种社会关系的法律规范的总称。简而言之，凡内容涉及土地规划的法律、法规、规章等，均可以称为土地规划法。

土地规划法调整因土地规划运行而形成的社会关系，主要表现为政府为合理利用、保护土地而制定、实施土地规划所形成的权利、义务（权力、责任）关系。土地规划涉及经济、社会、生态等各个领域，例如土地利用关系、规划管理关系等，都应纳入土地规划法的调整范畴。土地规划法不是单指关于土地规划的某一项法律、法规、规章等，而是覆盖了各种调整土地规划法律规范所构成的体系。从广义上讲，凡是引导、规制土

---

①［英］哈耶克：《自由秩序原理》，邓正来译，三联书店 1997 年版，第 69 页。

② 党国英：《让土地规划管理真正实现法制化》，《中国国土资源报》2010 年 5 月 11 日。

地利用行为符合规划要求的法律、法规都属于土地规划法的范畴。另外，判断一个法规是否属于土地规划法，不仅需要考察是否冠以土地规划之名而且需要深入辨别实质内容。由此，形成的法律关系是由土地规划法确认的以权利（权力）和义务（责任）为主要内容的一种社会关系。其中，土地规划法律关系主体，即参与土地规划法律关系的当事人，包括规划主体（政府及其职能部门）、相对人或者利害关系人（公民、法人和其他组织）。他们享有或者承担由土地规划法律关系确认的权利（权力）、义务（责任），例如土地管理部门享有编制土地规划的权力，个人享有参与编制土地规划的权利。土地规划法律关系客体，即物和行为：物，包括土地及其附属物；行为，包括土地开发、利用、保护、整治活动以及规划的制定、实施行为。

土地规划法律除具有一般法律的权威性、强制性等特点之外，还带有以下特征：第一，既具有实体法的表现，又交织程序法的痕迹。土地规划法的实体规范用以调整政府与使用者关于土地利用而形成的权利（权力）、义务（责任）关系。例如，《土地管理法》规定各级政府对于土地利用总体规划的审批权力，以及土地利用总体规划一经批准，各方必须严格执行的义务。为了保证民主、公正的最低要求，土地规划法设置了规划主体行使规划权力的步骤、次序、方式、期限等程序规范条款，例如《土地利用总体规划编制审查办法》第2章第6～14条专门规定土地利用总体规划应当遵循的基本编制程序。第二，土地规划法虽然在本质上属于行政法范畴，但融合了经济、社会、生态、技术等多方面要素，具有多层次的外在表征。土地利用与经济、社会、生态的持续发展关系紧密，因而土地规划法必须关照、协调经济、社会、生态等领域之间错综复杂的利益关系，使之充分与法律相容。例如《土地管理法》第17条规定：“各级人民政府应当依据国民经济和社会发展规划、国土整治和资源环境保护的要求、土地供给能力以及各项建设对土地的需求，组织编制土地利用总体规划。”并且，规划内容必须具有相当的科学性，既要反映经济、社会的发展规律，也要符合自然生态的演变规律。例如，《土地利用总体规划编制审查办法》第8条规定：“土地利用总体规划编制前，国土资源行政主管部门应当对现行规划的实施情况进行评估，开展基础调查、重大问题研究等前期工作。”前期工作关于监测数据的统计、生产力合理布局的比例、地理信息的综合分析、国情和区情的调查等内容都与自然科学的研究成果和土地资源开发、保护的实践无法分割，因而GIS、GPS等高科技手段的运用，方能探明土地的实时状态，使土地规划的制定更具针对性，此乃土地规划法的科技体现。

2. 法律体系构成

法律体系是由一国现行的全部法律规范，按照不同的部门分类组合而形成的有机联系的统一整体。在一定意义上讲，法律进行体系安排的过程就是法律目标的实现过程。同时，法律体系“指示法律思维和法律技术的理性化和自觉化，标志着社会关系和立法的成熟程度”。[①] 因此，完备的土地规划管理法制体系对于实现的土地规划立法意旨，发挥土地规划法的整体功能，具有积极的现实意义。作为一种结构化存在的土地规划管理法制体系，首先表现为各种土地规划管理法律的效力层级的合理安排。按照我国法律效力的层级进行划分，土地规划管理法制体系由关于土地管理的宪法规定、土地规划基本法律、其他法律、行政法规、部门规章、地方法规、地方规章以及技术规范等构成。

第一，关于土地管理的宪法规定。《宪法》是我国法律体系中具有最高效力的法律文件，宪法中关于土地管理的原则规定属于土地管理的根本规范，系其他土地管理法律、法规、规章的立法依据。《宪法》第9条、第10条原则性地规定了环境资源保护、土地利用的内容，即“国家保障自然资源的合理利用，保护珍贵的动物和植物。禁止任何组织后者个人用任何手段侵占或者破坏自然资源”；“一切使用土地的组织和个人必须合理地利用土地”等。同时，第26条规定国家的环境资源保护职责，即“国家保护和改善生活环境和生态环境，防治污染和其他公害”。

第二，土地规划的基本法律。土地规划基本法律是土地管理宪法规定具体化的第一层级，对土地规划关系进行综合性法律调整。与宪法规定相比，土地规划基本法律较为具体，而与土地规划的其他法律相比则较为原则、综合，即遵照“先验性，理想型、伞型造法，由尖顶而向下发展，由母法而子法”[②] 的基本思路。总体来说，它并非是口号、宣言式的法律。1998年，第二次修订的《土地管理法》专章规定了“土地利用总体规划”，属于关于土地规划的基本法律规范，在土地规划法律体系中处于

① 马新福：《法理学》，科学出版社2004年版，第121页。

② 陈慈阳：《环境法总论》，中国政法大学出版社2003年版，第453页。

中心地位，也是其他土地规划法律、法规和规章的立法基础。另外，《土地管理法》分别在“耕地保护”、“建设用地”、“法律责任”的章节中设置了关于土地利用总体规划的执行条款。例如，第 34 条规定：“国家实行基本农田保护制度。下列耕地应当根据土地利用总体规划划入基本农田保护区，严格管理……”第 52 条规定：“建设项目可行性研究论证时，土地行政主管部门可以根据土地利用总体规划、土地利用年度计划和建设用地标准，对建设用地有关事项进行审查，并提出意见”。

第三，土地规划的其他法律。单一的基本法律无法整体覆盖广泛的土地规划关系，而必须有其他法律部门的积极配合，共同发挥作用。虽然在表面形式上，这些法律规定内嵌于其他法律而没有划归土地规划法律部门，但从内在功能来看，与土地规划法律规范具有同一性或者互补性，当属于土地规划法律体系的重要组成。例如，《城乡规划法》第 5 条规定：“城市总体规划、镇总体规划以及乡规划和村庄规划的编制，应当依据国民经济和社会发展规划，并与土地利用总体规划相衔接。”《城市房地产管理法》第 10 条规定：“土地使用权出让，必须符合土地利用总体规划、城市规划和年度建设用地计划。”《草原法》第 20 条规定：“草原保护、建设、利用规划应当与土地利用总体规划相衔接，与环境保护规划、水土保持规划、防沙治沙规划、水资源规划、林业长远规划、城市总体规划、村庄和集镇规划以及其他有关规划相协调。”

第四，土地规划的行政法规、部门规章。土地规划行政法规是由国务院制定并公布或者经国务院批准而由有关主管部门公布的土地规划规范性文件。行政法规一般具有较强的针对性、操作性，属于土地规划法律体系的有机组成。例如，1998 年修订的《基本农田保护条例》定位于特殊保护基本农日，促进农业生产、社会经济可持续发展，第 8 条规定：“各级人民政府在编制土地利用总体规划时，应当将基本农田保护作为规划的一项内容，明确基本农田保护的布局安排、数量指标和质量要求。县级和乡（镇）土地利用总体规划应当确定基本农田保护区。”1999 年，《土地管理法实施条例》落实《土地管理法》的相关条款，进一步明确了土地利用总体规划的编制、土地分类、批准公告、规划修改、土地利用年度计划、规划执行以及规划责任等内容。土地规划部门规章是由国务院土地主管部门或者国务院其他依照法律行使土地管理权力的部门制定的土地规划规范性文件。与行政法规相比较，土地规划部门规章数量更多，操作性更强，涉及的问题更加具体。例如，2006 年第二次修订的《土地利用年度计划管理办法》贯彻加强土地管理和调控、严格实施土地用途管制、切实保护耕地、合理控制建设用地总量的基本思路，分别从计划的编制、执行、监督和考核等方面具体规范计划年度内新增建设用地量、耕地保有量、土地开发整理补充耕地量。2005 年第四次修订的《城市规划编制办法》基本维持总体规划、详细规划两个层级的整体框架，但在规划主体多元化、系统性，由技术文件转向公共政策和淡化城市设计等方面进行了转变。2009 年《土地利用总体规划编制审查办法》在总结《土地利用总体规划编制审批规定（1997）》经验的基础上，进一步细化土地利用总体规划的地位、要求、编制方针、规划内容、审查、报批等规定。

第五，土地规划的地方法规、规章。我国地域广阔，各地的自然条件、地理环境千差万别，经济发展、社会状况参差不齐，各地针对自身具体情况，在不与上位法抵触的前提之下，制定关于土地规划的地方法规、规章。土地规划地方性法规，是指由各省、自治区、直辖市和其他依法享有地方法规制定权的地方人民代表大会及其常务委员会制定的有关土地规划编制、审查、批准等方面的地方法规，包括地方性法规、自治条例和单行条例。例如，《湖南省土地利用总体规划条例（1999）》、《广东省土地利用总体规划条例（2008）》等。土地规划地方规章，是指由各省、自治区、直辖市人民政府和其他依法享有地方行政规章制定权的地方人民政府制定的有关土地规划编制、审查、批准的地方行政规章。例如，《江西省土地利用总体规划审查办法（1999）》、《湖北省土地利用总体规划实施办法（2002）》等。

第六，土地规划的技术规范。技术规范是关于土地规划编制、保证土地规划有效实施的准则、标准。技术规范受到法律的确认即成为技术性法规。技术规范属于土地规划的行业标准，具有法律的基本属性，与其他土地规划法律、法规、规章相互结合，不仅是判断土地规划是否具有科学性、合理性的法定依据，也是实现土地规划管理目标必不可少的重要工具。目前，我国关于土地规划技术规范主要包括《城市用地分类与规划建设用地标准》（GBJ 137—1990）、《土地开发整理规划编制规程》（TD/T 1011—2000）、《土地开发整理项目规划设计规范》（TD/T 1012—2000）、《省级土地开发整理规划编制要点（2002）》、《农用地分等规程》（TD/T

1004—2003)、《土地基本术语》(GB/T 19231—2003)、《农用地定级规程》(TD/T 1005—2003)、《土地利用现状分类标准》(GB/T 21010—2007)、《建设用地节约集约利用评价规程》(TD/T 1018—2008)、《市(地)级土地利用总体规划编制规程》(TD/T 1023—2010)、《县级土地利用总体规划编制规程》(TD/T 1024—2010)、《乡(镇)土地利用总体规划编制规程》(TD/T 1025—2010)等。

二、属性解析

依据一定的标准、方法和原则划分的同类法律规范,即为法律部门。一部成文法往往涉及多方面的社会关系,调整方法也多种多样,进行法律部门划分时,应以主要调整对象和调整方式作为依据。但土地规划法因土地规划蕴涵的内在精神而具有独特性,可以法律调整目的为标准构建法律体系。如果从主客观两方面共同考察,"按主客观一致、以主观为主导的指导思想,重新来确定法律部门划分的标准"。① 其中,作为因特定的立法目的而产生,并始终以特定功能的实现为己任的法律而言,法律目的在法律认知和实际运行活动中占有十分重要的地位。判断某一法律之部门法属性,不仅要看其所涉及社会关系的性质、调整手段等客观因素,更要看其根本目的与所欲实现之功能。②

虽然理论上并没有完全廓清土地规划法的具体属性,但一般来说,我们将土地规划法纳入行政法的范畴,即保障国家机关的行政权力和公民个人的合法权益的动态平衡,而就本质来看,主要调整公共利益与个人利益之间的协调一致关系。第一,从立法目的来看,《土地管理法》第 1 条明确立法目的,"为了加强土地管理,维护土地的社会主义公有制,保护、开发土地资源,合理利用土地,切实保护耕地,促进社会经济的可持续发展……"作为土地管理法律的重要环节,土地规划管理法律也必须贯彻"加强土地管理"的首要目标,《城乡规划法》第 1 条即规定:"为了加强城乡规划管理,协调城乡空间布局,改善人居环境,促进城乡经济社会全面协调可持续发展。"第二,从规范对象来看,土地规划乃行政规划在土

---

① 史际春、邓峰:《经济法总论》,法律出版社 1998 年版,第 131 页。
② 钱水苗:《循环经济的法理分析》,《2005 年中国法学会环境资源法年会论文集》,第 676 页。

地利用领域的具体化，是规划主体为实现合理开发、利用、整治和保护土地的管理目标，确定土地利用类型、规模及时空分布，并构想具体实施手段的行为，也是政府对土地利用而采取的宏观调控或者微观管制。法律明确土地规划的制定、实施，成为治理土地利用的法律依据。例如，《土地利用年度计划管理办法》第 12 条规定："新增建设用地计划指标实行指令性管理，不得突破。"第三，从调整利益形态来看，土地规划法的初衷在于干预土地利用中的经济、社会、生态公益以及人身、财产等个人利益，协调公益之间、公益与私益之间的冲突。例如，《土地开发整理项目规划设计规范》（TD/T 1012—2000）中关于生态效益评价规定，森林覆盖率、水土流失防治、土地污染治理、土地质量提高、人均绿地面积作为评价项目规划对生态环境改善作用的指标，限制利用者的经济利益最大化追求，保证生态环境的基本质量。

第三节　土地规划管理的法制效果

由罗马法延续至近代的西欧，配置土地权利，协调利益冲突一直属于私法的作用范畴。① 19 世纪以来，城市化、工业化进程的加速，经济发展、人口聚集引发土地锐减、生态破坏等严峻问题，使得土地利用矛盾突破局部区域，演变成整个社会的普遍焦点。此时，以维护土地权利静态安全为己任的传统私法，难以触及土地利用控制、土地资源保护、生态平衡维系等领域，因而受到社会福利、可持续发展等现代理念的冲击。规划法律的广泛出现，规范土地利用的公法冲破私法樊篱，直接限制土地权利的自由行使。国家"为了促进土地有效率使用的公共利益，在有必要管制土地使用的情形下，基于公权力的行使，制定相关法律和行政法规，使土地的使用符合效率，增进全民福祉，是公权力的正当行使，有其正当化的理由"。② 公法侵入私法领域，私人权利受到公法限制，尤其以财产权最

① 喻文莉、陈利根：《土地立法中公法与私法关系的解读》，《学术界》2009 年第 3 期。

② 谢哲胜：《财产法专题研究（三）》，中国人民大学出版社 2004 年版，第 247 页。

为突出。[①] 为因应社会情势、增进社会福利，立法呈现社会化、生态化的趋向，为土地权利增添了更多义务条款。在英美法律的内容中，“议会的干预不断增加，几乎所有的干预皆与土地有关，就动产而言……财产法中有关动产的规定，几乎没有公共力量的影响”。[②]

一、不同维度的定位

1. 规划管理与土地私权

自由意味着权利人能够按照自己意志处理事务，但与民主、法治关联之后，那种特定的少数人可能对社会造成危害的自由必须被加以控制。政府为了追求土地利用的系统功能最佳，通过规划实现对土地私权的管理干预，本质上是对公民自由的限制。虽然规划一方面意味着逻辑性、合理性，但另一方面也流露出限制甚至失去自由。规划作为政府控制土地利用的方式，主要针对公民权利的管理或者限制。这里的权利主要指与土地相关的除国家财产利益之外的其他主体的财产权利，或者称之为土地私权。作为不动产，土地曾经是私人最主要的财产形式，法律确认土地权利是所有权制度的起源。[③] 所有权延伸至社会领域，权利不仅涵摄私人土地利益，并因负有社会义务而体现公共属性：个人随心所欲地、绝对地使用土地，正在让位于依据有关规定、合理地利用土地。保障土地权利是立宪主义财产权的核心，但为了必要的公共利益，对私人财产权进行限制或剥夺便不可避免。[④] 于是，规划成为国家介入土地私权的集中体现。

在美国的土地规划管理制度中，区划、土地细分居于规划管理的控制核心，由于规划限制了不动产权利人的利益，因而越来越受到人们的反对：规划管理立法过严以致不动产所有人的权利所剩无几，使所有权者不得不寻求宪法保护；规划管理使得土地使用者因贫富、种族等条件差异而

① 梅夏英：《财产权构造的基础分析》，人民法院出版社 2002 年版，第 120 页。

② ［英］劳森、拉登：《财产法》，施天涛等译，中国大百科全书出版社 1998 年版，第 118 页。

③ 郭洁：《土地资源保护与民事立法研究》，法律出版社 2002 年版，第 62 页。

④ Thomas, *The Public Use of Private Property at Taking Property and Just Compensation*, Kluwer Academic Publisher, 1992, pp. 163–165.

造成歧视，例如将穷人赶出自己的家园，引发歧视与不公等社会矛盾。[①] 因此，与土地规划管理相关的司法判例主要分为两类：与私有土地的使用自由关联，体现在政府通过分区等规划手段管理土地使用；与土地征收关联，出现在政府主导的城市基础设施建设以及改造项目等领域。并且，人们更多关注前一类判例带来的影响，例如在1922年“尤克里德村 v. 安布勒不动产公司案”中，尤克里德村议会通过的区划条例，将安布勒不动产公司拥有的土地划分成三种不同性质，即双户住宅区、公寓区和制造及工业区。安布勒不动产公司认为条例损害了土地的潜在使用价值，属于“剥夺”行为而违反宪法。地方法院最初判决支持区划条例因违反宪法而无效。但1926年联邦最高法院推翻判决，援引普通法中限制“妨害”的原则作为类比对象，认定区划条例在整体上是合宪的，即为了维护公共利益而行使强制权。该判例是联邦最高法院首次对地方政府制定区划条例的合宪性做出肯定判决，奠定了规划管理因公共利益限制私有土地使用而不必给予赔偿——行使“警察权”的合法化基础，积极地推动了区划制度的广泛普及。[②] 当然，地方政府限制私有土地使用也并非毫无限度，1992年“卢卡斯 v. 南卡罗来纳海岸委员会案”、1994年“多兰 v. 蒂加德市案”，[③] 均以地方政府告负而终结。总体来说，规划管理在衡平公权（公共利益）与私权（私人利益）的过程中，虽然不能将土地直接变为公共空间或者不能禁止所有具备经济利益的土地

---

① 例如，美国“纽约唐人街案”。纽约市的中国城居住着很多亚裔居民，由于移民增多，中国城的住房严重短缺，住房条件日益恶化。为改善这一状况，1981年，估算委员会采纳了一项规划补充法案，决定在中国城开发一幢供87户家庭居住的公寓，每户的价值从17万到50万美元不等。但“亚美公平组织”代表亚裔公民诉纽约市政府，声明规划补充法案的实施将会导致富人涌入而将中低收入的中国人赶出中国城。坚持政府为公共福利而实施规划，应促进中低收入家庭的住房建设；政府开发的高级住宅将使原居住在中国城的低收入者无处可住，而且排除了将来在此开发低收入住房的可能。因此，根据新泽西州“劳瑞尔山”的判例原则，拒绝穷人进入本地的规划立法为非法。最后法院认为驱赶本地穷人与禁止穷人进入本地相比更是滥用规划权力的行为，因而原告诉讼理由成立。参见李亚虹等：《美国财产法》，法律出版社1999年版，第211-212页。

② 如果说1916年颁布的《纽约综合区划体条例》标志着区划技术的初步确立，1926年的《标准州区划授权法》为区划立法提供了便利的话，那么联邦最高法院对本案的判决则表明了司法机构对区划制度的积极态度。

③“卢卡斯 v. 南卡罗来纳海岸委员会案”参见美国联邦最高法院，1992 505U. S. 1003, 112S. Ct. 2886, 120L. Ed. 2d 798；“多兰 v. 蒂加德市案”参见美国联邦最高法院，1994 U. S. 114 S. Ct. 2309, 129 L. Ed. 2d 304。

利用活动，但可以通过用途、强度、外观等方式管理私有土地的任意使用而不进行任何赔偿。

与国外土地规划管理建立在普遍私有制基础上不同，我国实行土地公有制，不存在绝对私人的土地权利，更没有私人土地所有权。因此，土地规划管理最初并不是为限制私人土地开发，而主要在于控制城市扩张、保护耕地。[①] 政府依据规划对土地私权以及使用条件、行为控制，进而对土地类型、地块规模、使用期限、土地价格（税赋、租金）以及对土地使用的类别、方式、强度的限制等。[②] 伴随着当前中国的房改、土地改革和快速城市化的深入，政府对私人不动产的侵权是土地规划和开发过程中常常涉及的，近年来这样的问题越来越多。[③] 具体来说，规划管理对土地私权的影响体现在：

第一，影响土地权利的取得。我国禁止土地所有权交易，个人只能获取国有土地的使用权，并且以批准为前提，即申请获取使用权应当符合规划。法律虽然规定集体土地所有权，规划本不该影响这种权利的“原始取得”，但农民个体直接不享有土地所有权，在获取宅基地等非用于农业生产土地使用权时，必须经过土地管理部门的审批。例如，《河北省农村宅基地管理办法》第 5 条规定：“农村村民建设住宅，应当合理利用和集约利用土地，严格按照土地利用总体规划、村庄和集镇规划使用土地。”第 8 条规定：“农村村民需要使用宅基地的……逐级报乡（镇）土地管理机构、县（市）土地行政主管部门审核和县（市）人民政府审批。”

第二，影响土地权利的内容及行使。基于城乡统筹一体化的需要，政府统一规划管理公有土地，集体土地位列其中，集体土地所有权不再具有传统意义上完整权能，而受到规划的诸多限制：不能只占有而不使用或者不授予他人使用；使用必须符合规划要求，并不得随意变更土地用途。个人取得土地使用权之后，必须按照批准的土地面积、位置、用途等规定使

---

① 黄祖辉、汪晖：《城市发展中的土地制度研究》，中国社会科学出版社 2002 年版，第 101 页。

② 欧名豪：《论土地利用规划控制的内容与特性》，《南京农业大学学报》（社会科学版）2001 年第 3 期。

③ 邢锡芳：《土地规划和政府对私人不动产的侵权——从政府征地和土地管理法规条例谈美国土地规划的法律基础》，《北京规划建设》2006 年第 3 期。

用。例如，《土地管理法》第4条规定：“使用土地的单位和个人必须严格按照土地利用总体规划确定的用途使用土地。”《建筑法》实行建筑规划许可，对土地权利人的建筑权实施监管。[①] 即使权利人取得土地使用权，也并不能够永久地享有该项权利。例如，《城市房地产管理法》第26条规定：“以出让方式取得土地使用权进行房地产开发的，必须按照土地使用权出让合同约定的土地用途、动工开发期限开发土地。……满二年未动工开发的，可以无偿收回土地使用权……”

第三，影响土地权利的处分。权利人在行使土地使用权的过程中不仅失去完全的自由，在权利处分方面要求更加苛刻。例如，《城市房地产管理法》第32条规定，“房地产转让、抵押时，房屋的所有权和该房屋占用范围内的土地使用权同时转让、抵押”，即土地使用权必须与房屋所有权一起转移而不能够单独处分。而且，并非所有的土地使用权都可以转让，需要符合某些法定条件或者经过审批，例如《农村土地承包法》第47、48条分别规定，“以其他方式承包农村土地，在同等条件下，本集体经济组织成员享有优先承包权”，“发包方将农村土地发包给本集体经济组织以外的单位或者个人承包，应当事先经本集体经济组织成员的村民会议三分之二以上成员或者三分之二以上村民代表的同意，并报乡（镇）人民政府批准”。农村土地使用权的转移，集体组织成员享有优先受让权，而其他个人则必须经过严格的同意、审批程序。

第四，影响土地权利的收益。规划控制了土地使用的性质、强度，从而决定了土地价值，[②] 这势必也会影响相邻土地权利人的利益。在城市快速发展的情形下，规划变更不可避免，引发权利人的土地利益关系变化，形成某些权利人“受益”而某些权利人“受损”的局面。例如，规划建设地铁等基础设施或者提供绿地等公共物品，能够使临近的权利人受益，土地价值因正外部性而提高；规划某些用地需要被保留为绿地或者某些历史建筑需要被保护，土地开发受限、使用强度无法提高，权利人的利

① 在德国，权利人行使土地权利时需要符合城市规划的一般规定，同时还要受到高度、深度等许可制度的约束。参见孙宪忠：《德国当代物权法》，法律出版社1997年版，第208页。

② 朱介鸣等：《城市土地规划与土地个体权益的关系——物权法对城市规划的深远影响》，《城市规划汇刊》2007年第4期。

益就会受损。[①] 可见，规划管理可以在很大程度上影响土地价值的上升与下跌。

另外，理论上一直没有厘清“公共利益”的内涵，而实践中基本由政府独家断定，为实施规划而调整土地利用，也为规划变更土地用途提供了入口。关于征地补偿标准问题，[②] 法律仅规定了大致范围以及上限，具体内容由地方政府裁量，剥夺了土地所有权人、使用权人参与、协商的平等机会。尤其在城市房屋拆迁领域，地方政府以社会公益之名行商业利益之实，强制拆迁不符合规划的民用、合法房屋，公民拥有或者使用的房屋一旦成为“规划”对象，将别无选择。[③] “百姓是一个地方的主人，他们有权对自己所住地方的规划发表看法。但当前我国公众对于当地的城市规划一无所知，往往是自己的房子上被写了一个‘拆’字的时候，才知道是怎么回事。”[④] “公共利益”界定以及征收补偿原本属于《物权法》的核心，但最终没能落实。如果不能划清规划管理权力的行使范围、程度，那么私有财产保护势必落空。

2. 规划管理与用途管制

1997 年，中共中央、国务院《关于进一步加强土地管理切实保护耕地的通知》在“进一步严格建设用地的审批管理”中明确“对农地和非

---

① 例如，广州丽江花园就因规划而使价值“受损”。丽江花园位于广州市番禺区南浦岛的西端，以优美的居住环境著称。其北面和东面都是珠江水道，南面是一条两岸种满桃花、柳树，河中遍布荷花的河道。因为“两岸桃柳，一河荷花”的优良环境，丽江花园南边小区业主付出了更高的房价。2002 年 12 月，在业主不知情的情况下，在丽江花园南边小区与河道之间的新南浦路，规划建设一条 40 米宽的道路，最北边的车道距丽江花园的住宅不足 10 米，业主们付出高价购买的杨柳桃花岸视觉，变成一条交通繁忙的主干车道。道路开工后，二手房的交易价格显示受影响的住宅价格下跌 1/3。2003 年 5 月，丽江花园 41 名业主以侵犯“相邻权”为由，状告广州市城市规划局番禺区分局，但案件以小区业主败诉而告终。

② 例如，广州二沙岛案件即因土地规划修订而影响业主利益。1999 年 2 月，汉贤国际有限公司获得二沙岛一块土地的使用权。依据 1987 年《二沙岛控制性详细规划》规定，地块的使用性质为商业用地。2001 年 4 月，广州市城市规划局发布通知，该土地的使用性质变更为绿化用地，理由是二沙岛的开敞空间不足。业主还未来得及开发，政府为了公共利益而强制征地，业主理应得到补偿。争议集中在补偿标准上，汉贤公司要求补偿包括土地使用权出让金和由于项目拖延引起的损失，然而政府只同意退还土地出让金。汉贤公司起诉广州市政府，但至今未果。

③ 唐忠辉：《我国土地规划制度反思——一种利益衡平观》，《甘肃政法成人教育学院学报》2005 年第 1 期。

④《公众参与城市规划困难重重需要法律保障》，《中国青年报》2009 年 8 月 20 日。

农地实行严格的用途管制”。1998年《土地管理法》首次确立了土地用途管制制度。土地用途管制是指国家或者政府依据土地利用规划对土地使用和土地用途的变更进行强制性干预的法律制度。① 进一步说，土地用途管制是国家为了实现土地资源的最优配置和合理利用，促进社会经济与环境协调发展，依据土地利用规划，对土地利用作出许可、限制许可或者不许可并监督、检查、跟踪管理直至追究法律责任的一种制度。② 站在不同的角度，用途管制具有不同的意义：在管理学层面，“实质是政府为促进社会整体协调发展，采取各种方式对土地利用活动进行调节控制的过程，是国家管理公共物品（土地）的重要措施”；在经济学层面，“由行政机关进行的对土地利用主体行为的限制”，旨在纠正土地市场的失灵状态；在法学层面，用途管制意在“严格保护耕地，有效配置土地资源，提高土地利用集约水平等一系列的行为过程”。③

近代以来，规划管理大体可以概括为以政府为主体的基础设施建设，以及公权对私权实施的土地利用控制。规划不可避免地限制土地利用自由，甚至强制征收土地。换言之，就是对土地利用价值的剥夺或者部分剥夺。应当说，规划与用途管制同属于规范土地利用、保护土地的制度构成。但对于规划管理与用途管制之间的关系，则存在不同理解：两者属于平行概念，或者用途管制为下位概念，被规划所包含。当然，差异源于对土地规划管理认识的不同，即将其“任务限制在土地利用方式的实体设计和布局”，或者“通过立法来控制土地利用”。④ 随着从技术设计转向利益协调，土地规划管理名副其实地成为行政过程，两者之间的关系也更加复杂。规划内容从适宜性评价为主逐步向持续性评价和制度安排并重，更加重视编制之后的实施，制度安排成为最重要的手段。⑤

一般而言，土地规划越具有弹性，留给管理机构的裁量权力越大，这属于“裁量导向”的管制系统；土地规划越确定，规划既有的裁量权力

① 刘俊：《土地所有权国家独占研究》，法律出版社2008年版，第371页。

② 王文革：《城市土地配置利益博弈及其法律调整》，法律出版社2008年版，第230页。

③ 王万茂：《土地用途管制的实施及其效益理性分析》，《中国土地科学》1999年第3期。

④ 吴次芳、叶艳妹：《20世纪国际土地利用规划的发展及其新世纪展望》，《中国土地科学》2000年第1期。

⑤ 蔡玉梅等：《FAO土地利用规划研究进展述评》，《地理科学进展》2005年第1期。

越小，这属于“规定导向”的管制系统。① 现代国家的土地规划具有多个层级的法定体系，例如全国性的土地规划具有宏观性、综合性，发挥指引、协调下级规划之功效，强调引导性，即属于“裁量导向”的规划管理，而详细规划、建筑规划等则明确、落实上级规划，并担负限制或者激励具体土地利用行为之功效，强制力彰显，即属于“规定导向”的规划管理。在此意义上，处于基层或者详细的规划成为用途管制的直接依据。在“裁量导向”的规划管理中，土地规划更倾向于简易型，因此规划目标与实际土地利用行为并非完全一致，因此不对土地利用人具有直接拘束力，自然无法涵盖用途管制，相应地，两套制度相互关联而各自独立。在“规定向导”的规划管理中，规划已经确定每一块土地的用途类型，并附有允许、禁止以及许可的规制规则，权利人的土地利用行为必须严格按照规定的规则进行，因此属于用途管制的依据，是管制发挥作用的基础和前提。当然，规划目标的实现常常需要借助其他制度加以配合。例如，德国为了实现区域详细规划的目标，需要与建筑许可制度紧密联系。总体来说，土地规划与用途管制在覆盖范围上存在重合之处，用途、分区等规定既可以包含在规划立法中，也可以在单独的用途管制立法中出现。②

二、规划管理的运行

1. 土地利用总体规划的实施

第一轮土地利用总体规划（1987～2000年）：十一届三中全会之后，我国开始实行由计划转向市场的经济体制改革，极大地促进了国民经济发展。与此同时，耕地不足的问题逐步显露，有限的耕地资源开始被大量转为经济利润丰厚的建设用地和果、林、渔等生产用地。据统计，仅“六五”期间，全国耕地面积减少730多万亩，1985年更高达1500万亩。严峻的土地形势加剧了人多地少的矛盾，强烈制约着经济、社会、生态的可持续发展。并且，长期分散、无偿、低效的土地管理制度在某种程度上阻碍着经济、社会、生态的深入变革。为贯彻“十分珍惜每寸土地，合理

① 边泰明：《土地使用规划与财产权：理念与实务》，詹氏书局2003年版，第155-156页。
② 杨惠：《土地用途管制法律制度研究》，法律出版社2010年版，第29页。

利用每寸土地”的基本国策，1986 年《土地管理法》首次以法律形式将土地规划固定下来，在借鉴农业生产合作社和人民公社土地规划、城市规划以及部分地区的区域规划等经验的基础上，管理部门于 1987 年第一次尝试编制土地利用总体规划，同时相应地开展省、市、县、乡各级土地利用总体规划编制工作。1993 年，国务院正式批准《全国土地利用总体规划纲要（草案)》，其后 19 个省相继完成了省级规划的编制。全国 64% 的市、75% 县完成了规划编制工作，乡级规划编制工作也普遍开展。① 由于首轮土地利用总体规划缺乏管理经验和技术支持，加之关于土地规划立法工作滞后，导致规划的编制水平参差不齐、各地差异较大，未能得到有效实施。当然，本轮规划在社会主义有计划的商品经济基础上编制，主要贯彻了“一要吃饭、二要建设”的主体思想，在保护耕地的前提下妥善解决耕地和建设用地的供需矛盾，通过自上而下的数量调控、流量控制，逐级分解国家对土地宏观调控的指标。此外，在认识土地利用现状的基础上，为规划管理提供了科学依据，突出土地适宜性评价，并初步确定了土地规划的程序、内容、方法以及体系。

第二轮土地利用总体规划（1997～2010 年）：自 20 世纪末，我国经济、城市进入快速发展阶段，针对人口持续增加、耕地日趋减少的严峻形势，1997 年《关于进一步加强土地管理切实保护耕地的通知》提出实行最严格的管理土地、保护耕地措施，加强土地宏观管理和实行土地用途管制，将土地利用总体规划作为土地管理的关键措施和用途管制的基本依据。1998 年修订后的《土地管理法》确定了土地利用总体规划的法律地位，强化土地利用总体规划对城乡土地利用的整体调控作用。第二轮土地利用总体规划在全国范围内蓬勃开展，至 2000 年底，全国五级规划基本完成并正式实施。第二轮规划从第一轮对所有地类进行指标控制转向有限目标的管理。为了实现最严格的耕地保护，规划围绕耕地总量动态平衡、建设用地总量控制、土地开发整理、土地生态环境改善等内容展开。与第一轮规划相比，第二轮规划管理更强调刚性，对于控制建设用地无序扩张、保护耕地、保护生态环境起到了一定作用，被喻为“真正立起来的土地规划”，也体现出某些法律属性，为趋向法制化、制度化、规范化奠

① 董黎明、林坚：《土地利用总体规划的思考与探索》，中国建筑工业出版社 2010 年版，第 5 页。

定了必要基础。[①] 第二轮土地利用总体规划的全面实施暴露出较多问题：①规划目标单一。规划以保护耕地为重点，严格控制城市规模，服从由上而下的建设用地指标，对遏制耕地数量减少确实发挥重要作用。但不足之处在于：片面强调耕地保护的单一目标，缺少土地利用综合效益的评价；规划指标刚性有余、弹性不足，对不同特征的土地实行“一刀切”，不利于各地针对具体情况适时调整。目标过于单一导致对土地未来发展的预见因素没能充分估计，规划实施出现较大偏差。②规划衔接不力。五级土地利用总体规划体系，但各级规划职能分工不明、内容雷同、缺乏层次。此外，各个部门同时行使规划职能，例如国土资源、城乡建设、发展改革都拥有自己的规划组织体系，但各自出发、侧重不尽相同，且很少进行协调，当各类规划发生交叉或者冲突但又具有法律保障时，规划管理出现重复、交叉甚至僵持的结果。

总之，土地利用总体规划作为一项法定规划实践较少，社会各界认可、接受和重视程度较低，引发规划权威性较差、参与社会管理较弱等弊病。按照传统建设项目管理，规划机关并不在整个程序的前端发表意见，规划实施的愿望难以充分落实，法律地位尚属逐步确立阶段。

2. 规划管理失效的法制根源

规划管理与法制具有不解之源，规划法制是依法行政的基本要求和具体体现。起源于19世纪末20世纪初的现代土地规划，即以法规的形式出现。规划对土地利用的调控，需要借助强有力的法律，确保土地利用总体规划修编的科学性和实施的权威性。[②] 现代国家普遍强调规划权威，规划被视为“准立法”——通过立法赋予规划的充分权力，或者以立法方式制定规划。同时，为防止公权对私权的不恰当干预，各国也通过立法规范、约束规划权力的行使，确保权利人的土地权益。但目前来说，我国土地规划管理的法制化程度尚显不足，存在诸多空白成为影响其制定、实施以及管理土地利用的重要根源。

首先，就土地规划管理法制体系而言。缺乏一部能够统领土地规划，凝结整个土地规划法制体系的主干法律，即土地规划管理基本法。截至目前，我国已经展开三轮土地利用总体规划的实践工作，但真正能够保障或

---

① 赵烨等：《面向环境友好的土地资源管理模式研究》，中国环境科学出版社2006年版，第19页。
② 储亚平：《制定〈土地规划法〉促进土地合法利用》，《中国房地产报》2007年3月15日。

者规范土地规划的法律，仅有《土地管理法》中“土地利用总体规划”的相关条文，粗略规定了规划编制、审批、计划、调查统计和与其他规划之间的关系，其属于内部章节而非独立的法律，与土地规划法本身的要求尚相去甚远。① 由于缺少土地规划的单独立法，导致在实际操作中，土地利用总体规划并没有体现应有的权威和严肃，规划难以有效执行，不断被调整、不断被突破、不断被违反的情况屡屡发生。对于土地规划法律体系来说，专门针对土地规划的立法只有部门规章以及地方性法规、规章，法律层级处于较低位阶。如果将法制体系比作一棵大树，则其应该具备发达的根系、坚挺的主干以及茂密的枝叶，但土地规划管理法制体系现状却呈现另一种景象：作为枝叶的土地规划规章等规范性文件较为茂盛，而作为主干的、起到统率作用的《土地规划法》却是空白。由于没有核心立法作为基础和指导，与此相关的、各个领域的立法也很难制定并完善，造成法律层次不配套，法律法规缺乏可操作性。②

其次，就土地规划管理法制内容而言。第一，规划主体的职权、职责缺失。现行法律对规划主体职权规定较为粗糙，例如国土部门享有土地规划的编制职权，却没有授予相应的获取经费保障、要求其他部门配合、提供信息资料的权力。在规划的实施过程中，缺少对违反规划的公民采取措施，制止非法侵占土地并追究责任的规定。③ 而且，规划主体如何履行职责，不作为、滥作为的责任种类、追究程序仍处于空白状态。第二，相对人权利义务不明确。土地的经济、社会、自然属性决定了利用者既享有权利也应承担义务。现行规划法律既没有规定相对人应有的发展权、生存权等切身利益，也没有明确土地权利变革（征收、征用）享有的公平谈判取得合理补偿的权利，尤其土地的生态价值以及利用的外部性，决定了相对人承担合理利用土地的义务，但法律没有明确相对人所负义务的性质、种类以及违反义务的后果。第三，对土地规划的客体内容认识不足。④ 法律规定规划内容需要明确哪些属于建设用地，哪些属于农用地，哪些属于未利用地，并以此为依据严格限制耕地直接转为建设用地，却疏于规定耕

① 武庆娟、陈利根：《加快土地规划立法的思考》，《浙江国土资源》2005 年第 11 期。
② 罗丽丽：《国土规划的法律体系建构》，《西北工业大学学报》（社会科学版）2006 年第 3 期。
③ 张华发、阮存保：《论土地利用规划立法的必要性》，《安徽农业大学学报》2003 年第 5 期。
④ 付健、权大国：《我国土地利用规划法律制度探析》，《广西教育学院学报》2006 年第 4 期。

地先转变为其他用途再转为建设用地的间接情况。可见，土地规划法制内容的诸多缺失而造成“软法”的尴尬局面，难以确保规划的“龙头”地位。

立法缺失是影响土地规划实际效果的主要原因。[①] 我国经济、社会的急速发展，规划的规范对象——土地利用活动也不断变化，并呈现出不同的发展规律。土地规划本身乃一个时期行为而非时点行为，制定之后的规划需要经过实施环节，其运行受到诸多不确定因素的影响，这种不确定又加剧了规划效果的不确定甚至失效。其中，规划管理本身的不科学应当是影响土地规划实效的重要因素之一，主要体现在编制方法滞后、编制模式落后、基础数据不实等多个方面。以规划编制模式来说，第二轮土地利用总体规划系“控制性规划”，即层层分解下达后的土地利用数量、结构指标作为各级规划必须完成的主要任务。[②] 虽然规划考虑各地特点而期望因地制宜，但僵化指标并没有真正尊重各地实情，尤其建设指标属于稀缺资源，各地追求更多指标以进行经济建设、改善生活质量，导致许多地方采取“一刀切”的分配模式。其结果是有的地方指标用不完，有的地方指标却不够用，利益分配上出现不公平的现象。[③] 由于缺乏流动机制，各地无法调剂用地指标，规划失去规范土地利用的实际意义。例如，截至2005 年，珠三角九市除肇庆外全部超过建设用地规划指标，粤东、粤西及山区中河源市、湛江市突破建设用地规划指标（图 2-1）。截至 2005 年，除韶关、河源、梅州和云浮 4 市外，其余 17 市距离规划耕地保有指标皆有较大缺口（图 2-2）。

---

① 荆月新：《城市土地立法研究》，中国检察出版社 2006 年版，第 251-252 页。

② 张友安、郑伟元：《土地利用总体规划的刚性与弹性》，《中国土地科学》2004 年第 1 期。

③ 施恩民等：《科学发展观与新一轮土地利用总体规划修编思考》，《国土资源科技管理》2008 年第 4 期。

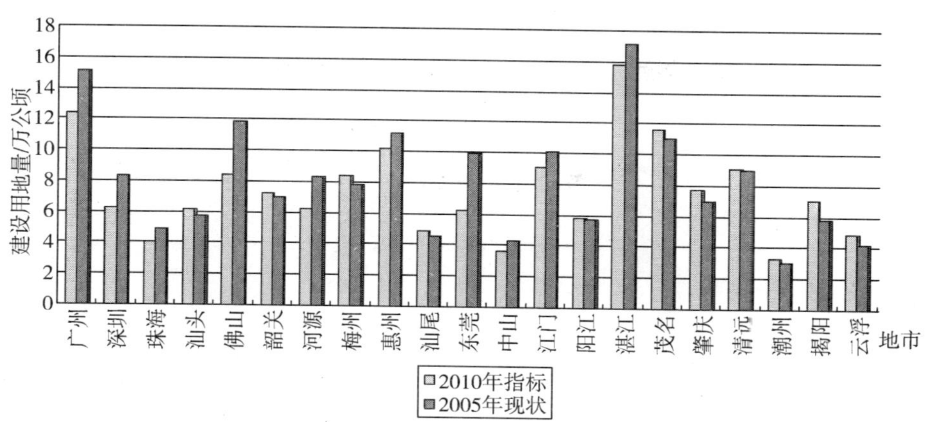

图 2-1 广东省土地利用总体规划（1996～2010 年）建设用地指标执行情况

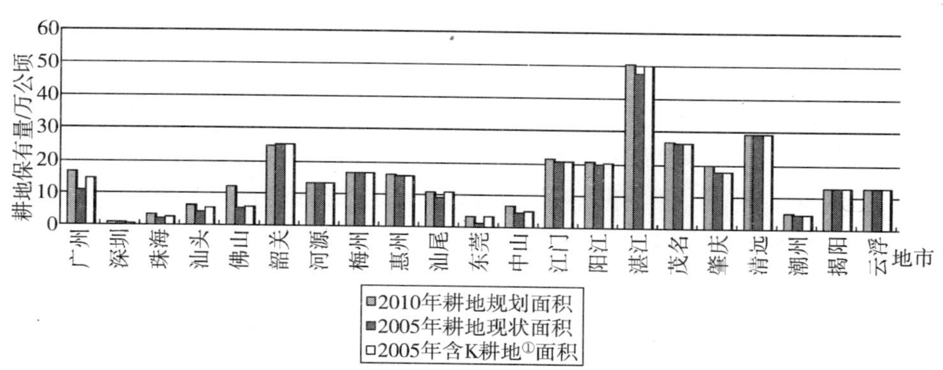

图 2-2 广东省土地利用总体规划（1996～2010 年）耕地保有指标执行情况

① 含 K 耕地是指土地利用变更调查数据中耕地与带 K 地类的合计面积。带 K 地类是指自 2000 年 1 月 1 日始，除生态退耕以外，在农业结构调整中将耕地改为园地、林地、牧草地及其他农用地的，如果未破坏其耕作层，该地类在土地利用变更调查时加 K 表示，称为可调整为耕地的地类，视同耕地管理。

第三章　土地规划管理的生态议题与法制实践

第一节　土地规划管理的生态关联

自人类出现以来，土地与人类之间的关系便密不可分。在人类活动与土地互动之中，土地系统逐步演化为经济与生态的复合系统，即土地生态经济系统。[①] 在这个复合系统中，土地不是具有自然的单一特性，而是具备经济、社会、生态等多重属性。因此，在反映价值系统的构成中，土地至少覆盖经济价值、社会价值和生态价值三种要素。[②] 其中，土地生态价值是指作为自然系统结构的基础要素，土地参与生态循环、生态调节，具有涵养水分、调节气候、维持生物多样性等功效。例如，土地保护更多强调土地的内在意义，倾向维持土地的原貌，使之不受人类行为的影响。在当前状况之下，我国土地问题主要源于利用主体无视土地生态价值的客观存在而肆意开发土地，频繁触发生态警戒，甚至引发生态危机。

一、规划引发生态效应

长期以来，人类主要从两个方面对土地加以利用：通过生物生产，为

① 张兆福：《土地生态经济系统运行机制及其调控研究》，《生态经济》2006 年第 6 期。

② 邓伟志、李叔君：《土地的生态价值与制度安排——论人与土地的和谐共处》，《社会科学战线》2008 年第 4 期。

人类提供食物和物质生产资料；通过空间分布，为自身建设生存发展场所。土地利用对周围环境的多种效应共同发生、相互交织，并随着土地利用的规模、方式、结构、强度的不同，对生态环境的影响也发生时空差异。可以说，利用结构与布局调整对土地生态环境的影响是深远、广泛、复杂、不可逆转的。① 其实，规划目标应当锁定于保护土地，保护生态环境，维护土地生态系统平衡，进而实现土地可持续利用。人们受到眼前利益的驱使，加之缺乏科学系统的认识，导致土地被“误用”、“滥用”的现象大量出现。土地利用总体规划过分注重解决建设用地与耕地之间的矛盾，而很少从生态环境效应角度去优化土地利用。② 而且，在缺乏规划或者规划未能有效实施的区域，其发展过程中出现诸多生态环境和社会问题。③

1. 对大气方面的影响

规划土地利用变化引起太阳辐射在地表的重新分配，从而影响气候的变化。④ 在城市化的过程中，几乎所有地表大气环境诸如太阳辐射、温度、湿度、能见度、风速和风向及降雨等都发生了变化。⑤ 由于土地利用倾向于增加地表反射率，使更多的能量返回到大气中，增加了对流层温度，大气稳定性增强并减少对流雨。另外，不合理的规划带来畸形发展的农业活动、城市建设，强烈改变着大气中各种成分的比例，如温室气体的排放增加等。⑥

---

① 赖力、黄贤金：《全国土地利用总体规划目标与生态足迹评价研究》，《农业工程学报》2005年第2期。

② 廖兴勇等：《关于上一轮县级土地利用总体规划中土地变化及生态环境效应的思考》，《中国农学通报》2006年第6期。

③ Engers、Smith，*Environmental Sciences*，Boston：Mc Graw Hill，2004，pp. 290–295.

④ 郭旭东、陈利顶：《土地利用/土地覆盖变化对区域生态环境的影响》，《环境科学进展》1999年第6期。

⑤ Changong，Senmonin “Impact of Man upon Local and Regional Weather”，*Reviews of Geophysics and Space Physics*，No. 17，1979，pp. 1891–1900.

⑥ “温室效应”的发生其实是地球碳循环紊乱的后果，即碳物质无法回归自然本位，造成地球环境的总体灾变。例如，城市建设破坏了土壤的团粒结构，使得原来储藏在土壤中的大量二氧化碳被释放了出来，加上大量使用化石能源，将远古时绿色植物固定的碳也重新释放到大气之中；建设用地扩张使得直接能够转化二氧化碳的（绿色植物通过光合作用固碳）生物生产用地总量急剧减少，二氧化碳积累形成温室效应。气温升高又造成海洋吸收二氧化碳能力大大降低，继而引发严重的恶性循环。

2. 对水环境、水资源方面的影响

规划实施以后将影响水环境质量、水资源的区域分配。例如，新城镇的建设、工矿企业的布局均会造成生活污水、工业废水大量排放，导致区域内的河流、湖泊等水环境质量发生改变，对生活用水及农田灌溉造成直接危害。土地利用将农用地、未利用地转化为建设用地，房屋增加、道路建设使土地下垫面的渗透性、滞水性减弱，减少雨水的截留、填洼、下渗、蒸发量，地表径流量增大而使补给地下水的径流量减少。而且，区域开发后期也会引发河流上下游之间的水资源分布问题。①

3. 对植被、水土方面的影响

由于规划中的用地结构调整和重新布局，在实施过程中必将改变用地现状，② 尤其形成特殊的城市生境，进而影响植物的生理生态状况、植物群落的种类组成和结构乃至景观的结构和功能。③ 我国前两轮土地利用总体规划为稳定耕地数量指标而过分强调“占补平衡”，城镇建设用地迅速增长，林地、草地的开发利用强度不断加大，使地表植被覆盖率降低。大部分矿山开采后没有进行规划整治，矿区植被破坏严重，地下水位下降、地面塌陷，也使地表植物缺水枯萎。植被破坏恰是造成水土流失的主要原因，④ 大约有 1/3 的耕地受到水土流失的威胁，每年流失的土壤总量达 50 多亿吨，流失的土壤养分相当于 4000 万吨标准化肥，如此严重的水土流失大都源于缺乏科学的规划管理。

4. 对生物系统的影响

规划在空间上涉及整个区域，决定了区域性土地利用活动，实施后造成的土地生态系统的改变具有不可恢复性。⑤ 近几年，我国大量的农用地、未利用地在规划不成熟的情况下直接转为建设用地，复杂多样的生物

---

① 例如，在 20 世纪初期，美国西部干旱地带的科罗拉多河流域，区域开发过程中出现多个州之间的水资源分配问题。由于缺乏规划统筹安排土地利用，上游的内华达、加利福尼亚、亚利桑那三个州长期争议不断，最后由联邦高等法院判决，裁定各州应得水量及用水权。

② 较为明显的是城市化进程将某些基本农田、果蔬生产基地变成了住宅区、商业区等。例如，美国加利福尼亚的圣何塞市就是将农作物基地改变为高科技城市；迈阿密、洛杉矶城郊的果蔬生产基地已经转变为办公区、商业区。

③ 赵海霞等：《城市土地利用对植被特征影响的研究》，《地球科学进展》2002 年第 2 期。

④ 陈和平等：《浙江突发性山地水土灾害与土地利用类型的相关性研究》，《浙江大学学报》（农业与生命科学版）2002 年第 1 期。

⑤ 杨月兰、唐众：《土地利用总体规划的生态反思及启示》，《国土资源科技管理》2007 年第 1 期。

被道路、建筑物驱赶，将生态环境分割成孤立的块状，减少野生动物的活动范围，甚至使“保护地”丧失应有的保护和屏障功能，导致某些野生动植物逐渐消亡。①

二、土地规划管理的发展动态

1. 从消极作为到公害控制

从生态学的观点来看，人类活动带来的污染、破坏可以为生态系统接受或者经过循环稀释。在公害问题提出之前，生态损害仅被视为经济附带的个别问题，而环境保护被置于经济发展的合理目标之下。经济的自由发展要求：最大限度地利用市场机制和竞争力量，由个体协调经济、社会活动；弱化政府权力，仅允许介入市场失效的极少领域。政府扮演“守夜人”的角色，职能限于治安、国防、外交等，即使干预其他社会生活也必须限定在法律框架内，恪守“无法律即无行政”的原则。被视为经济发展“必要之恶”的公害问题，当然地被划归到私人领域，而不得由政府直接干预。随着经济、社会的不断发展，日益增长的物质需求不仅直接消耗了大量资源并引发短缺，同时造成了超出环境承载能力的负担。当生态问题超越私人空间而演变为全社会的公害时，传统“相邻关系”的私法规范无法逆转已经发生的生态损害。此时，生态公害并非简单的私人之间的利益冲突，而是“工业文明的结构性特征”，源于工业文明的经济崇尚——“人类社会和广阔的环境世界应当服从于经济利益，而不是经济应当被组织起来服从于人类与环境利益”。② 依据工业文明的观念指引，“善邻义务”显然难以化为土地权利人的道德诉求，约束力的空间极大受限，而政治、经济力量的不均衡使贫弱地区陷入生态泛滥的深渊，沦为经济发展的牺牲品。同时，不可逆转的生态公害，使得即使进行环境权益受损之后的责任追究也难以完全实现。由生态公害引发的生存危机，造成公众产生巨大的不安全感，甚至危机感。席卷全球的生态保护运动开始令公

① 例如，位于美国城市及其外围地区的许多湿地都消失了。从早期欧洲殖民者进入北美大陆到现在，美国已经失去了53%的湿地面积（不包括阿拉斯加州），相当于420万～890万公顷的土地。人类活动对湿地产生严重影响，造成栖息在此的鸟类、鱼类消失。

② ［美］汉考克：《环境人权：权力、伦理与法律》，李隼译，重庆出版社2007年版，第47–48页。

众醒悟：生态公害不仅是技术问题、私人问题，更是与经济、社会密切相关的公共问题。因此，政府不能仅局限于不干预人们自由，而必须应对生态公害而扩充积极的权能——“环境保护是国家的一项职责”开始为各国宪法普遍确立。① 借此，在大量的污染、损害事故面前，针对具体危险采取抵抗或者排除措施成为政府的重要职责，例如颁布大量的法律以管理土地利用中废弃物的排放等。

2. 从公害控制到规划预防

不可否认，公害控制在一定程度上取得了显著成效，污染基本得到遏制，环境质量发生明显改善，② 但公害控制终究是一种“以防止有事业活动给人的健康和财产带来具体危害为目的的消极的行政作用”。③ 自然的恩赐限于有限空间而反复成为闭锁循环的部分，人类与自然之间的关系开始转变：过去，我们单一关注发展对环境的影响，现在，我们迫切地感到生态压力，如土壤、森林、水的退化影响着生态环境；不久前，我们感到国家之间在经济方面的良好交流，而当下，我们则需要国家之间在生态领域的积极合作。人们关注的中心开始由公害表层渗入生态本质，当“享有自由平等和良好生活条件”成为公民的基本权利，政府的危险防御显然无法应对：现代科技日新月异，某些损害已经远远超越了普通人的判断能力，如果仅限于排除已经发生损害，则人类无法永续生存，政府必须发挥更加积极的预防职责。政府应当“尽可能将个人行为、人格发展自由与自然生态基础保障的要求，基于资源与空间的有限性观点之下，使彼此和谐共存”，“在污染还未出现以前，就积极地去阻止其对环境的危害性的产生，并持续地致力于基本自然生态的保护及美化，针对环境问题的特质而致力于透过预测性措施，以及计划整合性的措施以预防可能的环境负担的存在，以及透过珍惜既存的环境资源的方法以长期地保护生态基础”。④

---

① 有学者提出，基于公共委托理论以及以此为理论基础而在宪法中确认的环境权条款，其重心并不在于赋予公民的良好环境权，而在于授予国家的环境管理权力（职责）。参见朱谦：《环境权问题：一种新的探讨路径》，《法律科学》2004 年第 5 期。

② 例如 20 世纪 70 年代中期，在日本大气环境中，二氧化硫浓度从 0.057 ppm 下降到 0.024ppm；镉、汞的浓度从 1.4ppm 下降到 0.2ppm。参见金瑞林：《环境与资源保护法学》，北京大学出版社 2006 年版，第 86 页。

③ 陈泉生、张梓太：《宪法与行政法的生态化》，法律出版社 2001 年版，第 226 页。

④ 陈慈阳：《宪法学》，元照出版公司 2003 年版，第 215 页。

毫无疑问，规划管理正是政府因应土地生态危机而采用一种必要的“积极行政”，以达成土地利用与资源保育互相兼顾的目的。[①] 归根结底，规划乃应对土地稀缺、人地关系紧张、土地利用生态恶化的客观需要。起初，土地利用主要限于城市范围之内，各国通过规划法来管理私人对城市土地的开发利用。例如，美国在20世纪20年代就制定了第一部《城市规划法》。[②] 直至20世纪60年代，许多国家发生大量公害事件，以及环保运动风起云涌，人们发现土地不仅是财产，更是人类赖以生存、发展的环境空间和自然资源。为了保护环境资源，政府开始规范、控制土地利用。规划管理开始关注新的诉求：保护有限的土地特别是耕地资源，保护生态环境。在此背景之下，区别于传统的、以“危险防御”为中心的、积极治理土地问题的规划受到重视。规划的发起不仅在于对确实的具体土地问题加以制止，更要对未来可能发生的危害进行预防。

第二节　土地规划管理与法制生态化

不同的时代具有不同的法制理念与法制特征，从自由国时代到社会国时代再到环境国时代，法制随之经历了迥异的发展历程，即“从公私法域的分化到社会法域的衍生，甚至生态法域的出现”。[③] 土地法制逐步进入生态时代，并发展达到了最完备的阶段。土地规划管理法制对传统法制不断超越，以土地生态系统维护为追求并开始融入环境保护的诸多特征，这场法制生态化的变革揭开历史帷幕。

一、法制生态化

从生态整体的宏观视野来思考社会问题，掀开了社会发展的生态面纱。由此，“生态化”逐步成为具有鲜明特色的时代追求，生态化将生态

---

① 杨惠：《土地用途管制法律制度研究》，法律出版社2010年版，第75页。
② 张庭伟：《构筑21世纪的城市规划法规》，《城市规划》2003年第3期。
③ 屈振辉：《人性与法域的断想》，《伦理学研究》2008年第3期。

原则、原理渗入人类的全部活动，用人与自然协调的理念探索经济、社会、生态等问题，根据社会、自然的具体情况，最优地处理人与自然之间的关系。从20世纪中期开始，面临着生态危机的严峻挑战，法律制度正在进行着一场革命。在对人与自然关系进行法制化的协调、演进中，全新的调整机制——生态化法律开始形成，"以环境资源专门法的生态化方法为主，结合其他法律部门的绿化，综合调整人与自然关系"。[①] 甚至"'法律生态化'的观点在国家立法中受到重视并向其他部门法渗透。在民法、刑法、经济法、诉讼法等部门法中也制定了符合环境保护要求的新的法律规范"。[②] 虽然法律生态化乃生态理念向法律领域渗透、延伸的产物，但究竟如何定义法律生态化却众说纷纭。[③] 如果必须对法律生态化进行描述，我们可以将其概括为：生态学原则、原理贯穿于法律活动的全过程，用人与自然协调的发展理念，对现行法律是否符合并尊重环境资源客观要求进行生态化的改进，以充分发挥法律机制对社会关系的生态调整功能。

法制生态化通过法律"价值—规范"体系的生态变革而展现。但如果仅仅依靠价值理念完成生态的法律保障是无济于事的，法律的章典、制度如何处理生态问题才是关键环节。可以说，法制生态化需要我们对既有的、作为法律组成的概念、原则、规范的合理性、公正性进行生态化检视，并努力通过法律调整的生态化改进加以落实。因此，生态化意味着在生态理念的指导下，制定符合生态保护内在要求的规范，或者对既有的不利于生态保护的规范进行功能上的补正、强化，从而实现法律对社会调整的生态有效。制度的内在逻辑为人类理性提供了基本方向，人类的行为选择被要求在一定的制度空间内进行利益权衡。法律生态化以法律为原本，出发点、归宿都在于制度调整功能上的生态"进化"，促进、加强对环境资源的法律保护。显然，法制生态化的升华以明确生态保护的目标，以自然规律作为调整人类行为法律规范的衡量准绳，以致力于严格执法、

---

① 蔡守秋：《调整论——对主流法理学的反思与补充》，高等教育出版社2003年版，第559页。

② 金瑞林：《环境法学》，北京大学出版社1990年版，第46页。

③ 例如，马骧聪、王树义、蔡守秋、陈泉生、曹明德等教授分别从某一立场揭示了法律生态化的内涵。参见马骧聪：《俄罗斯联邦的生态法学研究》，《外国法译评》1997年第2期；王树义：《俄罗斯生态法》，武汉大学出版社2001年版；蔡守秋：《环境资源法教程》，高等教育出版社2004版；陈泉生：《论科学发展观与法律的生态化》，《法学杂志》2005年第5期；曹明德：《生态法新探》，人民出版社2007年版。

司法来预防、控制有损环境资源的行为，进而保全生态系统的繁荣稳定。①

虽然通过法律实现生态保护是生态化的必然要求，但却不是充分条件。希冀法制生态化完全解决土地中的生态问题，超越了其作用限度，造成法律的不能承受之重。但就土地规划管理的法律调整机制来说，生态化不是以“人与土地关系”而是以“土地生态社会关系”为调整对象的生态化。规划管理法律对土地生态的意义在于通过法律调整土地生态社会关系，构建土地生态法律关系，由与土地利益相联系的主体行使权利、履行义务，具有土地生态法律意义的实际行为构成，“是一种被装配上法定权利义务硬性外壳的社会关系”。土地生态法律关系以人们的土地生态活动和实际联系为内容和载体，因此土地生态关系首先是人与人之间的关系，且受到人与土地之间关系的制约。由土地生态社会关系的特殊性决定，土地规划管理法律的生态化调整，要求每一个与土地利用有关的行为生态化。

事实上，土地生态法律关系并非仅是政府与土地之间的规划管理关系，还包括政府与个人之间围绕土地的利用、保护结成的关系。当然，主体之间的关系会受到人与土地之间关系的约束，毕竟规划土地利用必须首先遵循自然规律。进言之，土地规划权力是政府对土地享有的对外权力，目的不是基于土地本身，而在于对土地权利（所有权、使用权）的一种限制，规定土地权利人对土地负有的义务。当然，这种法律关系无法摆脱土地本身的制约。因此，土地生态法律关系作为一种特殊的社会关系，既包含着法律形式，又包含着社会内容，既存在以人的意志为转移的思想关系，又受到不以人的意志为转移的客体——土地自然规律的约束。但这并非意味着土地生态法律关系转变为人与土地之间的单纯关系，如同土地生态法律关系要遵循土地自然规律而不能视其为土地自然规律一样，仍属于人与人之间的关系范畴，“法律关系是以人的意志为转移的，它对自然规律、对‘事物的法的本质’可能反映得好，也可能反映得不好”。②

需要进一步说明的是，即使土地规划管理的法制生态化也不能完全以生态本位，而仍需要坚守“以人为本”的生态化。土地规划管理立法需

① 王继恒：《法律生态化及其矛盾辨思》，《甘肃政法学院学报》2010 年第 4 期。

② 沈宗灵：《法理学》，高等教育出版社 1994 年版，第 372–373 页。

要站在科学的基础之上，坚持尊重、体现土地自然规律的生态化立法要求，即应当充分地考虑、尊重自然和生态演变的规律，将地球生态系统平衡的基本原理作为制定法律的理论基础。[①] 虽然人的土地利用行为会受到外部世界及其客观规律的制约，但土地利用无法脱离人的目标而一味追随“土地”的尺度。毕竟，土地自然规律的价值并不在于其目的性，而在于人是否能够认识并为己所用。因此，判断土地规划管理的法制生态化标准并非在于是否完全符合土地自然规律，而在于真实的法律意旨是否达到。并且，“通过法律的社会控制所应追求的最高目标，就此而言，它们都是规范性的。换言之，它们所处理的乃是法律生活的‘应然’问题而不是‘实然’问题”。[②] 土地规划管理的法制生态化不能为了实现土地自然规律而放弃人的选择。无论是人类中心伦理还是以土地伦理为代表的生态整体伦理，[③] 虽然实质分歧“在于如何看待人类在自然界中的位置，但归根结底都是出于对人类自身的关注”，[④] 都是人类积极寻找将自己从生态损害中拯救出来的路径。人类善待土地、顾及其他生命，仍要回归人类社会持续发展的基点之上。“无论是将人拟制为‘物’，采取自然主义的进路主张‘众生平等’，还是将‘物’拟制为人，采取人文主义的进路主张‘物与人齐’，实质上都是为了‘人’，人本主义的原理、原则都是适用和相同的”。[⑤] 离开人的利益，将土地或者附着其上的生态利益作为土地规划管理的终极目标，而主张生态本位“是一种自欺欺人、自欺欺物的表现”。[⑥] 土地规划管理的法制生态化是基于人对土地生态安全和分享土地惠益等多重利益需求而产生的规范体系，也是为了弥合人与土地日趋紧张

---

① 金瑞林、汪劲：《中国环境与自然资源立法若干问题研究》，北京大学出版社 1999 年版，第 48 页。

②［美］博登海默：《法理学——法律哲学与法律方法》，邓正来译，中国政法大学出版社 2004 年版，第 216 页。

③ 有学者认为，即使生态中心主义伦理观没有跳出人类中心主义的框架，不过是一种更隐蔽的“人类中心主义”而已［参见许健、周文虎：《生态伦理观与法律本位》，《天津大学学报》（社会科学版）2007 年第 2 期］。还有学者认为，生态中心主义伦理观其实是以人类中心主义来反对人类中心主义（参见孙道进：《“非人类中心主义”环境伦理学悖论》，《天府新论》2004 年第 5 期）。

④ 王树义、桑东莉：《客观地认识环境法的调整对象》，《法学评论》2003 年第 4 期。

⑤ 李可：《马克思恩格斯环境法哲学初探》，法律出版社 2006 年版，第 61 页。

⑥ 高中华：《环境问题抉择论》，社会科学文献出版社 2004 年版，第 166 页。

的关系，协调经济、社会、生态的关系而设计的土地保护法律机制。"法律的演变蜕变，实乃人的生存所呈现的一种文化现象……法律之所以以人为本，以人的社会生活为经纬，诚毋庸置疑"。[①] 因此，"以人为本"仍旧是土地规划管理的法制生态化合理内核。

二、规划管理法制的生态变迁

1. 自由国与规划管理法制萎缩

在自由国家时代，"国家不要对公民正面的福利做任何关照，除了保障他们对付自身和对付外敌所需要的安全外，不要再向前迈出一步；国家不得为了其他别的目的而限制他们的自由"。[②] 自由国家强调个性自由，信赖社会应当建立在个性的自我引力基础之上，这样的社会根基才能巩固。[③] 同时，尊重自由甚于其他价值，即使是超越平等、正义，而且切勿信任权力，即使权力出自多数亦然。[④] 国家权力滥用乃自由主义最为抵抗的事件之一，人们将国家权力视为必要的"恶"，为了维护社会共同体的秩序而不得不忍受权力带来的痛苦，但这种权力必须存有限度，即为了维护个体自由，而必须将这种"恶"仅止于必要的最小限度，并尽量避免介入，防止国家权力的过度扩张进而侵害个人权利，因此国家职能被严格限定在国防、治安、税收等某些最低限度的公共领域。以限制权力为目标的宪政、法治理念，要求权力行使只能依据宪法制定的、明确的、不能随意变更的法律，"要求非常严格，任何没有法律明确授权的行政行为，都不具有公民必须服从的正统性而归于无效"。[⑤] 因此，政府活动必须遵循规则性、可预测性的基本原理，以保障公民自由、财产安全。

此时，人们信仰"管的最少的政府是最好的政府"，甚至有人形象描述：直到 1914 年，除了警察、邮政之外，一名具有守法意识的英国人可以在几乎没有意识到政府存在的情形下度过他的一生。与此相关，自由法

---

① 杨奕华：《法律人本主义——法理学研究诠释》，汉兴书局有限公司 1997 年版，第 24 页。

②［德］洪堡：《论国家的作用》，林荣远等译，中国社会科学出版社 1998 年版，第 54 页。

③［英］霍布豪斯：《自由主义》，朱曾汶译，商务印书馆 1986 年版，第 6 页。

④ Spitz, *The Real World of Liberalism*, Chicago: University of Chicago Press, 1982, pp. 213–215.

⑤ 沈岿等：《传统行政法控权理念及其现代意义》，《中外法学》1999 年第 1 期。

治国家社会成长、经济发展均依托市场这一“看不见的手”进行安排，诸如土地、城市的规划职能则不被视为政府的必须任务，而没有足够的施展空间。换句话说，在自由国时代，规划管理是针对未来制定目标，是一种较为开放的动态过程，法律无法完全对此具体规范，规划管理法制势必无法发挥应有功效而日渐萎缩。与当时社会相伴，“自由法治国的放任政策，虽有助于工商业的迅速发展，但却带了社会劳资阶级的对立，富者越富，穷者越穷，国家不干涉这种畸形的发展……行政权的萎弱无力，却是当年提倡自由法治国观念者所未料及之事”。①

2. 社会国与规划管理法制兴起

基于自由国无法克服的弊端，加之20世纪以来的经济、社会等复杂形势，各种矛盾进一步凸显，人们开始期盼政府积极发挥作用，提供更多诸如学校、医院、基础设施等服务，并且对政府的依赖日益加深。政府在广阔的空间内大显身手，服务行政、给付行政逐步浮出水面。政府“承担起广泛的‘生存照顾’责任之后，为了使现代化之国民拥有确实的生活条件，任务已经扩张而延伸到经济生活之内”，② 人们也欣然接纳政府当服务全民，由单纯狭义的“治安”到具有对价性质的公用事业，都涵盖在广义的服务范畴。此时，“形式自由与实质社会要素融于法治国原则当中。任何二选一之观念均无法正确阐述法治国原则之价值内涵所在”。③自由国递变成社会国，政府扮演给付主体与合理分配资源正义者的角色，以公平、透明、民主、和谐的理念，提供人民生活、生存的积极照顾。“自从政府干预形成传统的欧洲度过工业革命困难的过渡期以来，欧洲人倾向于政府干预的观点；在美国，尽管人们对于政府的作用也是同样铭刻于心，但这个由拓荒者们从新大陆白手起家创新出来的经济却与欧洲显著不同，而政府的作用也是迥异的，即使在欧洲内部，文化传统上的差别往往导致政府活动的差别。”④ 但无论如何，规划管理成为政府必不可少的干预手段。以规划管理为典型代表的政府活动广泛参与到经济、社会的发

---

① 陈新民：《中国行政法学原理》，中国政法大学出版社2002年版，第28-29页。

② 陈新民：《公法学札记》，三民书局1993年版，第65页。

③ 陈慈阳：《宪法学》，元照出版有限公司2003年版，第215页。

④［美］韦灵克：《何时干预—为何干预—如何干预—干预多少：取决于各自国情与文化传统的差异》，载［美］斯蒂格利茨《政府为什么干预经济——政府在市场经济中的角色》，郑秉文译，中国物资出版社1998年版，第210页。

展之中，在土地开发、城市建筑、环境整治等公共领域尤为凸显。

规划管理的勃兴引发了社会国时代规划管理法制的到来，规划在经济、社会、产业、文化等各个领域全面开展，而并非仅限于公共事业范畴。土地、城市等规划基本进行如下构建：法律并不直接、具体地进行利害调整，而仅提供利害调整的平台，将实际利害调整的任务委任给行政过程。① 虽然社会国广泛奠定了规划管理的正当性基础，但为将法治要素嵌入其中，规划必须进一步法制化：一方面基于土地权利保障而免遭权力的恣意侵害；另一方面赋予规划的合理性源泉，即规划主体具有相当的自由与弹性设计及实现步骤以回应现实。在传统意义上，虽然法制统治行政的根源在于只有法律才能赋予行政合理，但法律模糊规定或者空白规定，无法仅依靠内在精神来统治行政，规划也会起到相应的补充作用。② 这成为规划管理立足于社会的其他合理基础：不仅可以相对固定规划主体，指导活动方向和奋进目标，并且指引相对人避免因与规划相悖而产生冲突并造成损失。此时，法律不再在控制决定和自由裁量之间进行选择，而存在第三种选择——根据规划作出决定，规划同样是可供选择的理性源泉。③

3. 生态国与规划管理法制扩展

生态危机敦促各国承诺治理环境，这些生态关怀展现在包括环境政策、自然资源管理或能源政策等功能性领域之中。在此趋势下，改造工业文明成为一个相当普遍的主张。全球社会必须应对生态课题，并树立划时代的开端——开启以环境治理为主的生态国时代。在全球化的当今世界，生态国家主张政府专注于环境问题的掌理，并在法理上拥有公权力等基本职责；并且，当政府推动各项计划时，应当控制环境冲击以及调整各种生

① 杨建顺：《行政立法过程的民主参与和利益表达》，《法商研究》2004 年第 3 期。

② 以美国的原野生态保护为例，一般认为，“国会关于原野生态保护的法律并不是保护原野生态价值和实现原野生态目标的唯一的途径。一些原野生态价值和一些原野生态目标可以通过其他的各种法令或行政机关公共土地管理指示或规定来实现。后者并不是要取代原野生态保护的法律。它们只是通过提供可产生原野生态保护作用的额外的区域而对国家的原野生态保护体系进行补充”，“国会关于原野生态保护的法律规定和通过行政规划规定的各种接近自然生态区域的条款并不是要相互取代。立法和行政过程（规划）规定是相互补充的”。参见 Cutler, “Statutory Designation and Administrative Planning: Complementary Approaches to Achieving Wilderness Objectives”, *Idaho Law Review*, No. 16, 1980, pp. 469-478.

③ Brooks, “The Legalization of Planning within the Growth of the Administrative State”, *Administrative Law Review*, No. 31, 1979, p. 74.

态互动的模式，以避免产生生态风险，并且强化社会的生态价值。国家设置实践生态任务的政府部门，以及合乎法令需要的意识形态，并且承诺永续发展的价值，以之作为国家的理念信仰，即在环境永续性的范围下，保障社会的发展轨道。[①] 生态国家将环境考虑置于国家事务行为之核心，[②] 通过生态国家的运作，不但使经济发展友善地对待环境，还要将环境保护当成政府必要的、常态的工作，以保障生态健全等社会福祉。在国家要素的构成中，土地已经不仅代表国家领域的大小，更多表征着一个纯净、适宜人类居住、生活的环境。保护环境资源、解决生态危机成为社会赋予国家的崭新使命。“为国民营造一个合乎人性尊严的自然和文化环境是社会国家理念在当代的新展开。”[③] 从近代保障公民权利的自由国家，到现代实现公共福利的社会国家，再到保障人类生存的生态国家，[④] 社会面临愈加复杂的政治、经济形势，政府需要承担越来越多的公共任务，也使得政府拥有越来越广泛的合法权利。

土地利用对于人类而言，一旦规划确定某种用途，同时意味着其他用途的排除。例如，农业用地变更为建设用地，很难恢复农业生产用地的原来状态；天然景区的形成，如果人为改造，再难窥探自然遗迹的风貌。规划土地利用与环境保护之间的关系随着生态问题的涌现而逐步密切，尤其是环境与资源保护法律的发展不断冲击着土地的规划利用，要求控制土地使用，[⑤] 并从更为复杂的整体——土地进行深入研究，“强调一种对整个生态系统的管理方式，不再采用过去那种对土地、水、空气、濒危物种、矿藏和其他资源进行一个接一个的单一管理方式”。[⑥] 因此，规划管理需要在配置土地时将环境保护结合考量，毕竟“土地利用争议的解决，土

---

① 曾华璧：《台湾的环境治理（1950～2000）：基于生态现代化与生态国家理论的分析》，《台湾史研究》2008 年第 4 期。

② Meadowcroft，“From Welfare State to Ecostate”，*In John Barry and Robyn Eckersleyeds*，The State and the Global Ecological Crisis，Cambridge：MIT Press，2005，p. 3.

③ 吴卫星：《环境保护：当代国家的宪法任务》，《华东政法学院学报》2005 年第 6 期。

④ 李建良：《环境议题的形成与国家任务的变迁——“环境国家”理念的初步研究》，载城仲模教授祝寿论文集编辑委员会《宪法体制与法治行政：城仲模教授六秩华诞祝寿论文集》（第 1 册），三民书局 1998 年版，第 275 页。

⑤ 操小娟：《浅谈土地使用的法律控制》，《中国环境管理》2001 年第 1 期。

⑥ Yandle，*Land Right*：*The* 1990*s Property Right Rebellio*，Rowman Littlefield Publisher，1995，p. 298.

地资源利用与保护的安排，计划政策和方案的准备，发展申请的考虑，这些都会对地方、区域和国家的环境产生重大影响”。①

第三节　域外土地规划管理法制的生态实践

在法制健全且重视生态保护的国家，土地规划管理法律以及与土地规划密切相关的其他领域法律，率先呈现生态化的发展趋势——法律通过永续发展、人与自然和谐等理念，强化土地规划管理的生态维护功能，即法律既要科学规范土地规划的管理活动，又要遏制人类土地滥用行为，还要遵循土地的自然演变规律，在这种不断变化的生态系统中实现人与土地的相互协调。②

一、美国土地规划管理的法制转变

美国通过联邦法、州法以及地方立法实现对土地生态保护，土地规划管理制度随之逐步由传统的规划分区转变为注重生态的规划分区。19 世纪之前，由于土地私有，政府几乎无法管理私人土地。19 世纪末，法律以及法院判例开始设立并维护原本不属于地方政府的土地管理权力。尤其在经历了资本主义高速发展之后，城市、土地出现了严重的后遗症。《标准区划授权法（1920）》、《标准城市规划授权法（1926）》为各州授予地方政府规划的权力提供了立法借鉴，许多城市、城镇依照立法采纳规划分区制度。③ 规划分区强调不同分区规划与之相适应的土地用途，达到“保

---

① Bates, *Environmental Law in Australia*, Butterworth Sydney Adelaide Brisbance Canberra Melbourne Perth, 1995, p. 4, p. 10.

② 朱春玉:《城市规划法律制度变革的趋势》,《河南师范大学学报》(哲学社会科学版) 2007 年第 3 期。

③ 美国的 48 个州中有 43 个州立法，准许各县市推行土地使用规划分区制度。参见 Jeremy, “Groves - Eric Helland, Zoning and the Distribution of Location Rents”, *Land Economic*, No. 1, 2002, p. 28.

护房屋价值、推动土地合理开发”的目的，[①] 为针对单个或者特定的土地使用而展开的可行性审查提供依据，在土地管理中发挥着重要作用。但传统的规划分区简单而直观地按照地理条件，将城市划分为居民区、商业区和工业区等不同的功能区，许多城市千篇一律，缺乏地方和社区特色，例如用地分区过于僵化，严格的用地分区使很多城市中的混合使用的建设项目难以实现。[②] 不透水的地面替代自然的覆盖物而打破原始生境，严重威胁生态系统、濒危物种和水质。规划分区依据经济、社会价值的不同划分土地用途，缺乏对资源保护的重视，即规划并非建立在对土地的承载力、结构或功能的评价基础之上，而是通过控制密度实现私人权利的经济价值。可以预见，权利人为了增加土地单位面积利润而最大限度地提高密度，此时，很难在道德层面上期待权利人不对土地造成损害或者不超出承载能力。当然，这也与政府实施了没有考虑环境污染累积影响的许可行为有关：虽然单个企业生产对环境没有产生实质的影响，但许多污染企业被集中于一个特定的居民区之后，污染的累积效应便会对附近居民造成较大危害。《标准城市规划授权法》甚为明显地要求：“引导并综合各类开发活动，使之适应城市当前和未来的发展需要，以促进城市健康、卫生、社会秩序、繁荣、生活便利等社会福祉的发展以及经济活动中的效率、效益的提高。”[③]

传统规划分区的运行对生态保护来说具有难以克服的弊端，因而对传统分区的质疑与反思不断持续，环境法学者寄希望于修改分区制，建立更加可持续的、健康的环境。[④] 20 世纪上半叶，联邦政府出台一系列环境保护法律，生态保护理念浸入规划领域，探索土地的经济、社会发展和生态保护平衡。社区团体提出以自然资源清单为起点的地方程序，促使立法机构在制定地方分区法时考虑自然资源保护因素，即规定分区应当全面考察区域的自然资源，从而做出全面的、利于环境保护的决策，这为土地的长期共同利益的实现提供了机会。以自然资源的调查为基础的规划类型被称作基于生态的土地规划，也被称为环境分区。例如，在城市区域，土地的

---

① 参见 A Standard State Zoning Enabing Act（1920），pp. 6-7.

② 张宏伟：《美国地方政府对区划法的修改》，《城市规划学刊》2010 年第 4 期。

③ 参见 A Standard City Planing Enabing Act（1926），pp. 16-17.

④ Lord，Strauss，“Toffler. Natural Cities：Urban Ecology and the Restoration of Urban Ecosystems”，*Virginia Environmental Law Journal*，No. 1，2003，p. 332.

开发空间、时间存在多种选择，但规划的原则是将土地利用与城市设计结合，尤其是缓冲地带和开敞空间的匹配需要最大限度地减少不透水地面。当然，保持生物多样性也是土地规划必不可少的管理要素，某个地方的所有土地开发均需要一定密度、种类的植被，防止城市变成一个缺乏生境的“水泥丛林”。

通过修改规划分区以实现更为广泛的经济、社会、生态目标，较为典型的是马萨诸塞州。为了最大限度地保护当代或者未来居民的健康、安全或者整体利益，规划分区地方法规根据城市或者城镇的独立宪法权用以规范土地、建筑物和市政设施。例如，《马萨诸塞州区划法》的立法目标为：第一，缓解街道的拥挤状况；第二，保护人类身体健康；第三，保障安全，免受水灾、火灾、恐怖以及其他危险的侵袭；第四，阻止土地过度开发；第五，防止人口不适当的集中；第六，鼓励为不同收入的人建造住房；第七，提供恰当的学校、公园、交通、供水、污水排放以及其他公共需求或者公共设施；第八，维护土地、建筑物的价值，包括保护自然资源以及预防污染、破坏环境；第九，鼓励在所有的城市或城镇进行土地的最佳利用。[①] 从《马萨诸塞州区划法》可以发现，立法者希望通过分区实现对区域内环境资源的保护。为了防止自然、文化景观和水域的不断消失，有必要强化联邦对土地规划的管理权力，创建“联邦土地利用规划”也许令人奇怪，但那种认为土地仅仅就是地方事务的观点已经过时。[②] 可见，随着城市的扩张和人口的增加，土地规划管理对自然、生态的保护作用越来越受到重视和关注。

二、澳大利亚土地规划管理的法制整合

澳大利亚土地规划管理的法制内容十分广泛，涉及土地利用、环境资源、交通水利、历史遗产等诸多方面，因此规划管理在符合生态需要的基础上，整合各种治理方法、手段，协调相关机构，改变规划机构孤立运行的局面，使各个层面的规划政策之间保持高度协调，尤其维多利亚州、新

---

① 参见 Mass. Gen. Lawsch（2000）. 40A，1A.

② 刘旭：《美国土地利用规划立法和编制的主要特点及其启示》，《国土资源导刊》2007 年第 3 期。

南威尔士州在这方面表现得相当突出。[①]

维多利亚州土地规划管理源于英国城乡规划，并且融入了美国的实际经验，既强化州的调控能力，又保证了地方政府的实施及管理能力。[②] 1988年，维多利亚州《规划与环境条例（1987）》明确规划旨在促进全州的发展、自然资源的保护、生活水平的提高、造福于全维多利亚人的资源可持续利用。《规划与环境条例（1987）》提出要追求环境、社会、经济、资源保护的土地利用综合战略，为此，制定了维多利亚《流域与土地保护条例（1994）》，要求编制《地区流域战略》，明确制定："旨在促进土地和水资源合理利用的对策措施以及实施这些对策措施的具体行为。"这些措施同时对土地利用具有约束作用。各社区在具体编制土地规划管理方案时，必须根据《流域管理政策》、《地区流域战略》来选择用途分区和覆盖层类型。行政区域规划与流域规划同步编制，较好地整合社会经济区划与自然区划之间的关系。[③] 1996年，《规划与环境法（1996）》颁布，并制定了《维多利亚规划条款》，形成了全新的规划管理思路：在统一的要求下，地方编制规划可以充分考虑本地特色，协调不同部门利益的关系。《维多利亚规划条款》不是具体的规划方案，更不是对全州土地利用结构的具体要求，而是为规划管理提供了标准规范和模板。为统筹协调各部门、各行业的利益，避免不同部门发生利益冲突，土地规划管理方案不仅受到《维多利亚规划条款》的约束，还要服从《社区战略报告》、《流域管理政策》和《地区流域战略》。《社区战略报告》依据《地方规划政策框架》编制而成，具体包括社区发展战略计划、土地利用与开发目标、发展战略与土地开发利用之间关系的简要介绍、土地开发利用机会相关限制的总体说明、明确与区域内其他社区的战略发展关系等。《地方规划政策框架》立足于本地，在《州规划政策框架》的指导下完成，明确社区土地利用与开发的主导方向，制定社区发展战略和地方规划政策。

① 澳大利亚的规划立法权、审批权主要集中在州政府手中，各州与地区分别有自己的规划法，规范与制约城市规划、土地开发方面的行为。例如，维多利亚州的《规划与环境法》、新南威尔士州的《环境规划与评估法》、昆士兰州的《综合规划法》等。

② David, Michael, Trevor: *Assessing the Role of Land Use Planning in Natural Resource Management*, FIG Working Week, Greece, 2004, p. 12.

③ 陈美球等：《澳大利亚维多利亚土地利用规划模式及其启示》，《江西农业大学学报》（社会科学版）2008年第1期。

《维多利亚规划条款》规定《州规划政策框架》确立全州土地利用和开发的基本原则，叙述州发展战略，从居民点、环境、住房、经济发展、基础设施、特定用途与开发六个方面列举相关政策，统一要求全州规划方案的编制。社区土地规划管理方案不是涵摄规划部门的单一内容，而是社会经济发展、流域资源管理、地区发展战略的综合体现，属于一系列社会、经济、资源（生态）法规、政策在土地利用方面的整合。

新南威尔士州环境规划是控制发展的基本法定规划，侧重于土地利用分区，还包括环境保护、发展控制、保留公共备用地、控制建筑物拆迁等方面内容。[①] 土地规划管理基本上包含在地方环境规划之中，《环境规划和评估法》将环境规划分为三个层次，即州环境规划、区域环境规划和地方环境规划。[②] 该法授权地方政府从事规划和分区，规定了土地规划管理中两项最主要的内容：规划的制定、批准以及对这些规划的实施，并建立了一套制定规划的详尽程序。该法将环境质量作为土地规划管理中必不可少的组成部分，寻求在规划过程中的每一阶段实现土地利用和环境保护的统一。土地规划管理法制的生态整合趋势要求将土地利用和环境因素综合融入土地管理，环境因素在规划目标中处于优先地位。该法在立法目的中明确：第一，鼓励适当地管理、开发和保护自然、人造资源，改善环境并实现社区的社会、经济繁荣；改善和协调土地利用及开发，以有序、经济的方式利用；保存、提供、协调信息及其使用；基于公共目的的土地供应；供应和协调社区服务、设施；保护环境，保护和维护本地动物植物，包括濒危物种、种群和生物群落以及它们的生境。第二，促进州政府内的不同层次的政府部门承担环境规划的责任。第三，增加公众参与环境规划和评价的机会。该法允许环境规划采用特殊的战略或方法：第一，尽最大可能保护、改善和利用环境；第二，控制开发（不论是否具备开发标准）；第三，根据《地方管理法（1993）》预留土地用于开敞空间、公共空间或公共储备，根据《国家公园和野生生物法》储备土地用于国家公园、公共墓地、公共医院、公共铁路、公立学校或其他公共目的；第四，控制拆毁建筑物或工厂；第五，保护本地动物和植物，包括濒危的物种、种群、生物群落及其生境。总之，《环境规划和评估法》通过采取土地预

① 杨钢：《澳大利亚新南威尔士州的规划系统——环境规划》，《国外城市规划》1998 年第 3 期。

② 参见 Environmental Planning and Assessment Act of New South Wales（1979），203.

留、控制开发以及保护物种等多种方式，实现环境保护与土地规划管理的统一、协调之目的。

第四节　我国土地规划管理法制的生态反思——基于伦理视野

伦理是一个古老而又常新的命题，虽然对伦理的定义不尽相同，但大抵围绕着“道德”、“行为规范”等中心问题展开。[①]“从发展史的角度来说，值得重视的是这样一个假说：在向现代性的过渡中，道德意识的变化有（又）一次发挥了法律发展之领步人的作用。”[②] 关于土地规划管理法制的历史源远流长，时至当代历经变迁，其主要的推动力量在于伦理观念的不断嬗变。“理性的思潮……从实质上影响着法律传统。只要世俗社会和思想的王国存在着律令，理性的思潮就对法律的成长发生着实际的，或许深不可测的影响。”[③] 尤其受到生态化思潮的深远影响，伦理观念的变迁势必促进土地规划管理法制发生相应变革。

一、规划管理法制与伦理

1. 土地利用的伦理规范

土地是大自然为了帮助人类，在陆地、海上、空气、光和热等各方面所赠予的物质和力量。作为“自然—经济—社会”综合体的重要组成，土地扮演着多重角色。土地作为人类必需的环境要素，在受到严重的污染、破坏，以致威胁人类生存的形势之下，不应再视为作为权利客体的“自由财产”。尤其对人类生存、发展的重要程度来说，土地应该属于全体人民的“共享资源”，即“共通财产”，任何人不能任意占有、支配或者损害。每个人不仅享有良好土地环境的法律、道德权利，同时也负有保

① 赵坷：《人地关系的伦理思考》，《山西农业大学学报》（社会科学版）2005 年第 4 期。
② [德] 哈贝马斯：《在事实与规范之间》，童世骏译，三联书店 2003 年版，第 558 页。
③ [美] 沃森：《民法法系的演变及形成》，中国政法大学出版社 1992 年版，第 120 页。

护、改善土地环境的法律、道德义务。

土地利用涉及伦理问题主要源于“人—地”关系的本质乃人与人之间关系，或者说人们利用土地折射出人与人之间的伦理关系。其实，人类与土地原本属于土地生态系统共同体，但人类从土地生态系统的普通成员演变为征服者，“人—地”关系便限于经济、社会的利用领域。甚至，人类丧失了对土地的伦理责任：不计后果地大肆开发土地，导致水土流失、土质退化、土地沙化等严重危害；城市建设、“三废”排放、化肥农药猛烈冲击着脆弱的土地生态循环。土地问题已经成为制约永续发展的重要瓶颈，为此，各国不断探索制度措施以规范土地利用行为，实际效果却不尽如人意。究其根源，人类不正确地认识、对待“人—地”关系，恰是引发人类不合理利用土地的观念基础。土地利用必须符合伦理、道德标准，因此，伦理作为调整人与人之间关系的社会规范能够运用到“人—地”关系之中，以正确伦理观念对待土地，才能使人类彻底改变不合理的土地利用模式。

古今中外的历史证明：合乎伦理规范的利用行为，是土地永续发展的基本保证，而土地利用的伦理错位，将带来难以恢复的灾难。尤其进入工业社会，人类仍旧不顾自然规律，追求蕴于土地的短期利益、局部利益：近几十年，持续沙化导致撒哈拉沙漠南侵，迫使邻近国家放弃大片适宜农牧的肥沃土地；美国佛罗里达州为修建住房、道路、商业开发等，将沼泽平原水排干，终于自食恶果——1934 年的巨大“黑风暴”给人们带来重大损失。人类不合伦理的行为极大地破坏了以土地为基础的生态系统，已然威胁自身生存、发展。“在人类仍然扮演着征服者的角色，他的土地仍处于奴隶和仆人的地位的时候，保护主义便只是一种痴心妄想。只有当人们在一个土壤、水、植物和动物都同为一员的共同体中，承担起一个公民角色的时候，保护主义才会成为可能；在这个共同体中，每个成员都相互依赖，每个成员都有资格占据阳光下的一个位置。”[①] 因此，为了更好地保护土地以维持人类的生存和发展，人类需要及时、彻底地纠正中心自居、侵略性改造土地作为战胜自然的愚昧观念，建立既能满足经济、社会、生态可持续发展的需要，又能推动土地生态系统良性运转的“人—地”新伦理。在土地的伦理利用中，摒弃经济利益最大化的单一标准，

①［美］利奥波德：《沙乡年鉴》，侯文蕙译，吉林人民出版社 1997 年版，第 213 页。

更多从伦理层面思考：开发这片土地的结果将如何？是否对外界造成恶劣影响？是否符合可持续发展的要求？最终会给人类带来怎样的后果？伦理思想不单是人类对待土地的态度，更是人类生存发展观念的必要组成，甚至对人类政治、经济决策的影响超过其他任何因素。

2. 规划管理法制的伦理支持

人们“在社会中生活和工作，他有家、朋友和同事，他是某教会、俱乐部、宗派或帮派的成员，所有这些集团也是奖赏和惩罚的来源”。[①] 尽管人类很少真正遵循理性的指导而生活，并且人与人之间常怀忌妒、互相损害，但人们并不能忍受孤独的生活。通过人与人的互相扶助，他们更易于各获所需，而且唯有通过人群联合的力量才可易于避免随时随地威胁着人类生存的危难。[②] 在利益多元的现代社会，为了防止矛盾冲突，用以协调、处理人际利益关系的规范成为发展的必然。当伦理以约束人类活动为目的而最早出现的时候，内含了关于人们思想、行为的善与恶、美与丑、正义与非正义、公正与偏私等观念、标准。在这个意义上，伦理成为任何制度设计的基础，更是规范人类行动的重要因素。作为人类理性的选择，各种规则或者规范构成的制度经历了政治、经济、社会乃至生态环境的变迁，无不反映着人类选择制度的伦理意蕴。法律作为多元社会规范的一种制度形式，在调整社会生活时，必然同伦理规范发生冲突和整合。法律不仅从道德中借用了权利、义务、责任、过错等基本词汇，甚至法律的推理方法也明显受到道德逻辑的深远影响。[③] 法律与伦理的多维关系引发人们注意：“道德观念影响法律制度和受法律制度影响的途径和方式；道德概念和原则是否应进入一个适当的法律定义中；法律的道德强制；批判法律制度的道德理性原则和我们默许法律制度的道德基础”。[④]

---

①［美］弗里德曼：《法律制度——从社会科学角度观察》，李琼英等译，中国政法大学出版社 1994 年版，第 122 页。

②［荷］斯宾诺莎：《伦理学》，贺麟译，商务印书馆 1983 年版，第 195 页。

③ 弗兰克纳以柏拉图的《克里托篇》中苏格拉底关于为什么不逃跑而是从容赴死的论证过程来说明伦理思考的范例，这种“实践三段论”式的思考包括三个步骤：①先确定某些原则是正当的；②假设一个事实场合，将上述原则运用于这个场合；③得出在这种特殊情况下该如何行动的结论。这种思考方法显然深远地影响了法律推理。参见［美］弗兰克纳：《伦理学》，关键译，三联书店 1987 年版，第 2-5 页。

④ 张文显：《二十世纪西方法哲学思潮研究》，法律出版社 1998 年版，第 395-396 页。

作为人类善良意识的客观反映，土地规划管理法律是目的与工具的结合体，而非纯粹的机械规则。人们选择法律作为规范土地规划、调控土地利用的主要方式，并不仅仅在于具有强制力的后盾，更具底蕴意味的是期望通过普遍有效的理性规则，内在地传递、推进一种能够被认可并接受的诉求。可以说，伦理精神是土地规划管理法制得以充满生机的源泉。

第一，规划管理法制的创制源于伦理精神的引导。法律制度具有自身的一般生成规律，即因循主体在实践中形成的观念、范畴理解、掌握以及安排着客观社会，扬弃社会关系中的不合理、不确定的因素，并将具有合理性、确定性的社会关系固定化、秩序化，使之具有相对问题的形式、结构。"当发现法律和政治结构的道德缺陷和道德上不完善时，就修改、订正或推翻法律中政治结构，在重新制定某些法律之前，常常指责旧的法律是不公正的，道德上是贫乏的。"①在不同的时代背景之下，法律制度必然体现当时的精神，作为时代核心的伦理精神自不例外。由此，法律制度不过是结构化、秩序化的伦理精神或者说是实在化、具体化的伦理观念。伦理精神引导法律的创制，并制约着制度安排，如果法律制度需要以一定的价值识别、价值判断甚至价值选择为前提，那么必须以某种伦理观念为其生存底蕴。规划管理法律的出现，源于保障土地规划实行、维护土地利用秩序的现象层面，体现了人类共同追求土地状态良好的基本精神。如此，规划管理法律作为一种社会控制手段，无疑昭示着人类相对于土地所秉持的一种伦理准则。在人们利用土地或者实施土地规划及其形成关系中，法律通过确立人们行为的选择尺度，来培育人们针对土地的自律精神，并最大限度地借助外部力量敦促人们选择正当的土地利用行为，实现利用土地的权利，从而保障蕴涵伦理精神的法律秩序。恰如麦迪逊将伦理的善恶观作为法律的起源之一——"因为人性的缺陷，所以需要宪法"。②因为人有性恶的一面，必须立法来限制，一如人们具有滥用土地、破坏规划的危险倾向，必须通过土地规划管理法制予以调整。一旦人们抛开内含的、良好的伦理精神，规划管理法律将失去根本的生存基础。

第二，规划管理法制的实现赖于伦理精神的支撑。如前，伦理精神的存在是法律创制的前提，法律对人们行为的指导、约束必须符合人类内在

---

①［美］彼彻姆：《哲学的伦理学》，雷克勤译，中国社会科学出版社 1990 年版，第 18 页。

② 陈纪安：《美国法律》，中国科学技术大学出版社 2002 年版，第 17 页。

愿景，否则法律追求的目标将难以实现。换句话说，如果期望社会成员在观念上认可、行动上支持法律的良好运行，伦理精神必须提供寻找合理性、正当性依据，否则两者之间难以形成维系法律有效运行的纽带。因此，一方面，伦理精神提供规划管理法律的合理性依据。人们对规划管理法律的认同、遵守必须建立在自觉、自愿的基础之上，即符合实践主体的伦理取向。与伦理标准违背的规划管理法律无法得到人们的内心认同，更不要期望被遵守，而失去存在的依据。“从逻辑上看，规范系统的建构总是以价值的确认为前提：人们首先是根据价值形态来规定行为的规范和评价的准则。”① 因此，规划管理法律的伦理取向，经过人们诘问并取得合理依据之后，转变为真正发挥作用的实际规则，并获得社会成员的普遍认同与遵守，以维护土地利用的良好秩序。在这个意义上，法律规范的生命力在于其内在的道德价值。② 另一方面，伦理精神提供规划管理法律正当性的评判依据。合理性依据并不能完全支撑法律的有效运行，法律结构、表现形态同样需要接受伦理精神的检验，尤其对法律设计的伦理评价，为法律的伦理性调整提供现实依据。伦理精神以规划管理法律的现实性存在为基础，审视其作用效能以便追问正当性。通过对作用对象的规范与导引，分析法律发展的理想和制度所内含“善”的程度，进而为法律设计与安排提供坐标，以保障规划法律真正实现。

二、两类伦理观念对比

1. 人类中心伦理的没落

人类中心伦理要求，人是自然界唯一具有内在价值的存在，并构成了一切价值判断的尺度，自然界及其存在物只是使用工具而无内在意义。由此，任何实践的出发点和归宿点都集中于人的利益，人对自然并不负有直接的道德义务，或者说人类对自然的义务，只是对其他人的一种间接义务。从此，人类中心伦理毫无顾忌地将自然界及其存在物从人的道德关怀

① 杨国荣：《伦理与存在——道德哲学研究》，上海人民出版社 2002 年版，第 77 页。

② 需要补充的是，从道德那里寻找法律规范的合理性，并不意味着某一具体道德规范本身就直接成为法规的终极依据，只有那些具有普遍必然性的道德体系才有此资格。参见高兆明：《制度公正论——变革时期道德失范研究》，上海文艺出版社 2001 年版，第 195-196 页。

中剥离出去。当然，人类中心伦理并非一成不变，也经历了不同的发展阶段，即从“强”演变为“弱”的特征：前者主张人类作为整体享有对自然界的绝对权力，肯定人类对其他物种的绝对支配；后者则强调必须收敛“人类中心”的极度膨胀，人类在自然界中不可能享有为所欲为的权力，但必须承认人与自然的“联姻”关系。“弱”人类中心较“强”人类中心已经发生重大转变，并在为适应生态保护而不断改变形态，“不仅肯定了满足人的偏好的合理之处，而且还依据一定的世界观评判这种偏好本身的合理性，这使得它能够批评一味掠夺大自然的行为，进而从源头上防止人们对大自然的随意破坏”。[①] 虽然其仍然主张人类对于自然的决定地位，但已开始强调尊重自然，要求实现人类与自然的长期、和谐共存。

尽管人类中心的自我调整具有较大进步，但坚守人类“至高”、“中心”的传统而深陷危机。确实，如果人类真正视自己为高级存在，那么不能仅具有利己的高度欲望，而应当怀有包容的博大胸襟。“人们对自然的了解越多，就越难以接受那种认为宇宙（甚至那些不适宜人居住的空地）是为人类而存在的观点。”[②] 人类中心期望将人类当作一个共同体对待，但严格的、全人类意义上的人类中心根本无法实现或者至少目前不存在，而必然衍生出个人主义、集团利己主义、国家利己主义和民族利己主义等。其实，土地问题的产生导致规划管理法制的失效或多或少地与利己主义相关联。利己主义在考虑行动效果时，倾向行为对自己的可预期效果，而不或者较少关心其他人或者后代人的难以预计的后果，这必然造成不顾一切的掠夺：将土地利用作为一项纯粹牟利性活动，注重土地的短期物质进步，而忽略土地背后的隐藏危机。人类“总是为了眼前需要而寻求短期利益，甚至以牺牲长远利益为代价”。[③] 1968 年，哈丁论及：牧民在一块公共草地放牧，虽然每个牧民都清楚草地上的牧群数量已经足够多，如果再增加牧群数量将导致草地质量下降。由于草地损害由全体牧民承担，作为利己的、“理性”的牧民为求眼前利益的最大化，努力增加牧

---

① Norton, “Environmental Ethics and Weak Anthropocentrism”, *Environmental Ethics*, No. 6, 1984, pp. 133–138.

②［美］纳什：《大自然的权利》，杨通进译，青岛出版社 1999 年版，第 23 页。

③［美］梅萨罗维克、［德］佩斯特尔：《人类处于转折点：给罗马俱乐部的第二个报告》，梅艳译，三联书店 1987 年版，第 83–84 页。

群数量，最终“公地悲剧”上演——草地持续退化并成为不毛之地，牧民因无法继续放养牧群而破产。“公地悲剧”阐明：每个人都在利己地追逐个人眼前利益，也是不同利益追求的矛盾所在。从某种意义上讲，土地作为全体公民“共同财产”，谁都离不开却不去积极照顾，甚至恶意开发利用，“公地悲剧”将不可避免。

2. 土地（生态）伦理的勃兴

随着人类社会的不断演进，人与自然之间关系的认识持续深化，伦理问题突破人与人之间的传统，逐渐关注人与自然之间的关系，试图从规范社会关系的“伦理”扩展到既规范人与人之间又规范人与自然之间关系的“伦理”，反映到土地规划管理法制领域即人与土地之间的关系。自20世纪中期以来，烽烟四起的生态问题导致人类社会陷入困境，迫使人类质疑自己的行为模式以及生活、生产的方式。在人类对待地球特别是对资源内在价值的认识上，越来越多的伦理学家开始怀疑人类中心的伦理思想是否能够为资源、环境保护提供充足的道德依据。于是，人类中心的伦理传统发生转变，取而代之的是动物解放、敬畏生命、尊重自然、土地伦理等非人类中心思想。[①] 20世纪30年代，利奥波德观察、思考关于人类与自然、土地的关系与命运问题，率先提出土地伦理思想，即从伦理角度讨论土地利用中的自然保护问题。利奥波德期望通过倡导一种开放的“土地伦理”，呼吁人们以善良、谦恭的姿态对待土地，试图寻求一种能够树立人们对土地产生责任感的方式。1949年，被誉为“绿色圣经”的《沙乡

---

① 辛格“动物解放”伦理认为：“我们应当把大多数人都承认的那种适用于我们这个物种所有成员的平等原则扩展到其他物种上去”（参见［澳］辛格：《动物解放》，孟祥森等译，光明日报出版社1999年版，第9-10页）。雷根“动物权利”伦理认为：我们之所以要保护动物，是由于动物和人一样，拥有不可侵犯的权利。“拥有期望、偏好、感觉、记忆、认同感和实现自己的意愿的能力，拥有一种随着愉快和痛苦的生活以及独立于他人的功用性的个体幸福状态”（参见Regan，*The Case for Animal Rights*，Routlege，1988，p. 243）。史怀泽“敬畏生命”伦理认为：“善是保持生命，使可发展的生命实现其最高价值。恶则毁灭生命、伤害生命，压制生命的发展。这是必然的、普遍的、绝对的伦理原则”，即人必须像敬畏自己的生命意志那样敬畏所有的生命意志，在自己的生命中体验到其他生命（参见［法］史怀泽：《敬畏生命》，陈泽环译，上海社会科学出版社1996年版，第9页）。泰勒“尊重自然”伦理认为：“所有的物种都是平等的，都拥有同等的天赋价值；而一个有机体一旦被视为拥有天赋价值，那么，人们对它所采取的唯一合适的态度就只能是尊重。所谓尊重自然，就是把所有的生命都视为拥有同等的天赋价值和相同的道德地位的实体，它们都有权获得同等的关心和照顾”。参见Taylor，*Respect for Nature：A Theory of Environmental Ethics*，Princeton University Press，1986，p. 128.

年鉴》出版，“土地伦理”第一次系统地阐述了生态整体的核心观点，成为“《沙乡年鉴》中最精彩的一章，堪称‘精华’中的精华”。[①] 利奥波德超越人类中心的提出并论证土地伦理，升华对林业管理、野生动物保护的思考。土地伦理蕴涵的生态哲理远远超过了当时的普通认知，虽然与追逐经济利益最大化的主流相背离，但在随后的岁月中被广为传播。

在土地伦理的思想观念中，利奥波德进行一系列的努力：第一，建立土地共同体。当人处于自然的对立面时，无论从任何角度，土地都被定义为一种财富。土地伦理扩展了土地共同体的边界，包括土壤、水、动植物，或者把它们概括为土地。事实上，土地不仅仅是土壤，而是能量在土壤、动植物构成的循环中流动的源泉，人只是整个共同体中的一员。土地伦理将“人类在共同体中以征服者的面目出现的角色，变成这个共同体中的平等的一员或公民。它暗含着对每个成员的尊敬，也包括对这个共同体本身的尊敬”。[②] 第二，扩展伦理范围。伦理观念最初限于人与人之间，随后增添了人与社会之间的内容，但处理个人与土地以及人与生长于土地之上的动植物之间关系的伦理观念却不存在，它们之间仍囿于经济利用，人们只享有特权而无任何义务。虽然对于进化的可能与生态的必要来说，利奥波德期望将伦理拓展至自然的第三个层次。[③] 但土地伦理的进化不仅是感情的发展，更是精神的升华。当伦理边界从个人推广到共同体时，精神内容也增加了。如果人类能够正确理解进化，那么土地应该被热爱、被尊敬。第三，改变伦理尺度。孤立的并完全基于经济利益、人类私利的保护体系，全然不考虑内在价值而只把土地作为资源来管理，割裂了土地系统的完整性。为了限制生物在生存竞争中的自由行动，以及甄别反社会的和社会的行动，某一事物或行为有利于保护生物共同体，使其向和谐、稳定的方向发展。从保护主义观点看，经济发展已经趋于病态，保护主义必须首先处理这些病态的倾向，清除经济追求的巨大障碍，才能更好地利用土地。

从本质来看，土地伦理是生态整体思想的一种，远远超越了人类中心伦理，而不再仅仅谋求人类自身的利益。站在生态保护的角度，土地伦理

---

① Callicot, *The Conceptual Foundations of the Land Ethic*, Environmental Philosophy: From Animal Rights to Radical Ecology, Michael E. Zimmerman. New Jersey: Prentico-Hall, 1993, p. 110.

②［美］利奥波德：《沙乡年鉴》，侯文蕙译，吉林人民出版社 1997 年版，第 207 页。

③ 侯文蕙：《征服的挽歌——美国环境意识的变迁》，东方出版社 1995 年版，第 132 页。

无疑是合理的。但其认为个体价值低于物种、生态系的价值以及将人降格为生态系的普通成员等，却跨越了反对人类中心的范围，无法在自由主义、人权原理等框架内得到合理解释。可见，土地伦理并不是完美无瑕的，但在现实生活中是需要的，它给予了我们一种行动上的指南。至少，人们应心怀敬意规划利用土地，尽量保护土地共同体的多样性、稳定性和完整性。其实，与利奥波德“土地伦理”一脉相承的还有罗尔斯顿“自然价值”伦理、奈斯“深层生态”伦理等，可以将其统称为“生态整体”伦理。到20世纪80年代后期，伦理学基本完成现代转型，形成人类中心、动物解放（动物权利）、生物中心与生态整体“四分天下”的格局。①

三、规划管理法制的伦理反思

“‘土地伦理’是生态伦理学历史上较早自觉而又系统阐发人与自然系统伦理关系的思想体系。”② 以土地伦理为代表的生态整体伦理被引入土地研究领域之后，引发了人们对于土地利用问题的伦理思索。土地伦理是“建立在一定道德价值观念上人类利用土地资源的行为规则，它的核心就是善待土地，视土地为人类生存的伙伴，把人类与土地作为一个相互依存的共同体，并把人类社会的伦理道德扩充到土地，提倡对土地的尊重，节俭和合理地利用土地资源”。③ 土地伦理是生态整体伦理意蕴在土地问题上的具体表达，并日渐成为土地研究中的指导核心，规划管理法制需要遵循这种基本规范。“伦理变革为立法提供了伦理基础，并最终势必会反映在法律制度中（法律反映价值观念），引发法律生态化的趋势。”④ 同时，我们亟须审视现行规划管理法制，是否符合法律生态化的伦理标准。

1. “人类利益至上”的法制倾向

“土地和其中的一切，都是给人们用来维持他们的生存和舒适生活的。土地上所有自然生产的果实和它所养活的兽类，即是自然自发地生产

---

① 何怀宏：《生态伦理》，河北大学出版社2002年版，第315-318页。

② 李培超：《伦理拓展主义的颠覆：西方环境伦理思潮研究》，湖南师范大学出版社2004年版，第95页。

③ 陈美球等：《试论土地伦理及其实践途径》，《中州学刊》2006年第5期。

④ 曹明德：《法律生态化趋势初探》，《现代法学》2002年第2期。

的，就都归人类所共有，而没有人对于这种处在自然状态中的东西原来就具有排斥其余人类的私人所有权；但是，这些既是给人类使用的，那就必须要通过某种拨归私用的方式，然后才能对于某一个人有用或有好处。"①人类以中心自居，世间万物作为主体的人的需要，围绕人类而存在。当人类与非人类发生利益冲突，自然奉行"人类利益至上"的原则，即便是作为人类财富之母的土地，也难以逃脱人类利益的桎梏。

"人类利益至上"促使土地法学理论延续传统民法中的物权思维，调整人与人之间关于土地的关系，即人对土地的"占有、使用、收益、处分"等。"物权制度的产生和发展是围绕土地权利展开的……从物权法现实看，土地权利仍然构成物权制度的主干……如果抽出其中的土地权利，物权将变得支离破碎、黯然失色。"② 在这种法学理论看来，如果土地属于有主物，它们与人的关系应当是人对其占有、使用、收益、处分等关系。由此观之，只要解决了人与人之间关于物的关系，就解决了人们在分配土地利益上的公平、正义，进而导向人与土地之间的和谐关系，因此，法律调整对象并不涉及人与土地的关系。并且，"人类利益至上"使土地立法的目的仅为了维护人类的权益，而忽视土地在人类自身生存、发展的价值和权利，并且法律围绕当代人而不涉及后代人，把当代人利益为中心的"秩序、平等、自由"作为法律的目标追求。当人类需求或者欲望急剧扩张时，在法律上就表现为人类对土地权利的盲目、无限度地扩展，从而导致土地适用性的急剧减损，甚至达到濒临灭绝的境地，土地环境愈加恶化而引发生态危机。

为改变农民贫困、农村落后、农业孱弱的不利局面，在"人类利益至上"的思想指引下，大量乡镇企业尤其是工业企业，犹如雨后春笋般蓬勃发展，确实推动着农村的迅速进步。但引发的额外问题便是，很多企业将土地作为天然的纳污场所：废水直接排放于土壤之中，废物直接堆放于土地之上……而且农业生产也仅注重短期效果：使用无机肥料可以快速增产，但导致土地日益贫瘠并处于恶性循环；使用农药可以暂时消灭虫害，却破坏了以土地为基础的自然食物链……这些问题不仅导致农村土地受到极大损害，更给人类健康带来极大危害。据粗略统计，仅 1997 ~

①［英］洛克：《政府论》，叶启芳等译，商务印书馆 1964 年版，第 18 页。
② 王卫国：《中国土地权利研究》，中国政法大学出版社 1997 年版，第 5-6 页。

2002 年，我国耕地仅因重金属污染造成的耕地质量恶化面积达 300 亿亩，占耕地总面积的 1/5，因重金属污染而减产的粮食达 1000 多万吨，被重金属污染的粮食多达 1200 多万吨。① 当然，这些对土地未来的损伤后果确实无法估量。

2. “经济发展优先”的法制偏差

在传统的发展视野中，社会进步主要依据 GDP（国内生产总值）或者 GNP（国民生产总值）增长为考察，而 GDP、GNP 均单纯以追求经济增长为目标，并不考虑消耗或者损害的环境、资源成本。因此，即便是统筹安排土地利用以及空间布局的规划管理法制，无论是立法目的还是法律内容都表露出“经济发展优先”或者“效率优先”的导向，通过经济发展的绝对自由来满足人的物质欲望，通过财富增进推动社会发展。如果从经济学角度去追寻规划管理法制的市民基础，假定人都是“经济人”，急功近利地追求短期利益最大化，将土地乃至整个自然界作为“免费的午餐”，而不断攫取。作为理性之人，或多或少地能够调整、控制自利之心，逐步自发地迈向“人人为己、己为人人”的互助福利状态。以此为理论基础的土地规划管理法制当然刻有满足“经济人”痕迹，反映在立法中必然追求效率和保证经济发展。这种简单的思维方式排斥人的其他利益诉求，忽视土地的内在价值。甚至，土地规划管理法制的正义追求也围绕“自由放任、功利”展开。例如，景德镇为实现资源枯竭型城市经济转型，对财税型、高新技术型、成长型、就业型企业，依法依规优先保证合理用地需求，优先安排年度用地计划，优先列入调度，优先办理用地手续。一如边沁将正义置于功利命令之下，② 规划管理法制为了保障产业布

① 环境保护部曾对 30 万公顷基本农田保护区土壤有害重金属抽样监测发现，有 3.6 万公顷土壤重金属超标，超标率达 12.1%。参见《我国土壤重金属污染防治成难题 资金投入有限》，http://news.xhby.net/system/2011/03/02/010884193.shtml，2011 年 3 月 2 日。

② 边沁从功利主义的利益原则出发，提出立法原则的主要观点：其一，侧重从立法的角度考察法的功用，把法当作实现功利原则的工具。人们的功利需要才导致人们的立法，也才导致了法律的产生，因而，“增进人类社会幸福，为最大多数人谋最大幸福”必须从立法开始，通过立法，给人们创造良好的条件，用赏罚的方法刺激、激励人们去创造、去占有更多的财富。其二，在前一原则的基础上，立法者立法时，应当努力首先对个人的身体、名誉、财产、职业加以保护，而其中对财产的保护是重中之重，其次立法应赋予个人寻求幸福、追求财富和享受的机会的平等之权利，最终使人感受到最大的快乐——获得和占有财富。参见张宏生、谷春德：《西方法律思想史》，北京大学出版社 1999 年版，第 319-326 页。

局等单一的经济目标，使土地成为人们利用的对象，忽视生态保护与经济发展、社会进步的协调一致，人为割裂相互之间的有机整体。“经济发展优先”的法制偏差不仅忽视人与土地之间的自然和谐，而且关注于当代人的经济发展自由，无视与后代人关于土地利用的利益协调。

就我国当下来看，人们突破规划管理的经济追求已经损害了土地，并对自身的生存、发展构成威胁。只追求经济效益、随意变更规划的土地利用令人绝望，就如劈掉家具来取暖一样，人类耗尽土地最后一点地力来获取经济产出。随着经济价值的持续升高，为了追求眼前、局部利益，政府、个人缺乏基本的伦理观念，不正确配置、不公平侵占土地的问题相当普遍，尤其在城乡统筹发展中，集体土地不恰当地被开发、征收的情况更加突出：大量征收、占用集体土地作为建设用地，“城进农退”不仅蚕食着农村集体组织的巨大资产和农村赖以生存的生产资料，更攸关农民群体的长远利益。一些地方在加快城市发展的同时，追求城市规模的扩张，大学城、开发区遍地开花。仅以规划大学城建设为例，湖南岳麓山大学城区域范围达44平方公里，① 陕西“西部大学城”计划征地400公顷，② 此类案例不胜枚举。大部分大学城在用地规模上超过实际，设施闲置、人烟稀少。在圈占大量农地之后，建设者又以各种名目将土地转让，进入房地产市场流通，规划用地规模失序，耕地保护也落空。

总之，我们依据法律规划管理土地利用，确实达到了初级目标：为人类提供了生存的基本需求，并在此基础上满足适当的发展要求。但在进一步的发展中，利用土地却超乎了人们的预料，甚至存在根本差异。从根本来说，人们动机上的缺陷引发土地利用的失控，包括只站在狭隘的私利角度上，缺乏科学的伦理观念指导，受到局部、短期利益的驱动。人们的行为与行为目标都围绕着利益展开，利益既是推动社会、经济的基础和杠杆，又是造成土地被肆意开发乃至破坏的根源。无论是公民还是政府都为私利的实现而不断侵占土地，谋求市场“经济人”的理性，根本忽略当代人的共同利益，更不顾及后代人的长远利益：暂时的、狭隘的利益占据个人、小团体、地区的空间，根本不或者很少考虑土地的生态效益，不仅必然伤害其他人，而且必然导致唯利是图、不计后果地疯狂向土地索取。

---

①《湖南十五年建成岳麓山大学城》，《中国教育报》2001年3月22日。

②《陕西将建西部大学城》，《南方日报》1999年12月13日。

第四章　土地规划管理的法制生态选择

第一节　法制专门化的生态路径

一、法律对生态、经济的积极协调

法律不在于如何将某件事情做到最佳，而在于将已经规定的事务处理妥当。当前，土地规划管理法律推动规划积极配置土地以及与之相关经济、社会、生态等方面价值，实现土地综合利益的最优化。① 其中，土地经济价值是指土地作为一种稀缺生产要素参与人类经济系统的运行，例如，土地所有权、使用权等财产制度即建立在土地经济价值基础之上，发挥土地利用的经济作用。土地社会价值是指土地能够提升人类社会生活品质、知识增量、稳定社会秩序等，例如土地是非人力创造的社会财富，在土地利用上应当首先满足社会公益需要。土地生态价值是指作为自然系统结构要素，土地参与生态循环，具有涵养水分、调节气候等功效，例如，

---

① 一般说来，政府通过制定、实施土地规划，可以合理布局土地资源，维护土地安全和可持续利用。例如，合理确定建设过程中各项用地的种类、使用强度、数量比例，综合利用地上、地下空间资源，可以防止在土地利用规模方面出现失控现象，有效提高土地利用率，避免因闲置而造成土地的大量浪费；在土地规划中进行功能分区，确定各类地块的使用性质和发展方向，保证足够的农用地，控制相关的建设用地，防止相关利益主体急功近利的行动。

土地保护[①]更多强调土地的内在价值，倾向于维持土地的原貌，使之不受人类行为的影响。事实上，三种价值取向背后代表的是不同利益追求。在当前法律背景之下，我国土地问题在于权利主体无视土地生态利益的客观存在而从事土地开发活动，频繁触发生态警戒，甚至引发土地生态危机。从利益系统构成分析，土地生态利益边缘化的原因主要在于经济利益与生态利益的内在冲突。土地生态利益实现的最佳途径在于保持土地原貌，尽量少干扰、改变土地系统的运转机制。土地经济利益的实现以对土地的开发利用为前提，即人类不断将技术、劳动、资本等生产要素输入土地系统的过程。

人类社会系统和自然系统并非边界清晰的相互独立，但作为“存在”，人类社会系统具有自身的生存、发展诉求。如果从广义的自然系统构成来看，人类作为种群的自然存在，人类社会系统的存在、发展本身属于自然系统存在、进化的重要环节，那么人类对土地的开发利用行为恰是人类生存发展、文明进程的内在逻辑，土地经济利益的实现具有与“自然法”之间的契合性。可以说，土地经济利益和生态利益之间的关系问题成为两种“合法”价值之间的矛盾与协调问题。当人类进入工业社会之后，土地生态问题才真正进入人们视野：环境破坏、水土流失、资源短缺等成为人类不可回避的话题，使人类陷入生态危机的精神反射，开始动

① 人们在对土地保护概念的理解和行动上存在分歧。在现代汉语中，保护的含义是指合理利用自然资源。英语却有不同的理解，与之对应的有 Preservation（保存）、Conservation（保育）、Pretection（保护）。保存含有留待将来使用的意思；Conservation（保育）比 Preservation（保存）层次高一些，如《世界自然资源保护（Conservation）大纲》认为：“保育”是“安排人类对生物圈的合理使用，使目前这一代人得到最大的持久性利益，并保持它的潜力，以满足后代的需要。所以保护是积极的、有控制的保存、维持，持久性利用、恢复和改善自然环境”；而保护意味着“挽救某物使之避免损害、衰退，并不是因为任何真正、潜在的用途，而是因为某种被认识的内在价值”，保护土地意味着防止土地受到损害、衰退和流失（参见［美］马瑟：《土地利用》，国家土地管理局土地利用规划司译，中国财政经济出版社 1991 年版，第 191 页）。具体到法律制度上，资源保护和自然保护的效果不同：资源保护以人类为中心，总是关心人类从资源中所能获得的收益和满足；同时又或多或少地关心人类的未来、继承人的利益和后代的福利。它强调节约利用资源和避免资源的浪费，可以说资源保护是一种“保存”。自然保护则更多地强调自然的内在价值，倾向于维持自然界的原貌，使之不受到人类行为的影响。两者的真正差别在于人类在开发利用土地时是注重对土地物质属性的保护，还是为了土地的非功利主义价值而保护（参见操小娟：《土地利用中利益衡平的法律问题研究》，人民出版社 2006 年版，第 36 页）。

摇人类内在、稳定的生活秩序。作为人类的基本需要，秩序深深根植于整个自然结构之中，人类生活也恰恰附属于该结构。秩序重建因内在需要分化出不同的利益诉求，并出现交叉、重叠，而土地生态利益、经济利益的矛盾正出自于此。因此，协调两者关系需要建立在整个土地利益系统的内在、稳定基础之上，并向更广泛、综合的功能进化。

毫无疑问，在生态文明的进化体系内，土地生态利益相对于经济利益理应处于优先序位。但就法律现实来说，优先并不代表漠视经济利益，也非不对经济利益进行妥协。虽然保护土地的生态优先无法一蹴而就，但规划管理法制应当建立循序渐进的良好期盼，即首先在规划土地的经济应用中引入生态要素的考量。这就要求土地规划法制做到：第一，在规划土地利用时，生态内化需求的社会利益考察是必经阶段，无论在规划土地开发的早期论证阶段，还是土地利用的后果发现阶段，都要接受基本的生态评价。第二，在协调方向和程度上，土地生态利益的实现构成土地经济利益实现的前提条件和瓶颈约束。例如，规划安排土地的集约利用，生态、景观是决定土地利用集约程度的重要限制因素，要求土地集约利用应当满足：在宏观上，土地经济利益的利用不能超过生态利益决定的承载力；在微观上，土地利用需要合理的强度和方式进行限制，“保证土地利用有足够的采光、日照、开敞空间、建筑景观、适当的绿地率等，保证良好的生态环境”。[①] 第三，土地生态利益基础上的“有限开发”，即在生态评价基础上进行土地的集约开发。规划土地利用的合理考虑的因素包括：第一，人类的基本需要即“限量开发”，确保是为了生存、发展的基本需要，而非某种奢华的需求。第二，“为了满足这些需要，在现有可利用的土地范围内，还有那（哪）些有利和不利的条件”，[②] 即在“需要开发”的前提下“科学开发”，可以规划哪些土地可以开发、哪些不能开发，并在规划过程中进行经济、社会和生态利益的综合平衡和决策。

一项法律制度只有达到如下要求，才是切实的：创造并认可那些满足一个既存社会中的人们在某个特定时刻的需要的规则。法律制度就是满足

---

① 吴郁玲、曲福田：《中国城市土地集约利用影响机理：理论与实证研究》，《资源科学》2007年第11期。

②［美］杜博斯、沃德：《只有一个地球》，《国外公害丛书》编委会译，吉林人民出版社1997年版，第110页。

人们上述需要的产物；如果事实并非如此，或者说这套制度并不满足这些需要，那么它就是某个立法者或者法学家人为构建出来的产物，因此也不具有效率和强制力。[①] 对于土地规划管理法制来说，这个“特定时刻”就是人类应对环境危机而逐步开创的生态文明时代，而“需求”则是为了人类在土地的承受能力和容纳能力所及的范围内安排自己的生活。借此，土地规划管理法制应当体现一种顺应自然的法理，以此来解决土地利用中人与土地的社会关系，此乃生态时代对法律的必然要求。[②] 唯有如此，土地规划管理法制的生态化期许才能够逐步实现。

二、土地规划管理的法制专门化

“随着社会分工，特别是市场经济条件下高度分工的发展，法律机构会发生一种趋势性的变化，即法律的专门化。”[③] 土地规划是涉及空间和土地可否利用及利用强度的预先决定，不仅影响权利主体的财产权与建设自由，也是一种调整私益和公益的手段，甚至被某些学者称为建设法治国家的理性手段。[④] 人口的增多、城市的发展以及环保的紧迫，对土地利用的可持续性提出了更高要求，土地规划的重要意义也日渐凸显。土地规划法的构建摒弃了过去对个人权利的漠视和压制，逐步建立起与物权的交流平台，除保障土地、空间资源的合理分配之外，同时应当关注对社会个体的合法财产权益的保护。[⑤] 因此，如何通过法制手段专门保障土地规划的良好发展，值得深入探讨。

从现行土地规划管理法制体系来看，缺乏一部发挥统帅作用的《土地规划法》，成为亟待解决的核心。虽然关于土地规划管理的法律制度在《土地管理法》的部分章节、《城乡规划法》的部分条款有所体现，但缺乏制定专门的法律法规，导致缺少对规划的制定、实施、管理等方面的法律约束与规范。从理论上讲，土地规划属于国家经济社会发展的重要事

---

①［法］狄骥：《公法的变迁》，郑戈、冷静译，辽海出版社 1999 年版，第 35 页。

② 徐祥民、张红杰：《生态文明时代的法理》，载张仁善《南京大学法律评论》，法律出版社 2010 年版，第 30 页。

③ 苏力：《法律活动专门化的法律社会学思考》，《中国社会科学》1994 年第 6 期。

④ 林明锵：《国土计划法学研究》，元照出版公司 2006 年版，第 97 页。

⑤ 朱喜钢等：《〈物权法〉氛围中的城市规划》，《城市规划》2002 年第 12 期。

项，应当纳入法律保留的范畴。没有针对土地规划管理进行专门立法也成为土地被滥用的重要原因。而且，由于现行法律的权威性不够，使得土地规划难以有效地贯彻执行。其实在任何国家，土地使用权都会受到政府或者社区规划的制约，但要实现土地产权明晰，规划必须符合严格、稳定、规范的基本要求，否则“产权明晰”失去了存在意义。近年来，土地管制措施越来越严格，国家对土地违法违规的查处力度不断加大，但实际效果并不十分明显。地方政府常常扭曲执行土地规划。因此，期望发挥规划对土地利用关系的调控作用，需要专门制定权威的《土地规划法》，实现土地规划由“文件”到“法律、法规”的转变，这不仅成为实现土地利用法治化的前提，也能够确保土地规划制定的科学性和实施的权威性。

土地规划立法呼吁已久，现在是到了应该正式提上立法议事日程的时候了。[①] 当然，《土地规划法》立法提速主要考虑的是为全国“总规”落实提供保障。经济全球化的重要特征之一就是法治的社会化，借鉴国外成功经验，规划的编制、实施和管理更需要向法治化的过程转变。[②] 总体看来，《土地规划法》的基本框架可以参照《城乡规划法》，共设七章：第一章，总则；第二章，土地规划的制定；第三章，土地规划的实施；第四章，土地规划的修改；第五章，监督检查；第六章，法律责任；第七章，附则。其中，《土地规划法》内容至少应该包括土地规划编制原则、编制主体、编制程序，规划目标和任务、规划的体系和内容，规划审批以及组织实施等方面，同时明确规定各级政府在规划中的权力和责任。立法尤其需要突出规划公示、规划公众参与、规划审核许可、规划变更、规划评估等规范。

当然，《土地规划法》仅属于土地规划管理领域的主干法，是否能够获得良好的实施效果不可缺少相应的配套法规、规章，因此在制定《土地规划法》同时，加紧研究相关配套法律法规。例如，出台土地用途管制条例、土地利用计划条例、建设项目用地规划审查办法等分类条例，对各地用地进行指导，[③] 从而使整个土地规划管理法制体系完整、层次分明、结构严谨、内部协调、体例科学。具体来说，配套法规、规章从级别上应包括两

---

① 严金明：《土地规划立法的导向选择与法律框架构建》，《中国土地科学》2008 年第 11 期。
② 武庆娟等：《国外土地规划立法特点及对我国的启示》，《国土资源科技管理》2006 年第 3 期。
③《土地规划法立法提速 据称将于明年递交审议》，http：//www.china.com.cn/law/txt/2008-09/09/content_ 16415644.htm，2008 年 9 月 9 日。

个层次：第一，在国家层次上，中央建立涉及规划编制、实施管理的法规、规章，如《土地规划管理实施条例》、《土地规划用途分类条例》、《建设项目用地规划审查办法》等，以此明确国家层次有关规划立法的目标、方针和实施规划的法律依据。第二，在地方层次上，各地政府应在遵循国家法律法规的前提下，制定具有可操作性的地方性法规、规章，例如规划制定、实施的具体细则，提出有关规划实施机构、管理程序、实施效果评价、监督管理、规划变更、违反规划的强制措施等规定以确保各级规划落实。

总之，土地规划作为经济发展、社会治理、生态保护的重要环节，必须具有相应的法律进行支撑，土地规划的层次体系与法律效力，需要通过立法明确，[①] 这些将大大推动土地规划管理法制生态化达到崭新高度，不仅针对个体的土地利用控制，而且将土地开发作为一个整体，符合便利、宜人的要求。[②]

第二节　法制价值的生态延展

大体上，“在任何一个社会中，都存在赋予人们的行为以动机的特定的‘价值’（或基准、或社会价值）。除了极其特别例外（奇人、狂人），人们的行为总是支持或者共有者在该社会中处于支配地位的价值，并由该价值获取行为的动机”。[③] 无法回避，立法面对的最根本的问题之一就是明确法律的价值理念。价值体现的是作为客体的物对于作为主体的人的意义，[④] 因而价值即是法律满足主体需要或者对法律需要的评价。当环境污染、资源枯竭、生态破坏等危机笼罩在人们头上之时，法律价值必将回应环境文明的时代要求——价值取向的生态化，土地规划管理法制概莫能外，通过基础价值的秩序与终极价值的正义的生态追求，以指引规范包括人类在内的整体生态利益。

---

① 民盟中央：《关于加快我国土地规划立法提案》，《中国国土资源报》2007 年 3 月 6 日。
② 苏腾、曹珊：《英国城乡规划法的历史演变》，《北京规划建设》2008 年第 2 期。
③［日］川岛武宜：《现代化与法》，林荣远译，华夏出版社 2002 年版，第 93 页。
④［德］柯武刚、史漫飞：《制度经济学》，韩朝华译，商务印书馆 2004 年版，第 105-107 页。

一、秩序

1. 秩序价值的基础定位

“人与人之间的和平是一种相互协调……万物的和平是一种被安排得很好的秩序。秩序就是差异的各个部分得到最恰当的安排，每一部分都安置在最合适的地方；灾难的原因是失去秩序。”[①] 秩序是人对于客观的自然或者社会的状态描述，有序模式是自然界的一种普遍的现象，倘若没有这种规则的存在，我们将会生活在一个混乱、疯狂的世界之中。它不仅是人类生存的基本条件，也是人类发展的必然要求，一定程度的和平、安宁是社会生存和发展的客观前提。综观历史，人类建立组织的目的在于力图防止不可控制的混乱，而建立适于生存的秩序。社会确定有序，决不是人类所做的一种任意专断或者违背自然的努力。人们对秩序的追求源于过去令人满意的经验或者安排，以及对于相互关系免受任性、专横控制的需求。秩序是人类社会和自然界的一种内在要求，与法制密切相关，甚至在偶然组成的聚集群体中，人类为了使该团体免于溃散也会通过法律控制。在某种意义上讲，无论是我们在混沌姿态中发现的或者要致力于促成的，都可从法律中引申出秩序身影，除此之外，法律也成为维护社会秩序的最后保障手段。[②] 一旦现有秩序受到外部因素威胁，进而有可能引发社会无序，法律作为“社会关系的调整器”便会运用自己特有的方式维护，发挥其保持功能（物质的调整功能）。[③]

在秩序由强制力（物理的或心理的）的可能性作为外部保障时，该秩序将称法律。[④] 秩序在价值体系中，至少决定法律应该首先考虑什么，最基本的应该达到一个什么样的状态。从法律发展的历史看，秩序虽不是法的最核心价值，但它却是基础的价值，[⑤] 与法律永相伴随的基本价值。

---

①［古罗马］奥古斯丁：《论上帝之城》，《西方法律思想史资料选编》，张学仁等译，北京大学出版社 1983 年版，第 91 页。

②［日］千叶正士：《法律多元：从日本法律文化迈向一般理论》，强世功等译，中国政法大学出版社 1997 年版，第 80 页。

③［德］魏德士：《法理学》，丁小春、吴越译，法律出版社 2003 年版，第 42 页。

④［德］韦伯：《经济·诸社会领域及权力》，李强译，三联书店 1998 年版，第 7 页。

⑤ 卓泽渊：《法理学》，法律出版社 1998 年版，第 190 页。

受到各种条件的约束，某种法律可能无法追求所有价值，但它却不能不维护秩序。如果公民不论在自己家中还是在家庭以外，都无法确信自己是安全的、可以不受他人攻击和伤害，那么对他侈谈自由、正义都毫无意义。因此，秩序需要法律予以充分关注：人们对秩序的期待需求，法律都应回应而不能遗漏，否则，人们将感到自己处于无序的境地。一般来说，法律的秩序价值通过以下实现：一方面，通过各种程序技术的发展，法律公正而高效地处理各类纠纷、解决社会矛盾，增强安定性;[①] 另一方面，通过对法律主体各种利益的划定、分配明确主体的权利义务，提高确定性。"通过法律的社会控制"达到一种稳定、正常的社会状态，法律的秩序价值得以彰显。

2. 秩序价值的内容扩展

对于土地规划管理法制的秩序价值来说，既遵循秩序价值的一般原理，同时又体现自身个性，当然还要回应生态化的趋势。无论是土地利用的空间布局还是时间安排，规划管理法律期望达到土地的安全性与利用的可预见性之追求。

（1）安全状态。在法律秩序价值体系中，追求安全是秩序的核心。安全，是一种没有危险、不受威胁、不出事故的状态。作为规划管理法律秩序价值的"安全"，主要关注保护土地免受人类过度开发、不当利用等行为损害，具体内容应当包括（但不限于）土地资源安全以及土地生态安全。

第一，土地资源安全。土地资源安全即一个国家或者区域持续、稳定、充分并经济地获取土地资源，同时又使其处于良好或者不遭受破坏的状态。土地资源安全属于资源安全的下位概念。广义来说，资源安全是指一个国家或地区无论是当代还是后几代人都可以稳定、及时和经济地获取自然资源，同时，又使人类发展赖以依存的自然资源基础和生态环境处于良好状态或不遭受毁灭性破坏的状态[②]（本书作者认为资源安全不包括生

---

① 法的安定性涵盖安全与稳定两个方面，包括健康的法律，要求法律自身稳定、连续、内部秩序良好；法的适用的合法性、确定性，要求法官、行政官员严格依法办事；民众的广泛认同与强大的调控能力，要求法律以民众为社会基础，司法成为解决社会纠纷的最终权威，尤其高于公权力。参见周永坤：《法理学》，法律出版社 2004 年版，第 457–459 页。

② 陈德敏、王华兵：《中国资源安全法律保障与现行关联法律配合协调的现实性》，《中国人口·资源与环境》2007 年第 1 期。

态安全内容)。土地资源安全源于土地供给相对于需求的不足:土地总量有限,而人们生产、消费对土地的不合理利用,使得土地系统遭到破坏——质量、数量、结构、功能整体下降。土地资源安全要求在国家或者区域经济、社会发展的一定时期内,能够保障土地持续、稳定、充分的供给,以达到与土地需求相对均衡的状态。这种均衡表现为数量供给安全和供给价格保障:不仅在于社会、企业和个人能够接受的市场体系价格均衡,更多地体现在土地资源能够持续、稳定、及时、足量地满足国民经济和社会发展的需要。① 土地资源安全的核心在于“充足的数量、稳定的供应、合理的价格”:土地资源对经济发展、社会生活的保障程度越高,则资源安全程度越高;但如果供应价格使得需求难以接受,则说明资源供给“不安全”。土地规划管理法律应当合理、妥善地安排有限的土地,并且通过土地整理、土地复垦保证资源供给的稳定、充分。我国人均耕地只有世界平均水平的30%左右,《土地管理法》明确土地利用总体规划应当“严格保护基本农田,控制非农业建设占用农用地”。然而,随着城镇建设用地的需求急剧增加,大量占用耕地或者农用地,耕地不断减少,加之人口不断增加,耕地资源的供给数量受到极大的挑战。据预测,我国耕地人口承载能力的上限极值为16.6亿,但2025年人口数量达到15.15亿~16.33亿,说明耕地资源严重紧缺,无法达到数量充足、供给稳定的要求。在土地供给的价格方面,由于政府严格控制土地供应计划,使得住宅用地面积相对较少且单位价格畸高,② 直接恶果就是商品住房单位价格不断攀升,土地的高额售价转移到普通公众的身上,使老百姓苦不堪言(当然,住宅商品用地高价的背后还有其他较为复杂的原因)。目前,仅从耕地资源供给的不足、建设用地价格的畸形这两个方面来看,规划管理法律远远未实现土地资源安全的价值追求。

第二,土地生态安全。生态安全系人类赖以生存的生态系统免受污染、破坏的状态,即生态系统自身处于平衡、协调、可持续的良好状况。土地生态安全属于生态安全的下位概念,即确保“与人类生存息息相关

① 谷树忠:《试论中国资源安全问题》,《中国科学报》1998年12月2日。

② 在2009年的两个月时间里,北京地王的纪录就4次被刷新。参见《国内两月飙10个“地王”楼市形成新一轮泡沫》,http://house.focus.cn/news/2009-07-02/704927.html,2009年7月2日。

的生态环境及自然资源基础处于良好的状态或不遭受不可恢复的破坏”。[①]人们利用土地，需要保证土地基础和生态环境处于良好的状态或者不遭到难以恢复的破坏，主要考察土地自身的安全状态以及土地的存在基础是否良好。可以说，土地生态安全是生态问题日益恶化、急剧的结果：人们不仅大肆、过度地开垦土地满足基本需求甚至更高欲望，导致土壤贫瘠、土质退化，而且向土地排放大量的废水、废渣等污染物，直接造成土地污染、荒废等。尤其因挖损、塌陷、沉降、压占等致使土地原有用途丧失、土地环境效能受损，是一个极其严峻的土地生态问题。[②] 以土地压占为例，目前全国各种破坏废弃土地 1300 万公顷，但复垦率不足 4%；工矿建设废弃土地达 333.3 万公顷，但复垦率仅为 2%；工矿废弃物 67.5 亿吨，占地多达 0.57 万公顷。[③] 虽然《土地复垦条例》规定，“各有关行业管理部门在制定土地复垦规划时，应当根据经济合理的原则和自然条件以及土地破坏状态，确定复垦后的土地用途”，并实行“谁破坏、谁复垦”，但面对急剧恶化的土地生态系统，规划复垦措施没能发挥应有的效果。另外，《土地管理法》以及 2009 年《土地规划分类及其含义》将土地划分为农用地、建设用地以及未利用地，作为实施土地用途管制的依据，分类方式主要沿用经济利用的狭隘观点，仅将土地作为一种可以利用资源而未考虑生态价值。尤其在未利用地中包括水域、滩涂、自然保留地等，大部分属于生态用地的范畴，具有极大的生态意义，应当保障其生态安全。早在 1993 年，联合国土地分类强调生态重要性，将水域、沼泽、裸地等置于耕地、建设用地之前。土地规划管理法律应当关注土地利用对生态系统的健康、安全造成的威胁，并事前规制不恰当的土地利用活动，避免对土地生态安全造成负面影响，确保土地生态系统处于良好状态。

（2）可预见状态。秩序还意指这样一种事态：“各种各样的要素之间的相互关系是极为密切的，所以我们可以从我们对整体中的某个空间部分或某个时间部分所作的了解中，学会对其余部分作出正确的预期，或者至

---

① 周珂等：《我国西部生态安全的法制保障》，《中国人民大学学报》2002 年第 4 期。

② 曲福田等：《江苏省土地生态安全问题及对策研究》，《环境保护》2005 年第 2 期。

③ 沈兵明等：《浅议土地利用与土地资源安全保护》，载谢俊奇、吴次芳《中国土地资源安全问题研究》，中国大地出版社 2004 年版，第 135-144 页。

少是学会作出颇有希望被证明为正确的预期。”① 这意味着个人行动由成功的预见指导，人们不仅可以有效地运用知识，还能够极有信心地预见自己获取他人的合作。但如果不加以规范，土地利用及其产生的结果则难以预计，这也是土地规划管理的基本依据：以规范的方式将不确定的土地未来加以确定，也即预测的功能所在。如果不在事前统筹安排土地利用，那么对土地未来的影响将是难以控制的。因此，筹划法律内容以减少对土地利用及其结果的不可预见性，是土地规划管理法律应当具备的重要素质。

从外在表现来看，规划对土地在空间、时间上进行合理组织，即安排土地的空间布局、数量结构、利用程度以及使用时序。规划对土地利用的可预见性至少归结为空间、时间两个维度的有序。在土地利用的空间布局方面，规划保障具有不同用途的土地被安排在最合适的位置，并辅以最恰当的容积，使存在差异的各个部分得到最妥当的安排。土地具有不可移动性，位置确定对土地利用具有重要意义：对于消费者来说，他们总是试图定居在生活安全、开支少、生活习惯的地方；对于生产者来说，他们总是试图将厂房坐落在挣钱多、收入有保障、工作环境好的地方。② 容积也对土地利用影响深远，不仅决定立体空间的开发强度，而且也与收入高低、生活品质优劣密切相关。规划管理法律以土地利用的空间有序为价值归依，意味着确定可以开发、限制开发与不能开发的土地区域，以及确定不同区位、机能的土地开发强度，以此构建合理的土地利用空间模式。土地开发的时间安排与空间布局同样重要，例如土地开发对公共设施成本既有分担效果也有负担效果：分担效果实现了土地开发对公共设施服务提供正外部效益，一般在公共设施提供初期，土地开发能够引进人口、分担公共设施服务成本；负担效果则表示土地开发对公共设施提供的负外部效益，当公共设施服务量无法满足人口增加的需要，城市人口规模越大，都市环境品质越差。③ 因此，控制土地开发时间不仅可以引导城市有秩序、有效率地发展，更能促使公共设施发挥使用上的正外部效益。规划土地利用的时间有序能够部署土地什么时候开发，哪些区域优先开发，哪些区域暂缓

---

①［英］哈耶克：《法律、立法与自由》（第1卷），邓正来等译，中国大百科全书出版社2000年版，第54页。

②［美］巴洛维：《土地资源经济学——不动产经济学》，谷树忠等译，北京农业大学出版社1989年版，第165页。

③ 边泰明：《土地使用规划与财产权理念与实务》，詹氏书局2003年版，第101-105页。

开发，以此维护土地利用的持续合理性。

“制度是为决定人们之间的相互关系而人为设定的一些制约。”① 土地规划管理法律能够确认、引导和规范规划权力与私人权利之间的相互关系，主要表现在规划管理法律确定土地利用或者管理主体在一定条件下可为或者不可为之事。例如，在基本农田保护规划区中，利用主体不能占用、改变基本农田的用途性质，而从事其他方面的建设。基于此，利用主体可以确定，如果违背法律规定将不会获取管理部门的规划许可。可预见性体现了行为主体根据法律对自身行为的性质、内容的判断。而且，管理部门可以依法确定他人在一定条件下必为、可为或者不为之事。例如，利用者必须在规划许可的要求的诸如面积、容积率等指标范围内，从事土地开发、建设活动。如果违反规划许可内容，不仅受到法律制裁，还需要承担后续的赔偿责任，例如随意更改土地容积率，势必对公民居住环境产生不利影响，引发相关的赔偿诉讼。可见，规划管理法律中行为过程的可预见性，既包括主体对自身行为的判断，也包括对他人行为的预期。无论是“判断”还是“预期”，均体现了法的指引作用。②

当然，规划管理法律的可预见性也能够体现在行为结果方面。一般来说，规划法律对行为的评价可以分为：第一，鼓励性评价。对于制定、实施土地规划成绩显著的单位、个人，有关机关、机构给予奖励。例如，某单位或者个人发明了一套能够更加准确预测土地状态、分析土地数据的技术，为科学制定土地规划提供重大帮助，政府可以据此进行重奖。第二，认可性评价。对于行为者符合土地规划法律的要求，法律不干预其土地利用行为，采取认可的态度，即“合法行为”。例如，按照土地利用年度计划获取的使用权利，权利人可以在许可范围或者许可期间内开发使用土地，管理部门不能任意干预。第三，否定性评价。这主要是利用者或者管理部门的行为违反了规划法律中的义务性规定或者禁止性规定引起的负面后果。例如，利用者违法占用耕地进行经济建设，或者管理部门出现任意变更规划、以租代征违反规划、违反规划许可的行为等，均可以导致否定性评价。土地规划管理法律对主体行为肯定或否定的评价及其引发法律后果，这种可预见性充分体现了法的预测功能。

---

①［美］诺斯：《制度、制度变迁与经济绩效》，刘守英译，三联书店 1994 年版，第 77 页。

② 刘国金、舒国滢：《法理学教科书》，中国政法大学出版社 1999 年版，第 271 页。

总体来说，在秩序价值框架下，土地规划管理法律的安全性与可预见性之间存在着密切关联（见图 4-1）：一方面，安全性是规划管理法律的可预见性诉求的目的，相关规范规定法律主体应为、可为或者不为之行为，实现法律的指引、预测作用，确保土地资源安全与生态安全；另一方面，可预见性是规划管理法律的安全性诉求在立法中的具体体现和实现途径，实现安全性诉求有赖于并且体现在法律对主体行为及其法律后果的规范性评价，基于此实现秩序价值的安全性诉求。

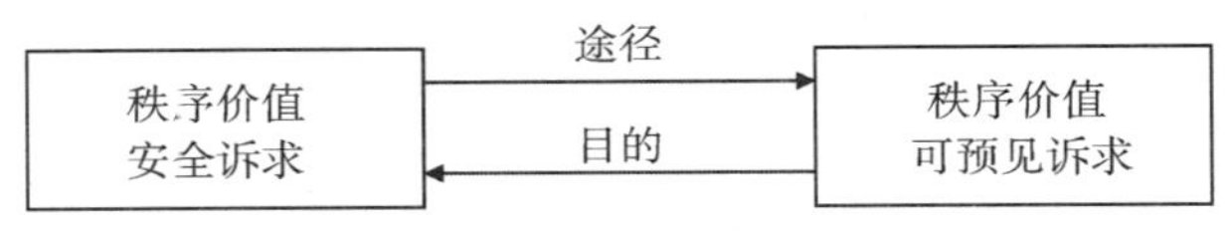

图 4-1　安全性与可预见性关联

二、正义

法治，即依靠正义之法治理国政与管理社会，达致各种资源合理配置的社会状态。倘若秩序乃法律追求的形式性状，那么正义则是法律追求的、人们企图利用法来实现的某种实质性状。当法律被普遍认可、遵守时，良好的秩序才可能形成，而人们是否认可、遵守某项法律规则，更多取决于法律维系的秩序状态是否符合正义精神。秩序作为法律价值的形式性状必须内嵌入正义的实质性状，离开正义的秩序无法创造出令人满意的生活样式。可以说，正义是如何使一个群体的秩序或制度适于实现基本目的，以满足个人的合理需求。正义乃法律制度的最高追求，换句话说，“法律就是用以防止不正义的集体性暴力手段，简而言之，法律就是正义”。①

1. 正义价值的终极定位

人们对于正义的渴望与追求与生俱来，“政治制度、宗教、科学——特别是伦理学、法理学和政治理论——全都关心正义问题，而且全都渴望

① [法] 巴斯夏：《财产、法律与政府——巴斯夏政治经济学文萃》，秋风译，贵州人民出版社 2002 年版，第 122 页。

有一个按照他们的特殊概念来看是正义的世界。……我们谋求有公正的制度和在一切人际关系中有正义”。[①] 然而，正义为何却众说纷纭，犹如普罗透斯之面，随时呈现不同的形态。但深入历史以及人类内心，正义至少内蕴人类对平等、自由的基本追求，即正义的平等观与自由观。自亚里士多德起，正义就被认为与平等紧密联系，“公正的也就是守法的和平等的；不公正的也就是违法的和不平等的”。[②] 并且，公正被划分为作为整体的公正和作为部分的公正，作为部分的公正则由分配公正和矫正公正组成。自赫伯特·斯宾塞起，正义的自由内涵开始越来越受到关注：每个人都可以自由地做事，但要以没有侵犯其他人享有的相同自由为前提。

在相当长的时间里，平等观与自由观并行不悖，直到罗尔斯将它们系统整合。罗尔斯采用“无知之幕”理论，忽略社会成员的具体特征，只留下抽象的人，并经过合意选择、确定社会契约。罗尔斯将正义分为两层：第一，每个人对与所有人所拥有的最广泛平等的基本自由体系相容的类似自由体系，都应有一种平等的权利（平等自由）；第二，社会的、经济的不平等应使它们在与正义的储存原则一致的情况下，适于最少受惠者的最大利益（差别），并且依系于在机会公平、平等的条件下，职务和地位向所有人开放（机会平等）。[③] 一般来说，在不同层次的适用顺序中，第一层次优于第二层次，第二层次中的机会平等又优于差别，只有在充分满足前一层次的情况下才能考虑后一层次。如果我们探讨“应该成为一切立法体系最终目的的全体最大的幸福究竟是什么，我们便会发现它可以归结为两大主要的目标：即自由与平等”。[④] 平等与自由的整合也为土地规划管理法律的正义价值提供了有益的分析思路。

2. 正义价值的内容延伸

（1）自由观。毫不夸张地说，整个法律正义哲学都是以自由观念为核心而建立。启蒙思想家及哲学家对自由进行了深刻阐述。洛克宣称，法律的目的不是废除和限制自由，而是保护和扩大自由。杰斐逊确信，自由

---

①［英］麦考密克、［奥］魏因伯格：《制度法论》，周叶谦译，中国政法大学出版社 1994 年版，第 249 页。

②［古希腊］亚里士多德：《尼各马可伦理学》，廖申白译，商务印书馆 2005 年版，第 128-129 页。

③［美］罗尔斯：《正义论》，何怀宏等译，中国社会科学出版社 1988 年版，第 302 页。

④［法］卢梭：《社会契约论》，何兆武译，商务印书馆 1980 年版，第 69 页。

乃是人类生来就有的和不可剥夺的一种权利。康德坚持自由乃“每个人据其人性所拥有的一个唯一的和原始的权利”。正义价值的自由通过转化为法律权利实现，“霍布斯最早明确地把法律与自由相连，认为‘权利存在于做或不做的自由之中’，权利是法律允许的自由，即一种有限制的但受到法律保护的自由”。①

在历史上，土地曾长期以私有财产的形式出现，土地产权制度核心乃“终极所有权，其最大的特点是排他性”。② 土地可以在主体之间自由而有偿地转让，并且“土地私人产权容易形成土地的市场供给，保证厂商土地投资行为与其报酬成正比，因而其有利于土地资源开发利用效率的形成”。③ 人性存在难以驾驭的意向，必须获得一定自由，正如没有最低限度的安全，人便不能生存一样，没有最低限度的自由，也无法生存，因此，土地自由权利受到私法强有力的保障。但土地乃所有人类及各种动植物赖以生存、不可缺少的生态基础，在日益稀缺、人地关系紧张的情形之下，如果土地利用自由不受限制，滥用难免成为个人理性的选择，“公地悲剧”将继续衍生。土地私有产权的自由行使常因与社会利益相悖而受到限制，这为人类土地规划管理法制的演进提供了动力。“在什么样的限度以内，某一个主体（一个人或一群人），可以或应当被容许做他所能做的事，或成为他所成为的角色而不受到别人的干涉?”④ 这种自由偏重消极意义，但却成为规划管理法律的自由实质，其目的不仅在于消极防范自由的滥用，而且更在于积极增进个人利用土地的可行能力。我国土地实行公有制，国家支配土地上的劳动成为主要标志，所有权、使用权形成了“公有私用”的权利格局。公民使用土地主要是“一种‘分享权’，必须经由国家的‘给予’，方取得‘使用的请求权’”。⑤ 在法律性质上，“给予”属于规划之后的“财产权利转让许可”，乃“行政机关为公民创设财产权或自由的构成性事实”，“经由许可的构成性事实，于是获得了进入

① 张文显：《法哲学范畴研究》，中国政法大学出版社 2001 年版，第 301-302 页。

② 王昉：《马克思的土地产权理论与传统中国社会农村地权关系》，《理论前沿》2008 年第 15 期。

③ 肖国兴、肖乾刚：《自然资源法》，法律出版社 1999 年版，第 183 页。

④ Berlin, *Two Concepts of Liberty*, Oxford University Press, 1969, p. 15.

⑤ 李建良：《论环境保护与人权保障之关系》，http://lw.china-b.com/fxzx/20090219/228138_1.html，2009 年 2 月 19 日。

或者使用的自由或权利”。[①] 土地规划权力的行使无疑正是许可程序中的重要一环，许可的土地用途构成了使用权的固有属性，或者说利用主体被“给予”了一项负载“特定用途属性”的权利，“用途限定”与“权利形成”合二为一。“国家土地所有权下分离并拟制的独立土地利用私权，一定是一种被限定为符合公共利益的权利”，并且“权利内容与价值大小，直接源于土地的利用用途”。[②] 在公有制的框架之下，国有土地所有权本身就是实现公共目的、公共利益的制度安排，而公有制与国家固有的公共职能复合生成的规划权力体系，属于辅助机制。

2004 年《宪法》规定，“国家尊重和保障人权”，并确立了私人财产权受法律保护的条款，使土地权利的自由行使获取了宪法地位，但《宪法》关于“公共利益”条款又成为限制公民权利的理由。近年来，规划之后的征地、拆迁矛盾不断恶化、升级，已经成为影响社会稳定的重要症结。2006～2009 年，安徽省政府土地征收行政复议案件占总数的 15.3%，在各类行政复议申请中居第 1 位，并且在办理的征地案件中，群体性案件（申请人 5 人以上或申请人为农村集体经济组织的案件）占 80.2%。[③] 政府为保护公众健康等社会利益，通过规划管理法律对土地私权进行控制，但“政府以公共利益为名义，以城市规划为工具，用比较低的价格征用包括商业用地在内的农民集体所有的土地，形成巨大的剪刀差，有人在 2001 年估计改革开放以来这种剪刀差已经累计高达 2 万亿元”。[④] 确实，规划意味着约束、管理权利人的土地利用行为，政府对土地公共利益调控与土地私有权利保护之间不可避免地产生冲突。[⑤] 当然，为了协调两者关系，公众参与应运而生，成为获取自由的另外方式。在土地规划的制定、实施过程中，公众为实现自身利益，享有知情、表达、评价、监督、救济等自由，并且这种自由对于增强规划管理的科学性、合理性甚至正当性成为必要。

（2）平等观。依据“万物皆有定分”的自然秩序论，社会不平等被赋予自然的色彩，但人们为了纠正社会普遍存在的不平等，追求平等的努

---

① 陈端洪：《宪政与主权》，法律出版社 2007 年版，第 248-250 页。

② 刘俊：《土地所有权国家独占研究》，法律出版社 2008 年版，第 329 页。

③ 安徽省人民政府法制办公室：《土地征收行政复议实务研究》，http：//www. chinalaw. gov. cn/article/dfxx/zffzdt/201006/20100600255126. shtml，2010 年 6 月 2 日。

④ 曹建海：《中国的土地制度解析及改革建议》，《中国地产市场》2004 年第 5 期。

⑤ McAuslan，*The Ideologies of Planning Law*，Oxford：Pergamon Press，1979，p. 34.

力才从来没有停止。因此，平等也属于土地规划法律正义价值的题中之意。“平等是正义的基本内涵……尽管平等的并非都正义，但正义的必须都平等。”① 虽然对于平等的理解存在不同的观点，但总体来说，形式平等与实质平等能够体现出土地规划管理内蕴的法制价值。

为了保障自由以让个人个性、能力充分发挥，这种必要的平等，说到底还是只要能保障社会构造上的形式上的机会均等就可以……只有形式上的平等，对于自由的保障来说，才是真正必要的平等的应有状态。② 形式平等追求法律对每个人的机会平等，即“相同的人和相同的情形必须得到相同的或至少相似的待遇，只要这些人和这些情形按照普遍的正义标准在事实上是相同的或相似的”。③ 土地规划管理法制追求形式平等，是在相同的条件和情形下，主体应被赋予同等的享受权利、承担义务的资格，并且拥有适当的、充分的条件实现。《土地管理法》第 34 条规定：“国家实行基本农田保护制度，”并按照土地利用总体规划将某些耕地划入基本农田的范畴。与一般耕地相比，基本农田承担了粮食生产等更多的责任，由于基本农田生产条件更好，能够提供更多的农业效益，国家对基本农田实行了更为严格的保护、管理制度：不仅禁止占用一般耕地建窑、建坟或者擅自在耕地上建房、挖砂、采石、采矿、取土等，而且《土地管理法》第 36 条、《基本农田保护条例》第 17 条分别规定禁止任何单位、个人占用基本农田发展林果业和挖塘养鱼。虽然规划规定土地用途存在合理性，并且为许多国家所运用，例如德国《联邦空间规划法》将农业发展区分为优先地区和储备地区，前者严禁变更使用，后者则有条件地允许变更。但基本农田的权利人通过变更规划土地用途，在大农业范围内调整农业结构、获取土地增值收益的机会被剥夺了，并且这种损失得不到相应补偿。对于基本农田权利人来说，形式平等受到更多限制而无法实现。

法律规范对每个人所要求的义务、责任是不同的，每个人的才干和具体情况也不尽相同，由此人们以不同方式遵从社会关联性。④ 这在一定程

① 卓泽渊：《法的价值论》，法律出版社 2006 年版，第 307 页。

② [日] 大须贺明：《生存权论》，林浩译，法律出版社 2001 年版，第 33-34 页。

③ [美] 博登海默：《法理学——法律哲学与法律方法》，邓正来译，中国政法大学出版社 1999 年版，第 286 页。

④ [法] 狄骥：《宪法学教程》，王文利等译，辽海出版社、春风文艺出版社 1999 年版，第 11 页。

度上揭示了形式平等的内蕴欠缺。如果无视人在事实上的差异而将平等推向极端，自由与自律的发展同样受到破坏。“实质平等”吸收形式平等的积极方面，依据个人的不同情况分别采取不同方式，以缩小因形式平等造成的实际差距，即“在稍微像样点的平等实现以前，对不利团体的照顾是必须的”。[①] 对于土地规划管理法制来说，实质平等表现为在规划用途不同的土地类型中，主体享有的权利与承担的义务存在差异，当然这种差异必须限定在合理的范围之内。目前，在全国范围内建设小产权房[②]而引发集体土地流转问题，实际上涉及了土地规划以及相关管制的实质平等问题。现行立法规定了集体土地只有通过征收转为国有土地才能出让，并且集体土地的用途已经为规划所限定，只能用于农业产生、农民宅基地或者兴办乡镇企业等与集体密切相关的建设。[③] 从法律条文来看，兴建小产权房而使用土地的方式确实违反了规划对集体土地用途的限制，并受到政府的禁止。[④] 制度运行应当兼顾形式平等和实质平等，即应为相同条件下的土地利用人确定和使用同样的标准，为作相同用途使用的权利人提供同等的保护或者限制。显然，法律禁止所有土地进行商品房开发有违平等原则，因为集体的经营性建设用地理应与城市经营性建设用地一样获得商业开发利用的权利。同时，从“合理差别”的实质平等来看，即便其他用地本不应当具有商业开发的资格，也有必要再充分考虑客观经济背景和农民个人愿望，建立并逐步完善规划区域内不同用途农业用地之间的转换机

---

①［美］亨金、罗森塔尔：《宪政与权利》，郑戈等译，三联书店 1996 年版，第 131 页。

②“小产权房”不是法律概念，只是人们在社会实践中形成的一种约定俗成的称谓。小产权房是国家不发产权证的，由乡镇政府发证书的房屋，也就是说在农民的集体土地上，仅有乡（镇）政府或村委会的盖章以证明其权属，并没有国家房管部门的盖章。小产权房有两种：一种是在集体建设用地上建成的，即宅基地上建成的房子，只属于该村的集体土地所有者，连外村农民都不能购买；另一种是在集体企业用地或者占用耕地违法建设的。据统计，我国住宅总量在 186 亿平方米左右，其中高达 66 亿平方米面积的住房属于小产权房，占比超过 1/3。而 2007 年住宅调查显示，深圳有“城中村”农民房或其他私人自建房超过 35 万栋，总建筑面积约 1.2 亿平方米，占全市住房总量的 49%。北京小产权房的数量占市场总量的 20% 左右，上海小产权房数量占市场总量的 22% 左右，西安小产权房已占市场总量的 25% ~30%，郑州、广州等城市的小产权房屋数量也都在 20% 以上。参见李涛：《小产权房：中国城市化进程中的难解必解之题》，http://bj.house.sina.com.cn/other/2009-07-28/1432321720.html，2009 年 7 月 28 日。

③参见《宪法》第 10 条、《城市房地产管理法》第 9 条、《土地管理法》第 43 条。

④《国土资源部强调：“小产权房”不受法律保护》，http://news.sohu.com/20081113/n260622695.shtml，2008 年 11 月 13 日。

制，方可化解农民、集体与政府因不同待遇而引发的紧张与对立。①

事实上，作为正义的两个最重要的组成部分，自由和平等之间存在着既相互独立又不可分割的复杂关系（见图4-2）。应该说，两者取向都集中在人们对与自己的生存、发展密切相关的物质财富的分配、占有的态度上：平等表现为个体在群体生活中要求与其他成员一样均等地享有一份财富，而自由则更多地表现为个体乞求合情合理的占有通过自己的努力和奋斗所获得的成果。② 如何将自由、平等之间的对立侧面统一在正义体系之下，成为土地规划法律亟须解决的问题。

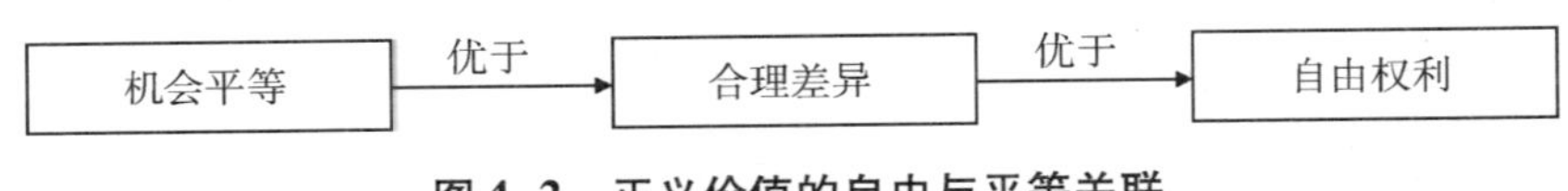

图4-2 正义价值的自由与平等关联

（3）代际意蕴。土地作为人类生存与发展的基础，内在地要求土地利用必须具有社会正义，规划管理法律才能在土地提供最大的社会福利或公共利益时，保证利用的合理性。法律的正义价值，一般仅停留在空间维度上的代内正义，即法律需要强调在区域内部和不同区域、不同部门之间合理分配土地，尊重大多数利用者的意愿，确保其拥有同等权利和机会利用土地。但“环境的世代间衡平”提出：“作为物的一种，我们与现代的其他成员以及过去、将来的世代一道，共有地球的自然、文化的环境。在任何时候，各世代既是地球恩惠的受益人，同时也是将来世代地球的管理人或者受托人。为此，我们负有保护地球的义务和利用地球的权利。”③ 在印第安人谚语中，“我们是从子孙那里借来土地”，“当你踏足于一片土地上时，请小心你的脚步，因为你的子孙正凝望着你，等待他们世代的到来”。④ 此时，土地规划管理法律需要关注时间维度上的代际正义，强调当代人利用土地，应当承认人类各代间对土地利益享有的机会均等，现代人与未来人都具有同等的获益权、发展权，确保后代人能够平等的利用土地，实现全人类利益在永续发展背景下的最大化。

---

① 杨惠：《土地用途管制法律制度研究》，法律出版社2010年版，第217页。

② 冯亚东：《平等、自由与中西文明》，法律出版社2002年版，第8页。

③［美］魏伊丝：《公平的对待未来人类》，汪劲等译，法律出版社2000年版，第42页。

④ Lonsdale：《东西方环境观的追溯与比较》，张范译，《世界环境》2001年第4期。

罗尔斯对正义储存原则的论述，事实上为世代间的利益平衡提供了一种基于原初状态的解释。“不同时代的人和同时代的人一样相互之间有种种义务和责任，”邻近的两代人之间总有一些利益是重叠的，就像家长都会关心自己的子女一样，这样就可推定“对下一代的任何人，都有现在这一代的某个人在关心他。这样，就使所有的人的利益都被照顾到了，在无知之幕的条件下，全部的线头都接到了一起”。① 后代人对地球拥有的权利跟我们拥有的同样多，我们具有留给后代人一个适宜于他们生存的自然空间的义务。如果空间距离不能成为我们推卸对同一代人应负义务的理由，那么，时间距离也不能成为我们损害下一代人利益的借口。就目前而言，这个原则不可能精确地确定储存率（储存什么、储存多少、如何储存），但我们不能由此推论说：代与代之间有意义的伦理约束的界限不能被阐明。实践中，《全国土地利用总体规划纲要（1997～2010）》已明确，至2010年全国非农业建设占用耕地控制指标为2950万亩，但仅1997～2001年就已占用了1351万亩，占45.8%，浙江等发达省份已经将指标用完。规划管理法律的软弱导致当代人通过修改、调整规划肆意地开发土地，全然不顾后代人的需要。虽然后代人目前作为利益主体还只是虚拟地存在，但须知，当代人依存于土地，后代人也需要依赖这片土地而生存发展。基于土地稀缺性以及用途的不可逆性，规划管理法律必须使土地在不同代际之间公正分配，确保为后代人预留出相应的利用份额，否则就会危及人类的世代相继。虽然驳斥扩张性开发和变更特殊用途可能很困难，但对子孙后代的义务要求我们反对牺牲后代利益的土地利用模式，② 此乃规划管理法制对正义价值的代际追求。

第三节 法制意旨的二维追求

任何法律的制定，均需要遵循特定的意旨。立法意旨也即立法目的，乃立法者期望通过制定法律表现的，对一定社会关系进行法律调整的动机

①［美］罗尔斯：《正义论》，何怀宏等译，中国社会科学出版社1988年版，第123页。
② 欧名豪等：《试论土地伦理利用的基本原则》，《中国土地科学》2000年第5期。

和意图。从法哲学视角看来，法的目的不仅是主导法的形成、实现与之相关者，准备依靠制定法律而达到的实际目的，还是作为法的正当与否、合理与否的评价规则和基准，即需要依法来实现的基本价值和法的基本使命。[①] 为了适应生态化的需求，各国（地区）均在规划管理立法中嵌入土地永续利用等生态保护目的。例如，德国《建设法》旨在于促进城市建设的有序开发，从维护全民福利出发，公正平等地利用土地资源，完善社会环境，保护和开发生存的自然环境基础。[②] 我国台湾地区“区域计划法”的目的在于：“为促进土地及天然资源之保育利用，人口及产业活动之合理分布，以加速并健全经济发展，改善生活环境，增进公共福利。”

综观我国，《土地管理法》将土地利用总体规划的目的确定为：“为了加强土地管理，维护土地的社会主义公有制，保护、开发土地资源，合理利用土地，切实保护耕地，促进社会经济的可持续发展。”《城乡规划法》则明确：“为了加强城乡规划管理，协调城乡空间布局，改善人居环境，促进城乡经济社会全面协调可持续发展。”可见，关于土地规划管理立法意旨的规定并不一致，前者强调规划管理、保护土地的要点，后者则注重对规划制定或者说对规划权力的规范。这说明现行法律关于土地规划管理的立法意旨存在较大分歧，亟须革新与统一。

一、外在意旨：可持续土地规划的建立

1. 土地可持续利用

（1）可持续发展的提出。随着科技的进步和生产力水平的提高，人类创造了前所未有的物质文明。人们开始坚信：只要坚持如此发展下去，生活会越来越美好，前途会越来越光明。正当人类为所取得的物质财富欢欣鼓舞的时候，20 世纪 60 年代环境问题的加剧和资源危机的浮现，人们逐渐明白：若将经济、社会与生态环境隔离，发展则具有极大的片面性，并会给地球以及人类带来毁灭性灾难。跳不出经济永远增长传统理念的羁绊，乃导致不可持续发展的要害，其危险性存在于追求“永远发展”的

---

① 汪劲：《环境法的理念与价值追求》，法律出版社 2000 年版，第 11 页。

② 吴唯佳：《德国的城市规划法》，《国外城市规划》1996 年第 1 期。

发展观，以及迎合、刺激、维护这种发展观的发达国家的整个社会结构、社会机制。[①] 20 世纪 70 年代，源于此种危机的感悟，人类怀疑、摒弃过去的发展模式，开始憧憬、追求可持续的发展前景。此时，可持续发展“从人类对自然负有何种责任的哲学思考，演化为地方和国家环境保护团体呼吁人类更多地关心环境的具体行动”。[②]

1972 年，面对环境污染、资源枯竭等频繁发生的生态问题，罗马俱乐部在执行“人类困境研究计划”过程中发表《增长的极限》以催促人们注意地球的承载能力：人口呈指数增长，而地球资源却十分有限；污染呈指数增长，而地球的自净能力十分有限，资源锐减、环境恶化，全球性灾难将在 21 世纪来临，并得出“零增长”下的“全球均衡”的悲观结论。同年，联合国人类环境会议《人类环境宣言》提出：“为了在自然界取得自由，人类必须利用知识在同自然界合作的情况下建设一个较好的环境。为了这一代和将来的世世代代，保护和改善人类环境已经成为人类的一个紧迫的目标。”这昭示着可持续发展的思想在 20 世纪 70 年代被初步关注。1980 年，国际自然保护同盟发布《世界自然保护大纲》，首次提出可持续性概念并主要应用于林业、渔业等资源的管理战略：如何仅将全部资源中的合理的一部分加以收获，使得资源不受破坏，而新成长的资源数量足以弥补所收获的数量。[③] 当时，可持续性主要集中讨论产量方面，如某区域内渔业资源的可持续生产就是指鱼类捕捞量适当低于该区域的鱼类自然繁殖量。1987 年，以布伦特兰夫人为首的世界环境与发展委员会提交了《我们共同的未来》报告，集中分析全球人口、粮食、物种和遗传资源、能源、工业和人类居住等方面的情况，并系统探讨人类面临的一系列重大经济、社会和环境问题，正式提出可持续发展模式，受到世界各国极大重视。1992 年，巴西里约热内卢联合国环境与发展大会，通过并签署了以可持续发展为核心的《环境与发展宣言》、《21 世纪议程》等重要文件，期望通过在国家、社会重要部门和人民之间的合作来建立一种新的、公平的伙伴关系。各国代表普遍认可“以公平的原则，通过全球伙伴关系促进全球可持续发展，以解决全球生态危机”。2002 年，南非约翰

---

① 郧沧萍、侯东民：《人口、资源、环境关系史》，中国人民大学出版社 2005 年版，第 168 页。

② [英] 莫法特：《可持续发展——原则、分析和政策》，宋国君译，经济科学出版社 2002 年版，第 28 页。

③ 张坤民：《可持续发展论》，中国环境科学出版社 1997 年版，第 16 页。

内斯堡联合国可持续发展世界首脑会议，《可持续发展宣言》、《可持续发展问题世界首脑会议执行计划》强调全方位采取具体行动和措施，旨在进一步推动可持续发展战略的实施。同时，我国顺应世界发展的整体潮流，于1994年通过了《中国21世纪议程——中国21世纪人口、环境与发展白皮书》，从人口、环境与发展的总体国情出发，提出促进经济、社会、资源和环境相互协调的可持续发展的战略目标。

可持续发展已经得到全球的广泛认可，并深入自然、环境、社会、经济、科技、政治、法律等诸多层面。作为一个动态的概念，由于不同的研究者对其理解不尽一致、强调的侧重点不同，因此出现关于可持续发展的各种版本的定义。[①] 但可持续发展的核心在于坚持发展与环境保护、生态平衡的统一。在世界范围内最权威的可持续发展定义，出自《我们共同的未来》报告“既满足当代人的需要，又不对后代人满足其需要的能力构成危害的发展”。[②] 定义明确了可持续发展追求的三大原理：第一，公正性——达到公平，包括给所有想过较好生活的人以平等的机会，也包括在代际、区际公平地分享环境资源等；第二，共同性——基于地球的整体性和相互依赖性，可持续发展不是限于某一地区或国家而是全球的，世界各国需要联合行动；第三，可持续性——人类的社会发展、经济建设不能超越生态环境、自然资源的承载能力，人类需要调整自己的生活、生产方式，不要极度消费和过度生产。1989年，联合国环境发展会议通过了《关于可持续发展的声明》，从四个方面进一步解释可持续发展：走向国

---

① 不同领域的专家、学者分别从自然、社会、经济、科技、空间等不同角度对可持续发展进行解读。比较典型的包括：第一，侧重于自然方面的定义，即所谓“生态持续性”，意在说明自然资源及其开发利用程序间的平衡。1991年，国际生态学联合会和国际生物科学联合会发展并深化了可持续发展概念的自然属性，将可持续发展定义为：“保护和加强环境系统的生产和更新能力”，可持续发展是不超越环境系统更新能力的发展。第二，侧重于社会方面。1991年，由世界自然保护同盟、联合国环境规划署和世界野生生物基金会共同发表《保护地球——可持续生存战略》，将可持续发展定义为“在生存于不超出维持生态系统涵容能力之情况下，改善人类的生活品质”，并提出了人类可持续生存的九条原则。第三，侧重于经济方面。巴比尔在《经济、自然资源：不足和发展》中将可持续发展定义为“在保持自然资源的质量及其所提供服务的前提下，使经济发展的净利益增加到最大限度”。第四，侧重于科技方面。斯帕思认为：“可持续发展就是转向更清洁、更有效的技术——尽可能接近‘零排放’或‘密封式’，工艺方法——尽可能减少能源和其他自然资源的消耗。”参见魏一鸣等：《中国可持续发展管理理论与实践》，科学出版社2005年版，第13页。

② 世界环境与发展委员会：《我们共同的未来》，吉林人民出版社1997年版，第52页。

家、国际平等；一种支援性的国际经济环境；维护、合理使用并提高自然资源基础；在发展计划和政策中纳入对环境的关注和考虑。由此，可持续发展的含义深化为：人类应当享有以与自然和谐的方式及过健康而富有生产成果的生活的权利，并公平地满足当代人与后代人在发展与环境方面的平等需求，求取发展的权利必须实现。①

关于可持续发展，两个基本要素通常被忽略，而影响其内涵的全面性、科学性，即“需要”和对需要的“限制”：满足“需要”，尤其是贫困人民的基本需要，应当将其放在特别优先的地位加以考虑；对需要的“限制”是对未来环境需要的能力构成危害的限制，这种能力一旦被突破，必将危及支持地球生命的自然系统，诸如土壤、大气、水体、生物等。厘清可持续发展的两项基本要素，一方面可以扩充可持续发展形成的人类利益关系，既兼顾当代发达国家、地区的需要及其利益同不发达发展国家、地区基本需要及其利益问题，并将后者“放在特别优先的地位来考虑”，又分析当代人与后代人之间需要、利益关系的问题，使可持续发展在需要、利益兼顾方面更具有合理性。另一方面，通过对需要的“限制”规定可持续的资源配置模式，即既要兼顾上述各主体的需要、利益关系，又要使对环境资源的利用控制在“技术状况和社会组织对环境满足眼前和将来需要的能力施加的限制范围之内，从而使发展的资源配置模式更具有可持续性”。②

（2）土地可持续利用。土地利用是一切环境资源利用的基础。早在诞生之初，人类利用土地而构成的各种关系就开始显现。尤其自 20 世纪 60 年代以来，环境问题、资源危机以及由此引发的人口、粮食等方面的矛盾都直接或者间接地与土地利用有关：一方面是发达国家、地区经济增长与环境污染、土地退化等问题，另一方面是在多数不发达国家面临生态破坏引发的粮食不足、饥荒等问题。人们关注土地的合理利用，尤其是可持续发展思想的传播更积极推动了土地利用的可持续性要求。可持续发展为土地利用提供了新的思路，即经济、社会发展利用土地必须时刻关注土地作为生态系统的组成部分，不能以生态功能的衰退作为代价。土地可持续利用是人们接受了可持续发展观念对以往土地利用方式的反思，也是可持续发展理论在土地利用研究中的应用。

---

① 裴广川：《环境伦理学》，高等教育出版社 2002 年版，第 67 页。

② 汪劲：《论现代西方环境权益理论中的若干新理念》，《中外法学》1999 年第 4 期。

随着对土地稀缺性认识的深化以及土地利用伦理观念的变迁，土地可持续利用于1990年由印度国际持续土地利用系统研究会被正式提出，会议主要评价了世界范围内不同地区的土地可持续利用系统的现状和问题，建议建立全球土地可持续利用系统研究网络。1991年“发展中国家可持续土地管理评价”、1993年“21世纪可持续土地管理”两次国际学术讨论会进一步提出土地可持续利用的明确概念及基本原则，并将其列为全球《21世纪议程》中的优先项目，旨在响应可持续发展观念。1993年，联合国粮农组织《持续土地管理评价大纲》定义持续土地管理：“将技术、政策和能够使社会经济原则与环境考虑融为一体的行为结合起来，以便同时实现保持或提高生产与服务（生产性）、降低生产风险（安全性）、保护自然资源潜力及防止土壤退化（保护性）、经济上可行（可行性）和社会可接受（可接受性）。”① 定义从技术、政策和行为三个角度设定土地利用（管理）的基础框架，继而从生产性、安全性、保护性、可行性和可接受性五个方面进一步限定持续性，集中言及“土地利用（管理）”、“持续性”两个核心，将概念的广泛性与限定性较好地结合。定义覆盖了与土地利用（管理）有关的诸多层面，并且具有较大的解释空间。②

当然，由于具体国情、发展水平等原因，各国面临的土地利用的具体问题并不一致，因此，土地可持续利用的内涵确实难以一概而论：发达国家侧重生存环境的良好、生活质量的提高，因而逐步转变强调土地利用的生态效益，而不发达国家则需要在提高经济发展水平的前提下，确保土地利用达致生态平衡。当然，这些均符合可持续发展的基本原理。与传统土地利用方式相比，土地可持续利用不仅着眼于眼前，更着眼于永久的未来；并且不是着眼于一部分人，而是着眼于全体人类，因而更强调可持续性、协调性和公平性。但农民可能从他们自己的观点出发，并有他们自己的理解和定义，他们的观点和行动在确定现有土地利用方式是否具有可持续性问题上起着重要作用。③ 这样，土地可持续利用首先要保持特定地块

① FAO, *An International Framework for Evaluating Sustainable Land Management*, Rome: World Soil Resources Report, 1993, p. 73.

② 姜志德：《土地资源可持续利用概念的理性思考》，《西北农林科技大学学报》（社会科学版）2001年第4期。

③ 唐华俊等：《中国土地资源可持续利用的理论与实践》，中国农业科技出版社2000年版，第45页。

之特定用途，如食物安全和收入来源，并且保持特定区域内的土地均处于可用状态，并长期维护生产力以及生态稳定性。总体来看，土地可持续利用意味着在保护生态环境的前提下，实现土地利用与促进经济增长、社会繁荣等各个方面之间的协调。当然，土地可持续利用要求享用土地不仅要维持当代人之间的公平，更需要协调当代人与后代人之间对土地享用的公平。

2. 可持续土地规划

（1）对传统土地规划的挑战。我国前两轮土地利用总体规划虽然明确“统筹土地利用与经济社会协调发展”，但总体来说仍以土地利用的经济效益为目标，即以传统的经济增长作为主要衡量指标，而将规划作为实现经济发展的重要措施。人们基于可持续发展的理性思考，期望以规划管理法制的变革解决土地持续利用中发生的各类问题，并为传统土地规划向可持续土地规划转变提出相应要求。

第一，对传统资源配置理论的挑战。按照经典的“帕累托最优”[①] 理论，资源配置能够适应完全竞争的市场要求，但却无法契合可持续发展要求。资源假设中忽视环境资源的稀缺属性，认为许多环境资源（如空气、水、生态恢复能力等）属于自由物品。在市场经济条件下，可持续发展要求土地配置必须符合生态标准，消除土地利用的负外部性，从而维持土地利用的可持续性，这并非“帕累托最优”能够实现。而且，传统“帕累托最优”落脚于当代人之间的土地配置，而可持续发展则聚焦于“资源代际供求矛盾的协调，研究未利用土地开发的时间分配以及农地非农利用的合理时间分配”,[②] 或者说通过代际人之间土地资源的动态传递来实现规划中的代际公平：通过代际转移既要保持土地资源实物量和价值量的不减少，又要保持其服务功能的不减少。[③] 当代人追求“帕累托最优”的配置土地，极其可能损害后代人的利益。

第二，对传统土地规划思路的挑战。基于资源配置为核心的经典框架，土地规划管理主要考虑在行为受限制的条件下，某些单一目标达致最

---

①“帕累托最优”是由意大利经济学家帕累托提出来的一种经济状态，是指资源分配的一种理想状态，即假定固有的一群人和可分配的资源，从一种分配状态到另一种状态的变化中，在没有使任何人境况变坏的前提下，也不可能再使某些人的处境变好。

② 郭勇、马兵：《对可持续土地利用规划的理性思考》，《广东土地科学》2009 年第 6 期。

③ 但承龙：《代际公平原则与可持续土地利用规划——南京市的事例研究》，《中国人口·资源与环境》2004 年第 2 期。

大。如果规划对土地利用的经济、社会需要考量较多，当然对生态影响则研究较少。土地规划无法作为协调社会关系、保护生态环境、贯彻可持续发展的基本手段。传统土地规划忽略“土地”的主体地位，经济决定、政府行为、专家规划无一不注重土地的单一物质功能，而漠视可持续性对土地利用的生态要求。并且，传统规划强调经验主义的、静态的决定模式，与可持续发展的能动性不符合。例如，土地规划强调通过耕地“占一补一”制度以维持总量的静态平衡，却对土地利用时间、空间的动态定位不清，尤其缺乏土地利用时间安排的可持续性。

第三，对传统土地规划内容的挑战。在传统发展思维的影响下，规划注重土地利用的经济效益，尤其将农地非农化作为促进经济增长的重要手段，而对土地利用的社会、生态效益考虑不足。[①] 由于某些生态、社会效益的发挥具有潜在性、滞后性，传统土地规划就被“显而易见”的经济目标主导，而具有极大的片面性。[②] 在系统论看来，功能发挥取决于结构，只有规划用地的结构合理，才能确保土地利用系统的良性循环，发挥土地利用的最大效益。[③] 目前，规划土地利用注重在各部门之间的数量分配，而疏于改善各类土地的质量、效益。例如，规划控制建设用地规模，却没有调整诸如容积率等利用率；规划明确土地复垦农地的数量，却没有清晰指明质量问题。虽然规划强调土地利用在全社会中的普遍正义，但忽略区域发展、资源禀赋的现实差异，进而造成土地配置效率的实际损失。[④]

（2）可持续土地规划的建立。Vanlier 等坚持为了正确选择土地利用区位，改善土地利用条件以及长久保护自然资源，通过可持续规划制定相关的土地利用政策以及实施的操作指南。[⑤] FAO 侧重可持续利用规划的协调性、可接受性，即土地规划要求通过规划者、土地权利人和决策者之间的协商、交流达到优化规划方案的目的，以便对未来土地利用进行恰当的

---

① 李景刚等：《基于资源价值重构的土地可持续利用规划研究》，《中国人口·资源与环境》2006 年第 1 期。

② 毕凌岚、黄光宇：《对现行城市土地利用规划的生态反思》，《城市规划汇刊》2003 年第 5 期。

③ 陈秀芝等：《农地非农化与可持续土地利用规划——基于农地非农化调控机制的分析》，《西北农林科技大学学报》（社会科学版）2004 年第 5 期。

④ 陈江龙等：《农地非农化效率的空间差异及其对土地利用政策调整的启示》，《管理世界》2004 年第 8 期。

⑤ Vanlier, *Sustainable Land Use Planning*, New York: Elsevier, 1994, p. 17.

选择。在满足当代人、后代人需要的前提下，利用土地不能超出自身的生态容量，并确保环境良好。这种综合规划方法贯彻了可持续发展的观念，① 核心在于遵守土地生产潜力的保持、可获得的土地公平性提高以及基于谈判决策的交互式性。随着可持续发展内涵的不断丰富，我国规划管理法制逐步将可持续发展的思想融入土地规划。总体来说，可持续土地规划以土地可持续利用，以及经济、社会持续发展为目标，对一定区域土地利用进行超前的部署与安排。

可持续土地规划涉及生态、经济、技术、社会等多个范畴，其关键在于：首先，要求公平性，即规划土地利用必须注重代内公平、代际公平以及区域公平；其次，规划土地利用注重经济、社会、生态发展的协调性，尤其需要强调土地生态利用的合理性。② 进而，可持续发展思想的引入，土地规划不期望从自然界获取越来越多的物质，而是围绕人口、资源、环境、经济等方面的中心议题，由经济发展的单一模式向经济、社会与资源环境协调发展的多元模式转变：保证土地永续利用，经济持续适度增长，社会系统健康发展，生态环境良性循环，从而真正实现经济发展、社会进步和生态改善的高度协调统一目标。③ 其中，生态改善处于基础地位，关涉人类发展之根本，经济发展处于核心地位，提高经济水平才能促进各业发展，社会进步具有决定意义，任何土地利用的宗旨都是满足社会需要。

与此相应，可持续土地规划意味着需要在时间维度上的拓展，不仅提出代际伦理的观念，而且倡导代际平等的原则，能够更长远、更根本地指导人们利用土地的实践活动。如果说通过历史反思而提出可持续土地规划，那么其付诸实践则需要具备超前的认识，并辅之以几代人的努力。在把握时间维度发展的同时，必须协调与空间维度关系，否则人类将失去“立足之地”。在辨明生存、发展的有限空间之后，可持续土地规划突破域内的禁锢，将视野拓展至区际，强调任何区域发展都不能以损害其他区域利益为代价，并提倡建立互补式区际关系。

---

① FAO, *Planning for Sustainable Use Land Resources: Towards a New Approach*, Rome: Land and Water Bulletion, 1995, p. 2.

② 程效东、李瑞华：《城市化进程中的可持续土地利用研究》，《江西农业大学学报》（社会科学版）2004 年第 1 期。

③ Huizing, Bronsveld, “Interactive Multiple-Goal Analysis for Land Use Planning”, *ITC-Journal*, No. 4, 1994, pp. 366-373.

二、内在意旨：土地权利与规划权力的平衡

如前所述，土地规划管理法制在属性上更倾向于行政法，为了适应生态发展的时代需要，而植入保护环境资源的精神内核，从而突出维护土地可持续利用的基本目标。但从调整土地利用来看，规划管理法制仍然无法绕开公民的土地权利保护与政府的规划权力维持基本视域，甚至在某种程度上处于两难，因此，土地规划管理法制的深层意旨必须透过生态化思路协调两者关系。

1. 关涉权力的传统思维

一般而言，各国比较重视《土地法》的制定实施，将《土地法》作为调整土地关系的最基本、最重要的法律文件，并构建较为完整的调整土地关系的法律体系。[①] 由于主观、客观的原因，我国《土地法》一直处于缺位的状态。[②] 在我国土地开发、利用、整理、保护等领域，《土地管理法》成为调整土地关系主要力量，成为土地法律体系的“基本法”。《土地管理法》虽然包含一些关于土地权利的私法规范，但总体属于调整管理部门与土地利用人之间关系的公法规范。[③] 《土地管理法》将“加强土地管理”作为立法的首要意旨，带有浓厚的“管理论”色彩，而关于管理部门详细约束以及对公民权利具体保护的法律规定则非常稀少。作为土地管理重要组成的规划管理法律，当然毫不例外地侧重维护规划权力，强化控制土地利用。即使从土地规划的产生来看，也是出于维护公共利益而对各种土地利用行为进行使用性质、强度和布局等方面的限制，以规范公民利用土地。

1944 年，英国在《土地利用的控制》中明确，新住房的提供、战毁或者衰败地区的新的布局、工业的平衡分布、农业的发展要求、国家公园

---

① 严金明：《土地立法与〈土地管理法〉修订探讨》，《中国土地科学》2004 年第 1 期。

② 1986 年 3 月，《关于加强土地管理制止乱占滥用耕地的通知》提出要“建立和完善土地管理法规”，“抓紧制定《中华人民共和国土地法》”。1986 年 6 月，全国人大常委会第十六次会议考虑法律主要是加强土地管理、解决乱占滥用土地问题，对于国土规划、国土整治、国土开发等问题，由于实践经验不足，尚未作出规定，因此定为《中华人民共和国土地管理法》。参见相重扬：《关于〈中华人民共和国土地法（草案）〉的说明》，http：//www. law－lib. com/fzdt/newshtml/20/20050720185651. htm，2005 年 7 月 20 日。

③ 甘藏春：《土地宏观调控创新理论与实践》，中国财政经济出版社 2009 年版，第 231 页。

与森林的保护、公路网和机场的建设……所有这些都将涉及土地利用，而提供正确的规划是对政府的实质性要求。土地利用不仅出自公共部门，更多源于私人主体，因此只有规划管理协调不同类型、不同性质、不同层次的土地决策，避免相互干扰产生整体利益的减损，进而将单个土地利用行为统一与区域发展一致。一旦缺少规划的有效约束，利用者无法依据其决策来调整行为，可能的后果就是少数投机者从土地利用中获利，而大多数利用者将遭受价格波动、质量恶化、产品短缺等损害。正是在这个意义上，英国提出规划目的在于：实现国家政策；为中央、地方政府提供有关土地利用控制的导引；协调公共的或者私人的土地开发活动；评估规划对财产所有者的利益影响；告知公众规划政策。可见，立法目的也在于维护政府对土地利用的规划管理，确保土地按照预设的目标发展。

规划涵盖了诸如行政机构、决策者、公民等利益集团的价值选择和利益冲突、协调、均衡等一系列的互动过程，“是土地利用公共政策制定的一种技术，它的制定、决策几乎没有‘科学’中立性，实质是一种典型的政治可行性分析结果或权益之计”。[①] 在土地利用过程中，单纯的私法规范已经无法确保利益均衡的实现，而必须由相邻法、建筑法、环境法等公法与私法相互作用、共同规范。[②] 规划管理法律作为公法规范的一种，规划权力因安排土地利用而具有公共性。在诸多情形下，为了实现土地合理布局的需要，规划在不同地域对主体的某些权利进行不同程度的限制，[③] 例如采用限量许可的方法控制人口密度，保留农业用地、保育自然环境、保护文化艺术等；或者利用土地分区提高住宅成本、限制竞争，甚至消灭小型开发商或建筑商。[④] 规划限制土地私权具有正当性，但正当性的掩盖之下，规划机构表现自身嗜好而偏离公益，加之规划权力具有广泛而且特殊的裁量性，扩张与滥用成为一种必然：在规划许可中，地理位置、周围环境基本相同的两个建设项目，规划机关对建筑面积、高度上的审批会存在巨大差别；以建设单位与相邻人签订的协议为依据进行审批，

---

① Roger, Bristow, *Land Use Planning in Hong Kong: History, Policies and Procedures*, Oxford University Press, 1984, p. 16.

②［德］沃尔夫：《物权法》，吴越、李大雪译，法律出版社2002年版，第187-191页。

③ William, *Land Use Planning: Techniques of Implementation*, Van No Strand Reinhold, 1997, p. 42.

④ Ellickson, “Alternatives to Zoning: Covenants, Nuisance Rules and Fines as Land Use Controls”, *University of Chicago Law Review*, No. 4, 1973, p. 681.

侵害利害关系人权利；要求相对人履行强加义务，如建设单位无偿征用公共道路、绿地甚至拆迁红线范围以外的被遮挡建筑，否则不予颁发许可证等。渐渐地，规划缺陷显现放大，优点却被遮盖，以致规划与法制要求之间存在诸多断层。因此，法律保证规划权力的正当行使，平衡土地利用中各种利益，从而确立规划在实质正义上的法律权威。① 此乃规划管理法制的传统要求——“控权”：法律以规范的形式确定主体、客体、效力、形式、内容和程序等，将土地规划纳入法制轨道，控制规划权力的滥用，防止侵犯利用人的土地权利。

2. 权利与权力的协调平衡

在我国经济快速发展、社会日益复杂的现阶段，土地规划陷入进退两难的尴尬境地：一方面，权威性、强制性不足，导致规划实施效果不尽如人意，亟须强化规划效力，这需要维护规划权力，使其真正起到统筹安排土地、协调各种利益的作用；另一方面，规划权力存在扩张、滥用的倾向，甚至侵害利用人的土地私权，亟须控制规划权力、纳入法治框架，满足正当性、合法性的要求。规划管理法律既授予土地使用权利，同时也附加利用义务。在城市建设用地领域中，颁发《土地使用权证》以土地使用手续合法为前提，而土地使用手续依据《建设项目选址意见书》、《建设用地规划许可证》办理，因而规划真正决定着土地使用的位置、面积、性质、强度。规划乃决定土地使用、房屋建筑合法与否的首要环节。妥善解决规划权力与私人权利之间的紧张关系，则应当将协调平衡理念引入规划管理法律。

在完全的土地市场看来，保护私人利益就是维护公共利益，私人利益与公共利益走向了协调。但由于市场失灵，个人毫无节制地追求私人利益，必然忽略公共利益，土地规划管理法律期望对私人利益进行适当限制。政府在建立之初都是为了实现一定的公共目标，但作为一个独立的组织，政府也具有自身利益，目标追求并不完全与公共利益一致。原本作为公益代言人的政府并不总是可以信赖的，也不总以追求社会福利最大化为行动宗旨，这要求对所谓的“公共利益”始终保持必要的警惕。公益与私益的关系恰反映了权力与权利的关系：一方面，从私人利益与公共利益

① 汪斌：《土地利用规划法律制度》，载徐祥民、吕忠梅《环境资源法论丛》（第4卷），法律出版社2004年版，第319页。

的一致角度，注意对权利与权力的维护；另一方面，从私人利益与公共利益冲突的角度，对权利与权力都应予以警惕。①

实现土地资源的优化配置，取决于市场与政府的共同作用。但市场、政府都不完美，均会出现失灵的情况，使得土地不仅无法被合理使用，甚至造成更大的浪费。若期望达到上述目的，立法需要既保护土地权利，又维持规划权力。越来越多的人热衷于以治理机制弥补市场、政府协调的失败，“治理方式强调加强政府、非政府组织和公民之间的平等协商与合作”，“今天论述现代法治的理论基础时，就不能再简单地停留在西方 18、19 世纪对人性（人心）和权力不信任这一观点上，而应正视 20 世纪以来权力与权利互助合作的基本事实，把权利对权力的制约与权力和权利的合作互助作为现代法治的理论基础”，② 即主张政府与市场之间的合作互动。法律追求土地利用以及规划运行的有序，具备了公正的内涵，并且公正逐渐演变为规划管理的法制核心：既不能以权利为本位，也不能以权力为本位，“维护每个社会成员的尊严，便成为现代意义上最为起码的目标和功能”，“每一个社会成员的基本尊严和基本生存条件都应当得到维护和满足，这是公正原则最为起码的边界，是公正的底线”。③ 人的尊严同时蕴涵权利、权力的双重意义：既要正确行使权力，也要正确行使权利；既要防止权力的滥用，也要防止权利的滥用——理性对待权力与认真对待权利，达到规划管理法律在配置权利与权力的平衡协调。

第四节　法制原则的检省与确立

依照对社会关系调整的确定程度和细密程度，我们可以将法律制度划分为法律原则与法律规范。原则表达了详细法律规范和具体法律制度的基本目的，且使基本目的始终如一、紧密一致的理性化。其中，基本原则体

---

① 生青杰：《论我国城市规划法的理论基础》，《郑州大学学报》（哲学社会科学版）2006 年第 4 期。

② 郝铁川：《寻求权利与权力的合作互助》，《法制日报》2004 年 12 月 23 日。

③ 吴忠民：《公正的两个基本边界》，《社会学家茶座》2003 年第 3 期。

现“法的本质和根本价值，是整个法律活动的指导思想和出发点，构成法律体系中的灵魂，决定着法的统一性和稳定性”。[①] 基本原则乃规划管理法制建设全局的、具有指导意义的根本准则，为土地规划的制定、变更、废止并且规范规划实施以及相关法律救济提供基本依据。土地规划管理法律基本原则是一种普遍性的规范，可以作为众多法律规则之基础或本源的综合性、稳定性的原理。

土地规划管理法律的基本原则既可以直接明文确立于立法之中，又可以间接通过一个或者几个具体的法律条文予以体现。这使得基本原则之间以及反映基本原则的规范之间产生抵触的情况不可避免，但“‘权衡’是原则的基本属性，这一属性允许我们在相互冲突的原则中协调”。[②] 无论如何，基本原则在土地规划管理法律中所要发挥的效力是不可忽视的。在现阶段，“一幅合乎愿望的国内社会秩序的详细蓝图是否有很大用处，或者说，是否有人有资格提供这幅蓝图，这至少是一个疑问。现在重要的事情是，我们要来商定某些原则，以及使得我们从不久以前曾支配着我们的某些错误中解脱出来”。[③] 因此，科学确立和合理阐释基本原则，对于土地规划管理的立法实践具有重要意义。

一、生态优先

1. 协调发展的检省

作为产生较早、渊源久远的协调发展原则一直被广大的学者赞赏。[④] “环境保护与经济、社会发展相协调”，即保障在各个发展决策中将经济、社会、环境三个方面相互协调一致，实现经济效益、社会效益和环境效益

---

① [美] 贝勒斯：《法律的原则——一个规范的分析》，张文显等译，中国大百科全书出版社 1996 年版，第 469 页。

② [美] 德沃金：《认真对待权利》，信春鹰等译，中国大百科全书出版社 1998 年版，第 19 页。

③ [英] 哈耶克：《通往奴役之路》，王明毅等译，中国社会科学出版社 1997 年版，第 226 页。

④ 有学者认为，该原则正确地反映了环境保护与经济、社会发展之间的关系，同时也指出了如何正确对待和处理它们之间的关系（参见韩德培：《环境保护法教程》，法律出版社 1998 年第 3 版，第 64 页）。也有学者认为，该原则反映了当代世界文明进步成果的不断积累和深化，是中国环境、经济、社会工作的基本出发点和战略方针，包括十分深邃的思想和丰富的内容（参见蔡守秋：《环境资源法学教程》，武汉大学出版社 2000 年版，第 365 页）。

的统一。早在20世纪70年代初，我国就确立了在发展经济的进程中协调环境保护的政策——“把防治污染，保护环境列入国民经济计划中”。1973年，国务院《关于保护和改善环境的若干规定（试行草案）》正式规定：“各地区各部门制定发展国民经济计划，既要从发展生产出发，又要充分注意到环境的保护和改善，把两方面的要求统一起来，统筹兼顾，全面安排。”1979年，《环境保护法（试行）》第一次规定该原则：“国务院和所属各部门、地方各级人民政府必须切实作好环境保护工作；在制定发展国民经济计划的时候，必须对环境的保护和改善统筹安排，并认真组织实施。”1989年，《环境保护法》再次确认该项原则：“国家制定的环境保护规划必须纳入国民经济和社会发展计划。国家采取有利于环境保护的经济技术政策和措施，使环境保护工作同经济建设和社会发展相协调。”

与环境保护一脉相承，资源的开发、利用同样需要遵循协调发展原则。例如，《水法》第15条规定：“流域综合规划和区域综合规划以及与土地利用关系密切的专业规划，应当与国民经济和社会发展规划以及土地利用总体规划、城市总体规划和环境保护规划相协调，兼顾各地区、各行业的需要。”《草原法》第3条规定：“国家对草原实行科学规划、全面保护、重点建设、合理利用的方针，促进草原的可持续利用和生态、经济、社会的协调发展。”第4条规定：“各级人民政府应当加强对草原保护、建设和利用的管理，将草原的保护、建设和利用纳入国民经济和社会发展计划。”《自然保护区条例》第4条规定：“国家采取有利于发展自然保护区的经济、技术政策和措施，将自然保护区的发展规划纳入国民经济和社会发展计划。”《土地管理法》第17条规定：“各级人民政府应当依据国民经济和社会发展规划、国土整治和资源环境保护的要求、土地供给能力以及各项建设对土地的需求，组织编制土地利用总体规划。”

应当说，协调发展原则的立法初衷是美好的：环境保护（资源开发利用）与经济发展不能偏废其一，但随后产生的协调方式却大相径庭：第一，以经济开发为主兼顾环境，即在不构成经济增长和开发障碍的前提下，协调环境与经济和开发之间关系；第二，在优先考虑环境的前提下发展经济，即以环境保全为中心协调经济增长和开发。虽然在协调的出发点上并不存在任何问题，但协调在实际运行中却矛盾丛生：两种都属于环境与经济和开发相协调，其旨趣却完全相反。① 就我国现阶段来说，无论是“环境保护同经济建设、社会发展相协调”，还是“依据国民经济和社会发展规划……编制土地利用总体规划”，“草原的保护、建设和利用纳入国民经济和社会发展计划”，其基点均落在经济建设和社会发展，环境保护、资源开发利用只能服从或者服务于此。这也与以“经济建设为中心”、“发展是硬道理”的思路相契合。同时，以经济增长为核心内容的政绩考核体系，地方政府着重发展经济而漠视保护环境、大肆开发资源，尤其在招商引资过程中，为了鼓励、吸引外来投资，大多设置优惠的土地政策。例如，沂水县对外来投资兴办一般加工业和三产项目使用存量土地建设的，根据投资额度的大小，土地出让金归县部分按比例先缴后返：投资 50 万～500 万元的返还 50%，500 万元以上的返还 60%。对经省级以上认定的高新技术项目，土地出让金归县部分全部予以返还。对外商在各类园区内建设标准厂房，土地出让金归县部分全部予以返还。对外商参与旧城改造和房地产开发建设的项目，土地出让金地方留成部分按 50% 返还。②

法律虽然认可协调发展，但面临经济与环境、资源发生冲突而需要抉择的情况下，许多地方毫不犹豫地选择放弃环境资源保护，即使这种经济发展模式是不可持续的。可以说，环境资源保护并没有获得与经济发展相协调、平衡的资格，协调发展也逐渐被篡改为不顾环境损害的经济优先。严峻的现实无情揭示：我国关于环境资源保护的政策、法律在不断地被边缘化，即环境政策、法律并未被推向社会经济决策过程的源头，仅具有末端管理特征；尚未建立环境政策、法律一体化体系，无法有效地干预社会经济发展而产生效力；缺乏公平和效率的考量，导致环境政策、法律效应下降；缺乏综合绩效评估体系，环境保护目标与政绩（业绩）考核相脱节；环境保护投资总量不足、效率不高，难以满足环境和生态破坏的社会需求。③ 环境资源保护政策、法律的边缘化隐含着生态利益的边缘化，这

① [日] 岩佐茂：《环境的思想与伦理》，冯雷等译，中央编译出版社 2006 年版，第 42 页。

②《沂水县招商引资优惠政策》，http：//www. fuguanzhuang. gov. cn/ReadNews. asp？NewsID＝747，2008 年 4 月 1 日。

③ 中国社会科学院环境与发展研究中心：《中国环境与发展评论》（第 2 卷），社会科学文献出版社 2004 年版，第 499－504 页。

不仅需要对作为“弱者”的生态利益进行特殊倾斜，也需要对协调发展原则进行重估、改造。①

2. 生态优先的确立

事实上，协调发展原本以生态、经济理念为基础，要求均衡考虑发展过程中涉及的各种利益，以实现与人类发展密切相关的经济、社会、生态之间关系的衡平。从本质来说，协调发展属于利益衡平法理应对环境资源保护的具体表现，即各类开发决策应当考量所涉及的各种利益及其所处的状态。② 法律无法全部确认主体的各项利益，通过评估各种利益的重要性，提供利益冲突协调标准，平衡各种利益之间的冲突，从而避免人类社会在无尽的利益纷争中，失去继续前进的动力。土地规划管理法律虽然涉及的利益众多，而核心在于处理土地生态保护与经济发展之间的关系。如果土地生态保护与经济发展不具有对抗性，说明两者发生冲突时能够加以协调；但在某些情况下，土地生态保护与经济发展是对抗的，两者无法相容，生态保护的实现必然以经济利益的牺牲为代价，或者经济发展的实现必然以牺牲生态利益为代价。③ 因此，当生态保护与经济发展之间相冲突而无法进行利益衡平时，协调发展显然力所不及：过于强调土地生态保护对经济发展的从属性，而忽略了两者相互竞争、不可调和的矛盾性。因此，规划管理法制必须变革土地利用中协调发展原则。

1989 年《城市规划法》第 6 条规定：“城市规划的编制应当依据国民经济和社会发展规划以及当地的自然环境、资源条件、历史情况、现状特点，统筹兼顾，综合部署。”虽然如此规定，但城市用地建设的扩张态势并没有收敛，进行土地生态保护更是遥不可及。各地为了配合经济、社会的快速发展，在我国 200 多个地级市中，有 183 个正在规划建设现代化“国际大都市”，④ 基本没有考虑土地的生态承载能力问题。当然，2008 年《城乡规划法》实施之后，对制定、实施城乡规划要求“遵循城乡统筹、合理布局、节约土地、集约发展和先规划后建设的原则，改善生态环境，促

① 吴卫星：《从协调发展到环境优先——中国环境法制的历史转型》，《河海大学学报》（哲学社会科学版）2008 年第 3 期。

② 汪劲：《环境法律的解释：问题与方法》，人民法院出版社 2006 年版，第 302 页。

③ 唐双娥、吴胜亮：《协调发展原则：一个新颖性的界定与阐述》，《社会科学家》2007 年第 6 期。

④《全国尽是“国际化大都市”》，http：//www.chinadaily.com.cn/hqpl/zggc/2010－06－23/content_488534.html，2010 年 6 月 23 日。

进资源、能源节约和综合利用，保护耕地等自然资源和历史文化遗产，保持地方特色、民族特色和传统风貌，防止污染和其他公害，并符合区域人口发展、国防建设、防灾减灾和公共卫生、公共安全的需要”。应当说，《城乡规划法》已经明确了生态保护的宗旨，但具体成效仍需时日检验。《土地管理法》“将耕地开垦作为实现耕地总量动态平衡的重要措施之一，但也非常注重耕地开垦中的生态环境保护问题，保护生态环境作为一项重要原则，贯穿于新《土地管理法》的全篇”。[①] 虽然《土地管理法》对土地生态保护进行探索，但未将其上升为优先位置，且适用领域也主要局限于耕地环节，这与土地规划作为土地管理法律制度的基础性、前瞻性的组成部分，以及治理土地利用的龙头地位不相符合。因此，在规划土地利用环节，面对协调发展原则的运行无力，以及土地保护的困境，规划管理法律必须突破传统的协调发展，适时转型，树立生态优先的基本原则。

3. 生态优先的实践

目前，国内外许多环境资源法律文件已经对生态优先原则进行了尝试，这为土地规划管理法律提供了有益借鉴。《人类环境宣言》指出，“合理规划是解决发展需要和保护、改善环境的需要之间的任何冲突的好方法”，“为了达到更合理地管理各种资源并由此而改善环境的目的，各国应对它们的环境规划采取统一的和协调的做法，以保证为了本国人民的利益而使各种发展与保护和改善人类环境的需要相协调”。1967 年，日本《公害对策基本法》规定：“致力于综合地推进公害对策，其目的是在保护国民健康的同时，保全生活环境。关于前一款所规定的保全生活环境，要努力与经济的健康发展相协调。”在实践过程中，协调原则也为经济发展提供了损害环境的借口。因此，日本于 1970 年删除关于环境与经济发展的“协调原则”，确立“环境优先”原则。俄罗斯联邦宪法、环境保护法等法律均体现了生态优先的理念，例如，《环境保护法》第 3 条规定：“……自然生态系统、自然景观和自然综合体的保全优先。”这要求在经济利益与生态利益发生冲突时，优先考虑生态利益的需要。[②]

1994 年，我国《自然保护区条例》中关于自然保护区的核心区、缓冲区不得开展经济活动的规定，显然是以生态保护优先为理念的。2000

---

① 甘臧春：《〈土地管理法〉的修订与自然资源立法的发展趋势》，《中国法学》1999 年第 1 期。

② 王树义：《俄罗斯生态法》，武汉大学出版社 2001 年版，第 213-217 页。

年，国家环保总局《关于转发安徽省委书记王太华在考察自然保护区工作时的讲话的通知》指出，“当经济效益与生态效益发生冲突时，要服从生态效益，做到开发与保护并重，以保护为主，在保护的前提下开发，通过开发来促进保护……这体现了政府领导坚持预防为主、保护优先的原则”。2003 年，《关于加快林业发展的决定》认定“林业”发展的基本方针之一为“坚持生态效益、经济效益和社会效益相统一，生态效益优先”。2005 年，《关于落实科学发展观加强环境保护的决定》明确“在环境容量有限、自然资源供给不足而经济相对发达的地区实行优化开发，坚持环境优先……在环境仍有一定容量、资源较为丰富、发展潜力较大的地区，科学合理利用环境承载能力……在生态环境脆弱的地区和重要生态功能保护区实行限制开发，在坚持保护优先的前提下，合理选择发展方向……在自然保护区和具有特殊保护价值的地区实行禁止开发，依法实施保护，严禁不符合规定的任何开发活动”。在地方立法层面中，2004 年《江苏省长江水污染防治条例》第 3 条规定：“省人民政府和沿江地区各级人民政府应当树立科学发展观，确立生态环境保护优先原则……”2007 年修订的《江苏省太湖水污染防治条例》第 3 条规定：“太湖流域各级地方人民政府应当贯彻科学发展观，落实环保优先方针……”另外，《江苏省农业生态环境保护条例》、《安徽省农业生态环境保护条例》、《湖北省农业生态环境保护条例》分别从生态农业发展的角度确立了生态优先原则。

二、风险预防

1. 风险预防

风险预防源于“防患于未然”的基本理念，即对开发、利用环境资源行为所产生的生态质量下降或者生态破坏等应当事前采取预测、分析和防范措施，以避免、消除由此可能带来的生态损害。从法律规范的体系构成以及对生态污染、破坏的防治手段来看，预防措施先于管制、救济措施而首当其冲，风险预防成为环境资源保护领域的基础原则。在我国，风险预防曾被表述为预防为主、防治结合。

一般来说，风险预防至少具备两层含义：第一，运用已有的知识和经验，对开发和利用资源环境行为带来的可能的生态危害采取措施以避免危害的产生。其中，可能的生态危害与传统警察行政法中的“危险”概念相似，即运用通常的知识或者经验就足以判断决策对象具有危害可能性的状态。第二，在科学不确定的条件下，基于现实的科学技术去评价生态风险，即对于开发、利用环境资源行为可能带来的尚未明确或者无法具体明确的生态危害进行事前预测、分析和评价，促使开发利用决策避免这种可能造成的生态危害及其风险出现。实际上，对于已知的开发、利用环境资源行为所要造成的具体生态损害采取措施，本身已经超出了预防的范围，而具有应对的性质。因此，风险预防的关键应当集中于防范可能的和抽象的生态危害及其风险之上。换句话说，由于危险性属于所谓的“危险尚未逼近”的状态，比具体的危险出现在时间、空间上更有距离，因此，预防危险性远比预防危险更加重要，也更加迫切。

为解决科学不确定性的生态决策带来的困扰，1987 年，经济合作与发展组织提出了更为严格的生态政策和法的原则——“谨慎原则”（或称谨慎预防原则），即当某些开发利用行为的未来影响具有科学不确定性的情形之下，只要发生危害的风险存在着可能性，决策者就应当本着谨慎行事的态度采取措施。《环境与发展宣言》原则 15 要求“任何可能影响环境的决策和行动都应在其最早阶段充分考虑到有关的环境要求”、“遇有严重或者不可逆转的损害的威胁时，不得以缺乏科学充分确定证据为理由，延迟采取符合成本效益的措施防止环境恶化”。从根本来说，科学的不确定性源于“风险社会”的环境背景。风险一种是完全逃离人类感知能力的放射性、空气、水和食物中的毒素和污染物，以及相伴随的、短期的和长期的对植物、动物和人的影响。“风险社会”具有区别于“工业社会”的形态及性质，[①] 并引发系统的、常常是不可逆的伤害，而且一般不可见。[②] 因此，涉及土地利用的生态风险在这个社会形态中同样需要面对：第一，风险既非毁坏也非对安全的信任，而是“虚拟的现实”；第二，一种具有威胁性的未来变成了影响当前行为的参数；第三，风险直接地和间接地与文化定义和生活是否可容忍的标准相联系，它涉及“我们想怎样生活”这一价值判断；第四，“人为制造出来的不确定性”暴露了

---

① 例如，工业社会的“风险”起源于 17 世纪海上保险业中估算帆船驶入未表明水域的可能损失，后来用来在银行业务或投资时，对投资可能结果的计算，这种风险的结果是可以通过计算量化的（参见刘小枫：《现代性社会理论绪论》，三联书店 1998 年版，第 48 页）。

②［德］贝克：《风险社会》，何博闻译，译林出版社 2004 年版，第 20 页。

国家—政府控制风险能力的匮乏；第五，当代的风险概念关涉知识和不意识/没有知识的某种特殊的综合；第六，新的风险类型可能同时是地区性的和全球性的；第七，日常的认识遮蔽了危险的传播和活动，因此知识和风险的潜在影响之间存在差距；第八，风险社会的概念消除了自然与文化之间的差异。[①] 风险充斥于整个社会，造成了十分严重的“不安全感”，当所作出的决策有可能产生不可逆转的后果时，就需要更多的谨慎。[②] 整个社会因为风险的存在而惶恐不安，“也许所作出的不可逆转的决定是令人遗憾的，但是一旦作出这样的决定，我们将永远丧失改变情况的选择权”。[③] 科技进步虽然提升了土地利用的深度、广度，但隐藏在规划技术背后的不确定性，成为引发土地风险的重要根源。此时，科技不再是处理问题的一种途径，反而成为麻烦的制造者。当利用土地而堆积的财富不断增长的时候，科技带来的土地利用风险似乎以更快的速度增长。

2. 风险预防的确立

地理信息、遥感、全球定位等技术手段使土地规划从野外调查、资料搜集、信息处理、计算模拟、目标决策、规划成图等过程向技术化发展。科技被广泛地应用于规划制定、实施过程中，它不仅能够保证规划方案的精度，而且能够模拟土地利用的动态过程。规划通过科技手段而非直接的价值分析来判断土地开发利用，以选择确定的规划内容与形式。但规划技术也显现“双刃剑”的特征：人们在享受现代科技带来福祉的同时，也使自己笼罩在由科技造成生态风险的阴影之中。“在我们面前没有一张地球使用说明书或者是未来解说图什么的，在没有安全系数保障的情况下滥用科学技术，一旦出现无法弥补的问题，将后悔莫及。”[④] 带有利益驱动和观念痕迹的规划技术已经突破了价值中立的立场，膨胀的工具理性使规划机关被异化为客体服务的“附属品”，肆虐的科技导致土地规划管理的不断异化，俨然“一个巫师那样不能再去支配自己用符咒呼唤出来的魔鬼”。[⑤] 人类已不能在“自在自然”之外从事科技活动，而是在自然界基

---

①［德］贝克：《世界风险社会》，吴英姿、孙淑敏译，南京大学出版社2004年版，第174-190页。

② Arrow，Fisher，“Environmental Preservation，Uncertainty，and Irreversibility”，*Quarterly Journal of Economics*，No. 87，1974，pp. 312-319.

③［美］泰坦伯格：《环境与自然资源经济学》，严旭阳译，经济科学出版社2003年版，第51页。

④［日］出云谕明：《毁灭的繁衍》，中国环境科学出版社2002年版，第98页。

⑤《马克思恩格斯全集》（第1卷），人民出版社1972年版，第256页。

础上展示自己的本质力量。规划约束人类的开发、利用土地活动，属于人类目的和需求的外化，或者说，土地规划管理都是为满足人类需要服务的，受人的价值取向和目标定向的支配。人类认识的局限性、技术的不完善性，加之功利主义、工具理性的观念，规划管理只追求短期的、局部的意义，而忽视长期的、整体的价值。当然，“在牵涉范围广泛的现实问题上，基于理性的理由，应作风险最小的决定”。①

在某种意义上，规划土地利用与风险预防是同一问题的两个方面：土地利用过程中产生具有不确定的生态损害的可能性，即生态风险；风险预防实质是对土地的合理利用与适当保留。人类生存、生活在土地之上，必然对其进行开发、利用：从土地中获取物质和能量，例如在耕地上种植农作物，在林地中种植果树，在城市土地中建筑房屋等；向土地排放废弃物，例如废水、废渣的直接排放，农药残留物向土地渗透等。事实上，以上两种利用方式都可能引发生态风险与实际损害：从土地开采物质和能量可能破坏原有的生态平衡，导致土地环境的剧烈变化而产生损害，也可能低效率地耗费土地这种稀缺资源，危及将来的利用而造成恶果；向土地中直接或者间接排放废弃物或者污染物，一旦超过自净能力，可能引发不可逆转的损害。即使发生自然的土地损害，也不能说与人类利用土地的行为完全无关。近几年，我国频繁发生的泥石流、山体滑坡等自然灾害，与人们不恰当地利用土地也存在一定关联。如果人们减少不恰当的土地利用，就在一定意义上减少了人类面临的自然风险。

总之，风险预防可以归结为合理规划利用土地的时空安排问题，即利用与保留之间关系的平衡：② 第一，即使规划利用土地的活动本身没有直接的损害后果，也应当为将来保留适当的数量，即应当谨慎、节约利用土地这种不可更新资源，以保证人们在未来发展中仍能够以合理的成本获得必需的土地，而不能因当代人的肆意开发而损害后代人合理利用的机会。第二，如果规划利用土地的活动本身会影响或者改变自然环境而导致生态风险，则应当限制此类开发利用活动，即在一定程度内保留土地的原初状态，以减少这种生态风险产生的可能性。例如，兴建大型工业、农业、水

---

①［德］考夫曼：《法律哲学》，刘幸义等译，法律出版社 2004 年版，第 428 页。

② 吕忠梅：《超越与保守——可持续发展视野下的环境法创新》，法律出版社 2002 年版，第274-275 页。

利、交通项目等，应当首先考虑项目对土地利用可能造成的不良影响。第三，在规划利用土地的各种可能方式之中，应当选择生态风险程度最低或者生态损害后果最小的方式，这是积极的合理利用土地，以区别消极的合理利用——土地资源的保留。例如，在同一块土地，农业耕作获取的生态效益比工业建设获取的生态效益要高，而退耕还林、退耕还草也是从整体上降低土地系统的生态风险。第四，实际上，向土地中排放废弃物或者污染物是利用土地的一种特殊方式，因而对产生废弃物的活动本身，以及对废弃物与污染物的处理应当着重考虑如何避免生态风险。例如，2007 年，华川集团与南青口村签订土地租用合同，在没有办理任何用地手续，也没有制定水土保持方案的情况下，华川集团私自倾倒固体废物，不仅违反规划毁坏耕地、山林，而且污染土地环境，甚至存在引发泥石流等方面危险。①

3. 风险预防的考察

综观我国土地规划管理的法律规范，几乎没有一部法律文件贯彻了风险预防的基本原则，这不能不说是立法的重大缺失。规划土地复垦采用工程、生物等措施，对在生产建设过程中因挖损、塌陷、压占造成破坏、废弃的土地和自然灾害造成破坏、废弃的土地进行整治，以恢复土地的利用状态。土地复垦的目标在于恢复土地原有性状，改善生态环境。但在 2011 年《土地复垦条例》仍仅重视后果上的治理，例如，第 3 条规定："生产建设活动损毁的土地，按照谁损毁，谁复垦的原则……""谁破坏、谁复垦"就是针对损害后果来说的，无法全面涵盖风险预防的基本内容。而且在《土地开发整理规划编制规程》中规定编制土地开发整理规划应遵循下列原则："有利于集约利用土地，提高土地利用率和产出率；土地用途必须符合土地利用总体规划的规定；综合考虑土地开发整理的社会效益、经济效益和生态效益，坚持土地资源的可持续利用；因地制宜，切实可行；政府决策与公众参与相结合……"也并未体现风险预防的基本理念。众所周知，土地破坏是一个缓慢的衍生过程，在短时间内难以发现明显损害。因此，对于土地利用中可能造成的污染或者破坏，我们必须在规划管理立法中设置风险预防的措施，毕竟生态环境、生物多样性一旦破坏，将永远也无法复原。

---

① 揭南永、楼润苗：《废物倾倒场时刻威胁群众安全》，http：//www.lybs.com.cn/gb/node2/node802/node324504/node400967/node400969/userobject15ai5376428.html，2007 年 12 月 14 日。

其实，造成事后预防或者说单一结果预防的局面，与我国整个环境保护领域的法律状态具有极大相似性。即使作为环境资源保护基本法的《环境保护法》，虽然法律全文包含18个“防治”条款，但基本没有涉及预防风险发生的规定，而都在追求结果控制，即只针对会产生损害结果的污染行为进行防治。另外，在环境责任方面，规定了“造成环境污染危害的，有责任排除危害，并对直接受到损害的单位或者个人赔偿损失”。由于损害赔偿以产生后果为前提，但环境污染、破坏造成的影响潜伏期间很长，如果只有损害后果发生才能承担责任，显然不能实现风险预防的生态保护目的。在其他环境资源保护立法中，也难以寻觅风险预防的踪迹。例如，环境影响评价是对规划、建设项目影响生态环境进行评价、治理的重要制度，也未能完全贯彻风险预防原则。《环境影响评价法》第17条规定：“建设项目的环境影响报告书应当包括下列内容：（一）建设项目概况；（二）建设项目周围环境现状；（三）建设项目对环境可能造成影响的分析、预测和评估；（四）建设项目环境保护措施及其技术、经济论证；（五）建设项目对环境影响的经济损益分析；（六）对建设项目实施环境监测的建议；（七）环境影响评价的结论。涉及水土保持的建设项目，还必须有经过主管部门审查同意的水土保持方案。”规划建设项目势必涉及土地利用，从而对土地生态质量产生重大影响，但该问题却在环境影响评价内容中根本没有明确规定。总而言之，现行环境资源保护制度仍没有超越“污染/破坏—环境/资源要素”的发展阶段。因此，为了避免土地利用引发不必要的生态损害，风险预防应当作为土地规划管理法律的基本原则予以明确，不仅对贯彻生态优先具有推动作用，而且对整个法律的性质、内容都具有变革意义。

三、全程管理

1. 全程管理的基础

（1）土地规划的动态循环本质。在很长一段时期内，土地规划被理想地设计成为一张“蓝图”，[①] 意味着土地利用是确定的，可以简单地通

① 於忠祥等：《论土地利用规划的理念创新》，http：//www. ahau. edu. cn/aistead/20050416pqper/2005041617. htm，2005年4月12日。

过约束性指标展现未来图景。因此，规划内容需要不折不扣地执行蓝图目标，如果外界影响因素发生变化，则必须重新制定规划。从这个意义上来说，人们惯于从静态的角度理解土地规划，将其视为“一种固定、结晶性的法律行为”,① 粗略地将规划分为“制定过程—形成文本—实施措施”三个阶段，即规划一旦形成书面文本，在实现之前基本上不再修改，或者将规划的修改视为例外现象，乃于突发事件下不得已而为之。这必然给人们带来一定程度的错觉：土地规划管理就是土地利用文本，只要文本确定，即构成终局性的决定。毫不客气地说，此种观点乃在经济、社会发展较慢或者处于计划体制之下的土地规划管理特征。

可持续发展是一个复杂的战略过程，本质在于人口、资源、环境与发展之间进行着不断的融合，无法一蹴而就。在不确定的背景之下，土地规划管理也是一个连续、不间断的动态过程，前瞻性地规定未来土地的利用强度、结构以及布局，任务在于寻找变化轨迹以满足人们利用土地需求的变化。由于土地规划涉及的时间跨度巨大——关系到后代人的利益，涉及的因素众多——经济、社会、生态等，且存在诸多不确定性因素而处于发展变化之中，原先的预测可能会不准确，需要依据情势变化修订原先设定的规划。可以说，土地规划的制定、实施是一个不断更新、演进的流程，而非局限于特定时空条件下的固定结果。② 因此，不能将规划视作固定不变，在设计完成之后就要依照原样去一一执行，毕竟客观世界存在不确定和处于持续发展之中。因而，土地规划需要成为一张“绿图”,③ 既保持规划的主旨但又要具有充分的弹性，给使用者留下空间，使之成为一个可持续发展的过程。规划内容不仅在制定过程中处于动态，即使在公布、实施之后，仍然处于循环之中。土地规划文本仅仅是一种相对静止，规划主体必须定期实施评价，并依据经济、社会环境的变化和规划的实施信息反馈对目标、内容进行不断调整、修改。可以说，任何规划文本仅仅是规划

---

①“固定、结晶性的法律行为”是指一旦行政机关作出的具体行政行为成立或与相对人达成合意而形成书面的行政契约，那么行政机关与相对人之间的权利义务关系便确定，如要改变就必须另外作出一个新的法律行为。参见林明锵：《行政计划法论》，《台大法学论丛》1996 年第 3 期。

② 郭庆珠：《行政规划变更的正当性及其法律规制》，《河北法学》2009 年第 4 期。

③ 克拉伯尔斯和庶普提出了社会系统的“绿图设计”：对于规划内容，规划者仅仅勾画出骨架，使用者根据实际情况在这个骨架上添加实际内容，使整个规划成为一个持续成长和发展的过程，既要保持规划原有的特定功能，又要使规划具有充分的弹性和活力。

行为的一种载体，内容只代表未来等待解决的问题以及解决的方法。既然规划行为在不断进行，规划方案自然也在不停地变更，因此土地规划本质上是一种流动性、演进性的而非静态的、终局性的管理规范。

从土地规划的制定到实施应当遵循永续、循环的过程：目标—信息—制定—实施—反馈—修订—实施……如此循环往复、环环相扣。确实，由于外部影响因素的不断变迁，与其耗费庞大的人力、物力去追求一个完美的规划，还不如制定一个留有余地、富有弹性的可以修订的规划，方可称之为优良的规划。[①] 从这一点来说，土地规划与其他制度或者规范存在一种根本的区别，乃“一个持续不断的过程，是有自己方法论的独立智力领域的产品”。[②] 从表现形态上讲，土地规划在目标实现之前，虽然会以相对静态的方式存在，但从整体来看，仍属于一种永续循环。

（2）土地利用的不可逆转。自从人类出现在地球上，便开始了对土地的持续利用，可以说，人类社会的发展史就是一部土地利用史。现代意义上的土地利用，是“人们为了达到经济和社会发展目的，采用一定的技术措施对土地资源进行利用以满足自身需要的过程，它是对某一国家、某一地区、某一单位之土地，在社会需要的不同方面，在国民经济各个不同部门和各个不同项目上的分配和使用”。[③] 由于人类利用土地形式多种多样，因此土地被规划为不同的用途，而且在性质上表现出巨大差异。一般说来，农用地主要是为了提供生活、生产的原材料；建设用地可以增加单位土地的产出，提高土地利用效率，两种类型的土地均不可缺少，并且彼此之间须保持一定的比例关系。[④] 农用地的规定性符合土地的自然属性，而建设用地则恰恰相反。当土地投入某项用途之后，欲改变其利用方向，往往造成巨大的经济、社会甚至生态损失，从这个角度来说变更土地利用性质十分困难，甚至有些土地利用是不可逆转的。由于根据某种特定用途的需要，进行土地专项开发，投入大量的人力、物力，并与土地连接成为一个整体，难以分离。如果改变土地利用方式，势必造成前期开发失

---

① 高思大：《行政计划与行政诉讼》，载中国台湾地区司法院《司法研究年报·第十三辑（下）》，1992 年印行，第 1269 页。

② Harlow，Rawlings，*Law and Administration*，Weidenfeld and Nicolson，1984，p. 420.

③ 皮纯协：《新土地管理法的理论和适用》，法律出版社 2000 年版，第 123 页。

④ 操小娟：《土地利用中的利益衡平法律问题研究》，人民出版社 2006 年版，第 5 页。

去原有价值，或者为消除已有障碍付出更大的代价。例如，将农用地改为建设用地，兴修农田水利、提高土壤肥力的原有投入不仅失去任何作用，而且还要在拆除这些设施、进行土地整理等方面付出巨额费用。① 将建设用地改为农用地，不仅缩短建筑物使用周期，经济损失巨大，而且改良土壤、使土地表层熟化能够适宜农作物生长，往往也需要花费几十年的成本。

土地具有位置固定和面积有限等自然特性，对一块土地的利用，至少产生两个以上的用途竞争，可以从这一用途转化为别的用途，造成土地用途的互竞性。例如，同一块土地可以作为耕地、林地等农用地，可以建设工厂或者商业中心，还可以建成居民住宅社区；同一座建筑物，可以建在平原、丘陵等。属于同样用途的土地，其规模和利用方法常常不同。在土地的多种用途中会发现最优的用途或者收益最大的用途，并增大其利用度和流通性，因而在分散决策的情况下产生土地用途的逐利性。② 但农用地与建设用地毕竟存在重大差异：农用地生产作物受到自然因素制约，收益因自然因素的影响而发生变化，例如耕地在雨量充沛、气候适宜、土质优良条件下，适宜高等经济作物的生长；建设用地的价值则主要取决于地理位置，只要具有良好的区位优势，土地便能获得较高的经济产出，例如，城市市区中建设地下轨道交通，凡经过的地区会因交通改善而推动土地价格的大幅攀升。可见，农用地在性质上的劣势，使其天然具有转化为建设用地追求经济利益的自私冲动。土地用途经过规划确定之后，随即具有管制土地的法律效力，在方向上引导或者在范围上限制土地利用。当然，“资源的各种潜在用途相互补充，也相互矛盾，这要求人类使用自己的组织能力，和抑制自己的贪心和自私，为了人类的眼前利益，也为了人类的长远利益，理智的配置资源”。③ 这要求人们在确定土地利用方向时，必须进行总体筹划、详细勘察，并进行缜密规划，而决不能随意变更土地利用方向。同时，任何土地利用总是体现或者对应具体的土地用途。《土地管理法》第4条规定：“使用土地的单位和个人必须严格按照土地利用总体规划确定的用途使用土地。”《城市房地产管理法》第25条也规定：

---

① 毕宝德：《土地经济学》，中国人民大学出版社2006年版，第5页。

② 程烨等：《土地用途分区管制研究》，地质出版社2003年版，第59页。

③［美］兰德尔：《资源经济学》，施以正译，商务印书馆1989年版，第18页。

"以出让的方式取得土地使用权进行房地产开发的，必须按照土地使用权出让合同约定的土地用途、动工开发期限开发土地。"可见，规划已经固定了土地用途，法律为了保障土地利用的整体合理性而限制了利用方式的自由转换。

2. 全程管理的确立

一般认为，人类经济的发展模式经历了三个阶段：第一，传统经济模式，即"牧童经济"。人类奉行开放的"生产—利用"观念，人类像牧童放牧一样将大自然看做无边的牧场，可以任意放牧，牧草枯竭又可以换一个地方，牧群的排泄物毫无节制，任意污染自然，因"取之于自然、用之于自然、毁之于自然"而无所顾忌。在这个时期，土地利用仅停留在人类自身的需求为单一中心，并没有考虑资源赋存、环境容量等问题，具有高开发、低利用、高排放等特征，因循"资源—生产—流通—消费—抛弃"以及"资源—产品—污染物"的单向线性运行模式，必然会不断加剧生态破坏、资源短缺、环境污染。① 此时，无所谓土地规划管理法律是否存在，即使出台也难以实施。第二，工业经济模式。进入工业时代以后，环境资源问题成为阻碍经济、社会发展的主要瓶颈，人类反思人与自然的关系，努力应对环境资源问题。由于仍然以经济发展为中心，采取的环境资源保护策略也是"先污染（破坏）后治理"的末端控制方式，即在资源利用终端进行处理，最大限度地降低污染物对自然的危害。资源利用立法主要表现为对废弃物处置立法，例如美国《固体废物处理法(1965)》、日本《废弃物处理法（1970)》、德国《废弃物处理法（1972)》等。末端控制虽然暂时缓解环境资源危机，但并没有从根本上改变单向的经济运行模式，也没有从源头上减少资源利用。因而，通过规划促进土地节约利用也不符合当时的社会需要，而无法付诸实践。第三，循环经济模式。循环经济以"3R"为自身运行原则，由"资源—产品—废弃物—再生资源"构成，在减量化优先前提下实现资源最优利用，并且要求在对环境资源的开发利用中，尽可能小地影响环境，或者至少与生态承载力相适应。资源循环利用立法开始涌现，例如美国《资源保护和回收法(1984)》、韩国《资源节约再生利用法（1992)》、德国《循环经济和废

① 秦鹏：《资源循环利用法律制度研究》，光明日报出版社 2010 年版，第 206 页。

物处置法（1994）》、日本《资源有效利用促进法（1991）》以及《建立循环型社会基本法（2000）》等。立法试图达致资源在生产、消费领域的“非物质化”,[①] 尽量减少对物质特别是自然资源的消耗，末端治理开始向全程管理转变。

让稀缺的土地永续利用，单纯从限制土地供给仍属于治标不治本的方法。非物质化要求规划按照集约的发展模式来安排土地利用，减少不必要的浪费，加大土地整理复垦力度，从而相对增加土地的供给、提高土地的综合效益。因此，全程管理原则要求土地规划制定、实施以及管理利用者从事土地开发、利用、整理、保护等相关活动时，应当对各个环节进行全面监督、控制。全程管理是环境资源保护领域“全程控制原则”[②] 的具体体现。由于土地规划具有动态循环本质以及土地利用的不可逆转特性，不仅需要对土地规划制定、实施本身进行良好的管理，尤其引入环境影响评价、实施评估制度等，还需要对土地利用行为的各个环节进行控制，实现土地的可持续利用、预防规划失效带来的消极后果。所谓“促使经济—政治比赛公正进行的努力在事先比事后要重要得多”。[③] 与单一的末端治理和源头控制相比，基于可持续发展的土地规划管理法律更加注重对土地的开发、建设等活动的全程管理。对于土地规划来说，末端治理仅意味着规划在设计、安排未来土地利用失效之后采取相应的“善后”措施，这种单一的补救手段，显然无法适应社会现实对法律运行的要求。而且，末端治理的方式非常不经济，欧洲共同体曾估算“如果通过治理解决环境问题，总投资需占国民生产总值的3%，若以正常国民经济增长率为5%的话，大部分要花到环境投资中”。如果土地规划管理法律不注重土地利用的生态保护，治理同样是一项非常沉重的负担。土地规划法律的全程管理内含了对土地利用的预防和治理，但又并非局限于预防、治理，而是将保护贯彻于可能对土地利用产生负面影响的全部活动之中，从而使经济、

---

① 非物质化理论的基础主张以最少的自然资源实现人类的舒适生活，以最少的原料获得经济效益。根本思想在于满足相同效用的条件下，削减消费的物质数量，变供应产品为提供服务。参见郑玲、肖序：《非物质化理念：循环经济的理论基础和逻辑起点》，《求索》2008 年第 2 期。

② 环境法上的“全程控制原则”，是指对有可能产生环境危害的行为，从行为的计划、实施指导行为和后果，实行全程的管理。参见吕忠梅等：《环境资源法学》，科学出版社 2004 年版，第 61 页。

③［美］布坎南：《自由、市场和国家》，吴良健译，北京经济学院出版社 1988 年版，第 141 页。

社会、生态的协调发展融于土地利用之中。

全程管理原则已经在我国法律中开始初步实践。例如，《城乡规划法》第46条规定："省域城镇体系规划、城市总体规划、镇总体规划的组织编制机关，应当组织有关部门和专家定期对规划实施情况进行评估，并采取论证会、听证会或者其他方式征求公众意见。组织编制机关应当向本级人民代表大会常务委员会、镇人民代表大会和原审批机关提出评估报告并附具征求意见的情况。"评估目的是为了评价已经对外公告的规划是否与现实相适应，从而决定是否需要修改、调整。《土地管理法》第25条规定："省、自治区、直辖市人民政府应当将土地利用年度计划的执行情况列为国民经济和社会发展计划执行情况的内容，向同级人民代表大会报告。"报告执行也是对土地规划进行监督的一种方式。《环境影响评价法》第7条规定："国务院有关部门、设区的市级以上地方人民政府及其有关部门，对其组织编制的土地利用的有关规划，区域、流域、海域的建设、开发利用规划，应当在规划编制过程中组织进行环境影响评价。"对土地及相关规划进行环境影响评价应当属于事前预防的主要手段。总体来说，现有法律制度对全程管理原则的贯彻实施并不是十分理想，主要制度都集中于土地规划的编制、审批方面，而规划实施的评价制度则较少涉及，仅有2010年《浙江省土地利用总体规划条例（征求意见稿）》在第34条进行了尝试性探索："县级以上人民政府应当组织编制土地利用年度计划，加强计划管理，定期评价计划执行情况"。

第五章　土地规划管理实体规则的生态完善

依据规定内容的不同，法律规范分为实体规范与程序规范，前者以规定、确认权利和义务以及职权和责任为主要内容，而后者以保障权利、职权得以实现，义务、责任得以履行的相关程序为主要内容。虽然两者具有不同的特点，但作为法律规范的整体功能具有一致性。“就像动物的外形与血肉之间的联系一样，”没有实体规范，程序规范成为缺乏实际内容的空洞形式；没有程序规范，实体规范就是一台无人启动的机器而无从发挥功能。① 法律通过实体、程序的进路完成对土地规划的调控、保障，进而促进土地的可持续利用，确保围绕在土地利用中的经济、社会与生态利益协调、持续发展。一般说来，规划体制与规划内容属于法制实体规范的重要部分，因此本书重点论述实体规范中体制与内容，并对其进行改造以适应生态化的需要。我国实行城乡土地集中统一管理与分级管理相结合的规划管理体制，自 2004 年起，实行省级以下垂直管理。② 规划管理体制即规划机构设置、职权划分与运行等各种制度的总称，③ 主要涉及规划权力在不同主体之间的配置，以及权力主体之间的权限关系。法律虽然明确了土地规划的具体内容，但通过内容控制土地规划的作用非常有限。即使这样，为了符合土地利用的可持续要求，我们仍需严格审视规划内容是否符合生态保护的基本诉求。

---

① 孙向阳：《程序法和实体法的关系》，《河北法学》2001 年第 3 期。

② 陈斌等：《土地利用规划管理体制建设的城乡比较——以重庆市为例》，《华中农业大学学报》（社会科学版）2009 年第 6 期。

③ 全国人大常委会法制工作委员会经济法室等：《中华人民共和国城乡规划法解说》，知识产权出版社 2008 年版，第 41 页。

第一节　规划主体：识别与改进

无论从规划学的角度，还是从法学的角度，对土地规划进行研究之时，似乎均在有意无意地回避规划主体。① 确实，规划主体问题并没有简单而统一的答案。如果从程序意义上说，规划主体似乎应当包括相对人、利害关系人以及其他程序参加人等；② 如果从实体意义上说，作为行政规划的一个分支，对土地规划的界定以及对规划主体的认定，可以沿用所谓行政规划，“是指行政主体在其法定职权范围内，未在未来一定时期内实现特定的公共利益、达到特定的行政目的，就与此有关之方法、步骤或者措施，与行政相对人充分沟通协商而预先进行的安排和部署，对规划所涉及各方当事人均具有法律意义的一种行政行为”。③ 从理论上来说，如此界定并无差错，但过于机械、单调，且具有文义反复之嫌疑，即事先限定一个假设——行政主体制定的规划是行政规划，然后分析行政规划的主体是行政主体。④ 但客观实践远比理论界定的逻辑更加复杂。

一、制定主体的识别及意义

就外在形式而言，土地规划涉及土地利用总体规划、土地利用专项规划、城市规划、村镇规划等。土地规划在性质上表现出不同的特点，既有拘束性规划也有非拘束性规划，如土地利用总体规划属于指导性的非拘束性规划，而城市土地征用、拆迁规划则属于拘束性规划。尤其在实践中，规划的编制、审查、实施、评估、监督涉及各个层面的主体，这也为识别土地规划的真实法律主体增添了难度。

---

① 本书提及的规划机关、规划机构、规划部门等，均属于规划主体的法律范围。

② 马怀德：《行政程序法研究——〈行政程序法〉草案建议稿及理由说明》，法律出版社 2005 年版，第 102 页。

③ 李凌波：《行政规划基本范畴研究》，载罗豪才《行政法论丛》（第 8 卷），法律出版社 2005 年版，第 214 页。

④ 李煜兴：《区域行政规划研究》，法律出版社 2009 年版，第 107 页。

我们不可以回避许多行政机关或者法律法规授权的组织，乃至委托单位参与到土地规划的制定、实施中来的现实，如申请主体、拟定主体、听证主体、确定主体、实施主体、监督主体等。当规划的各个主体同一时，规划主体无可争议，但当各个主体不同时，规划主体的确定则显得甚为复杂。经过细致分析发现：提出规划申请是首要程序，该主体主要依据现实需要而申请或者动议；草案拟定主体顺应提请主体的请求，经过分析、评价拟定规划草案，并交由有关主体裁决；听证主体组织相关人员发表意见，听证意见书为规划确定主体提供裁决依据，不具备成熟性要求；确定主体对规划草案进行实质审查，并作出是否裁决规划的决定，规划经过确定和公布之后对相关主体都具有法律效力；实施主体依据公布的规划具体执行；监督主体监督规划实施进程、项目质量等情况。在诸多规划主体中，真正法律意义上的规划主体应当是对外承担法律责任的规划确定主体，对整个规划活动起着决定性作用。

从我国土地规划主体的具体规定来看，存在着编制主体与制定主体分离的情形。例如，《土地利用总体规划编制审查办法》第10条规定："国土资源行政主管部门依据……编制土地利用总体规划。"第31条规定："国土资源行政主管部门应当根据审查情况和相关部门意见……提请有批准权的人民政府审批。"《城乡规划法》第12～15、19～22条分别规定了规划的组织编制机关与规划审批机关。《城市规划编制办法》第11条规定："城市人民政府负责组织编制城市总体规划和城市分区规划。具体工作由城市人民政府建设主管部门（城乡规划主管部门）承担。"在这里，政府与职能部门到底谁才是真正的法律主体？如果单纯从规划的编制角度来看，比较容易认定规划的编制主体。但由于规划的编制既是一种动态的行为过程，最终也体现为静态的编制结果，因此仅从行为或者组织的角度审视规划编制是片面的，无论是编制行为还是规划文本，只有经过审批并且正式发布之后，才能认定规划制定的完成。规划编制仅仅属于制定的一个必要程序，属于一种事实行为而非法律行为，即使是规划文本的完成也仍处于技术性资料层面，不具有法律效力，相应的规划文本经过审批、发布程序之后才具有法律意义。因此，规划的真正主体应当是制定主体，而非编制主体。综合观之，土地规划的主体应当是能够以自己的名义行使土地规划职权，并独立承担由此产生的法律责任的组织。从实质来看，由于规划文本一般不对规划主体的职权依据、范围进行说明，因此，通过具有特定规划职权的实质标准进行判定具有一定难度。从形式来看，土地规划是由谁的名义签署或者发布，谁就是规划主体。例如，《全国土地利用总体规划纲要（2006-2020年）》由国务院发布，规划主体即为国务院。

鉴于土地规划编制主体与法律意义上的制定主体存在诸多差异，明确规划制定主体具有重要意义：

第一，规划权力配置。权力源于权利的让渡和委托，因此，权力与权利在本质上都属于广义的资源范畴，如果不加以干涉，它们将在自由市场中顺从于一般的经济规律。从表面来看，权力分立导致了管理体制的条块分割，似乎影响着体制的运行效率，但总体而言，其换来了长期效力的稳定和整体效率的提升。就土地规划来说，在制定或者实施的过程中会涉及规划、国土、城建、环保、交通、水利等多个部门，立法如何授权将直接决定规划主体的数量和形式；作为规划主体的各级政府如何分配各个部门的职权范围，直接关乎规划的品质与效能；作为监督救济机关的法院如何确定司法审查的强度、密度，直接影响规划主体的裁量空间。我国关涉土地利用的规划之混乱，尤其是城市土地利用规划，政府的更迭、领导的换任都可能影响规划的延续与否，土地利用的无序状态也就在所难免。地方政府规划权力划分与监督机制的缺失，造成权力结构在空间上的失衡，当然，这其中也交织着不同主体之间权力配置的失范。规划主体的组织架构对于实现土地可持续利用的目标影响深远。

第二，规划决定合法。土地规划是否能够产生足够的法律效力，必须在形式与实质两个层面符合合法性要求。土地规划形式合法要求规划首先由具有管辖权的规划主体作出，或者经过委任、委托而获得授权，否则属于无权处分行为。这与诉讼法上法院组织是否合法类似，规划主体组成的合法性问题也就是规划裁决应当由合法机关作出，方为有效。例如，日本最高法院就曾因土地规划审议委员会的构成违法为由，撤销了一个规划决定，[①] 而土地规划实质合法，系规划内容必须符合法律规定。法治视野中的规划行为是否具有合法性，一般需要符合：与现行法律一致；遵守授权基础；裁量适当；遵循比例原则；内容确定、清楚。虽然《土地管理法》没有具体约束土地规划，但在《土地利用总体规划编制审查办法》中明

① 即“日光太郎杉案件控诉审东京高等法院判决”。参见杨建顺：《日本行政法通论》，中国法制出版社1998年版，第571页。

确了土地利用总体规划应当包括下列内容：现行规划实施情况评估；规划背景与土地供需形势分析；土地利用战略；规划主要目标的确定，包括耕地保有量、基本农田保护面积、建设用地规模和土地整理复垦开发安排等；土地利用结构、布局和节约集约用地的优化方案；土地利用的差别化政策；规划实施的责任与保障措施。另外，《城乡规划法》第13、17、18条也分别规定了省域城镇体系规划、城镇总体规划、村镇规划应当覆盖的内容。土地规划主体制度对于明确规划权力界限，改善规划决策结构具有重大意义。

第三，规划责任承担。土地规划从制定到实施的整个过程中，涉及的主体众多，而规划主体恰恰扮演了核心角色，确定了规划主体，其他主体也迎刃而解。应当说，这对于厘清土地规划管理法律关系，识别土地规划真实主体，对规划救济与责任承担均至关重要。《城乡规划法》第50条规定："在选址意见书、建设用地规划许可证、建设工程规划许可证或者乡村建设规划许可证发放后，因依法修改城乡规划给被许可人合法权益造成损失的，应当依法给予补偿。经依法审定的修建性详细规划、建设工程设计方案的总平面图不得随意修改……因修改给利害关系人合法权益造成损失的，应当依法给予补偿。"补偿责任需要明确相应的补偿主体，也即规划制定主体。依照我国现行法律，因土地规划产生的纠纷虽然不属于行政复议或者行政诉讼的受案范围，但这并不意味着永远不能纳入审查范围，在国外及我国台湾地区的规划诉讼实践的指导下，规划案件应当能够实现司法审查的最终目标，规划制定主体必然会成为诉讼被告乃至赔偿责任承担者。

二、规划主体的改进

由于规划理论基础的匮乏，我国关于规划研究更多停留在技术层面，极少从法学甚至从组织法的角度反思规划主体的正当性，因此无论是在土地规划领域，还是在关于建设用地的城市规划领域，规划主体的设置、运行均存在不少问题。我国现行单一的、带有总则性质的中央、地方政府组织法，无法具体、明确地规定不同类别的行政机关的组织类型、职权模式等。这迫切需要廓清组织法的相关问题，规划主体（组织）制度也包含其中。如果上升到宪政制度、法治政府的层面，政府展开土地规划管理至少符合以下要求：第一，组织。政府为包括公民、社会主体等在内的利益相关者提供参与土地规划编制、实施的公开、公正平台，以确保沟通、交流的畅通，从而达成符合公共利益的规划方案。第二，倾听。政府“正在逐渐认识到他们有许多东西通过‘倾听’公众的声音，而不是向公众‘发号施令’……才能获取”,[①] 确保不同各方在参与过程中形成共鸣，而不至于湮没普通公民的柔弱发言。第三，裁决。在利益主体的不同需求之下，或许就规划的某些公共问题无法达成共识，政府保留一定的裁决权，以确保规划目标与方案实施。当然，权力的行使并不意味着其能够凌驾于其他权利或者利益之上，而在于“在个人与个人之间、个人与社会之间进行协调。国家权力只有在个人利益和社会利益的关系中为平衡利益而倾斜于某一方，但不能取代某一方利益”。[②] 第四，行动。在符合民意的规划方案选择后，政府需要担当起将其付诸实践的行动者角色。行动并不意味着所有任务均由政府独自、直接施行，公共行政的兴起可以将某些工作交由社会组织来完成。

1. “两规”编制主体融合

土地规划管理的整个体制可以从横向、纵向的两个维度延伸：从横向来看，包括土地利用总体规划、城市总体规划、交通规划、水利规划等，在这个角度上，规划编制主体分为不同类别，由不同的职能部门管理；从纵向来看，总体规划可以划分成不同的层级，以土地利用总体规划为例，从中央到地方共分为五个层级，每个层级均掌握不同程度的规划权力，形成了庞大的规划王国。但在庞杂的规划主体体系后面，却隐藏着封闭性的弊端。规划的编制、确定均由各级政府主导，规划专家仅仅充当技术专家提供知识的角色。[③] 垂直式的规划体系，最主要的矛盾在于条块分割和集权化领导：技术向导之下的土地规划，造成专家决定论。专家在处理土地利用、规划管理实际问题时，往往仅从自己的专业视野审视外部世界，使得专业知识占据主导空间而忽略目标的多样需求。例如，为了提高土地利

---

① ［美］珍妮特、罗伯特：《新公共服务：服务，而不是掌舵》，丁煌译，中国人民大学出版社 2004 年版，第 1 页。

② 孙笑侠：《论法律与社会利益——对市场经济中公平问题的另一种思考》，《中国法学》1995 年第 4 期。

③ 吴新叶：《理顺体制　切实加强城市的规划管理——对国内 13 个城市的调查分析》，《城市问题》1998 年第 8 期。

用效率而极大地提高容积率、投资强度，而忽视土地利用的生态功能以及审美价值等，从而带有强烈的工具主义倾向。① 更为严重的问题在于，不同的规划主体之间缺乏协调或者规划主体内部职能模糊，导致不同类型规划之间产生竞合，甚至发生抵牾。非常典型的就是，土地利用总体规划常常与城市规划发生矛盾，尤其是“以谁为主”的纷争难以解决，城市规划的发展思维与土地利用总体规划的控制思维不断进行着激烈对抗。② 近年来，由于大量城市以“50 年、100 年不落后”为理由，片面追求以“宽马路、大广场”为代表的豪华建设，城市空间的非理性扩张成为造成耕地数量持续下降的重要原因之一。在这个意义上说，土地利用总体规划在被城市规划牵着鼻子走。

虽然土地利用总体规划与城市规划均由各级政府负责审批，法律意义上的规划主体是一致的，国土资源机关依据的《土地管理法》和建设规划机关依据的《城乡规划法》都由全国人大常务委员会通过，两部法律在位阶上处于平行关系，同级的土地利用总体规划与城市规划应具有并行的法律效力。但就编制主体来看，两者分属于不同的部门：土地利用总体规划由国土资源部门负责，而城市规划则由建设规划机关负责。虽然两个机关的职责有明确的划分，但在实际工作中的职能交叉在所难免，尤其在各自的规划领域，基于规划范围、规划思路、统计口径和用地分类等方面存在较大分歧，③ 加之不同的利益需求使得两个部门各自为政，相互在用地功能、用地布局、用地规模等重大问题上缺乏必要交流和支持。虽然《城乡规划法》规定“城市总体规划、镇总体规划以及乡规划和村庄规划的编制，应当依据国民经济和社会发展规划，并与土地利用总体规划相衔接”，但《土地管理法》规定“城市总体规划、村庄和集镇规划，应当与土地利用总体规划相衔接，城市总体规划、村庄和集镇规划中建设用地规

---

① 虽然工具主义能够为组织带来相当效率，但“对理性的过分追求也使其走向了形式化和工具化的歧路，出现了工具理性对价值理性的排斥。”参见张康之：《寻求公共行政的伦理视角》，中国人民大学出版社 2002 年版，第 99 页。

② 土地利用总体规划主要代表保护耕地质和量的环境公益，城市规划在土地利用上主要为实现土地的经济和社会公益，土地利用总体规划通过用途分区有效抑制城市建设用地的扩张，保证环境公益的实现。

③ 张颖等：《关于城市总体规划与土地利用总体规划协调问题的探讨》，《南京农业大学学报》（社会科学版）2007 年第 1 期。

模不得超过土地利用总体规划确定的城市和村庄、集镇建设用地规模”。由于“衔接”的含义、方法均未能进一步明确，而且《土地管理法》规定“在城市规划区内、村庄和集镇规划区内，城市和村庄、集镇建设用地应当符合城市规划、村庄和集镇规划”，使两种规划难以避免地出现相互不一致、脱节甚至冲突的状况，“据统计，城市总体规划服从土地利用总体规划的不到10%”,① 规划编制、实施存在“两张皮”。因此，期望两规相互衔接、协调甚至服从的制度安排，往往只能停留在法律条文的纸面之上。

在当前规划体制下，土地利用总体规划属于一种综合性规划，以合理安排现有土地资源，保证土地可持续利用为主要目标。城市规划属于区域性规划，以确定城市性质、规模和发展方向，合理利用城市土地，协调城市空间布局及各项建设为主要目标。两者都是以国民经济和社会发展规划为依据，都将土地作为主要规划对象，都涉及土地的合理开发、利用和保护等内容。应当说，土地利用总体规划与城市规划是土地利用的整体和局部的关系，两大规划在用地方面是相互联系、相互指导而又互相制约。②土地利用总体规划必须与城市总体规划、城镇体系规划相互结合，不了解区域城市、城镇、大型设施的发展和布局，土地利用总体规划难以编制和充分实施。同样，脱离了土地利用总体规划，不了解土地的供给趋势，城市规划的发展、布局功效也难以付诸实践。从根本上看，“两规”是可以统一起来的。有学者期望通过统一用地分类标准，建立年度基础数据统计制度；“两规”应统一人口统计口径；完善土地利用总体规划的编制；建立“两规”衔接报告制度；逐步完善相关法规，保持规划期限一致③等对策实现“两规”协调，或者对现有空间规划进行改造转型以实现规划协调的目的。④

确实，上述措施能够起到一定效果，但治标不能治本，如果希望从根本上改变“两规”矛盾的现状，应当对两者的编制主体进行改革：一是

---

① 仇保兴：《从法治的原则来看〈城市规划法〉的缺陷》，《城市规划》2002 年第 4 期。

② 萧昌东：《“两规”关系探讨》，《城市规划汇刊》1998 年第 1 期。

③ 郭勇：《土地利用总体规划与城市总体规划协调的问题与对策研究》，《广东土地科学》2009 年第 5 期。

④ 史育龙：《主体功能区规划与城乡规划、土地利用总体规划相互关系研究》，《宏观经济研究》2008 年第 8 期。

明确“两规”编制主体的具体职能，以此避免规划内容上的交叉和空间上的重叠；二是将空间规划职能统一到一个主管部门之下，[①] 即将“两规”编制主体进行整合。由于事权交叉是必然的，将具体的规划职能完全划分清楚确实非常困难，因此，选择将编制主体整合或许是更为恰当的选择，这也基本符合我国行政体制改革的发展趋势。“大部制”的行政体制改革不仅有利于政府职能的转变和建立服务型政府，而且有利于解决政府职能交叉重叠，部门利益冲突，彼此难以协调的问题，也为规划主体制度的完善与法制化提供了契机。2009 年，深圳具体落实“大部制”的政府机构改革，率先对规划主体的决策、规划职能进行整合，取消规划局、国土资源和房产管理局，将规划局、国土资源和房产管理局的有关职能整合，重新设置规划和国土资源委员会，土地利用总体规划与城市规划均由委员会作出。这样，无论从技术层面还是从制度层面，都可以将“两规”有机地协调在一起，真正发挥维护土地可持续利用的实质功效。

2. 编制主体 BOT 模式探索

自 20 世纪 90 年代以来，伴随着有限、有效政府理念的积极倡导，政府职能开始由社会管理向公共服务转变，规划也开始表现出社会化、公共化的发展趋势。为顺应社会变革的法制需要，规划编制主体不能仅限于政府职能部门，也应有所突破——扩展至授权主体，甚至私人主体。我国台湾地区“促进民间参与公共建设法”（以下简称“促参法”，2001 年修订）第 7 条规定：“公共建设，得由民间规划之，”即传统上公共建设多由政府规划，民间主动规划亦被允许，也即规划编制主体由单一政府扩展到民间机构，因而，公共建设案件存在政府规划、民间规划两种模式。民间自行规划模式与传统政府规划模式最大差异在于发起规划者由政府转为民间，更重要的在于充分发挥政府与民间互动协商的合作精神。例如，我国台湾地区的“主办机关审核民间自行规划申请参与公共建设案件注意事项（2005）”第 2 条规定：“民间自行规划申请参与公共建设案件，主办机关与民间应本着创造公共利益之目的。基于合作之观念，共同推动公共建设。”并且“促参法”对民间机构参与方式、征收私人土地等方面进行部分限制。例如，规划出现涉及征收私人土地情形的，必须以政府规划

① 牛慧恩：《国土规划、区域规划、城市规划——论三者关系及其协调发展》，《城市规划》2004 年第 11 期。

及重大公共建设为要件。[①] 民间自行规划申请参与案件主要划分为几个环节：第一，提出申请，即应拟具相关土地使用计划、兴建计划、营运计划、财务计划、金融机构融资意愿书及其他法令规定文件，向主办机关提出申请。第二，审核，即主办机关对于民间自行规划申请案件，应于一定期限内核定。第三，订立契约，即主办机关与民间申请人协商之后决定，并于征求其他民间投资人意见阶段公开契约书草案。第四，执行规划。除"促参法"第 8 条第 1 项[②]第 5 款规定的方式之外，民间自行规划模式可以适用民间机构参与公共建设的所有方式。民间自行规划能够有效地缩短规划时间、成本，并引进富有创意的设计方案，保证规划的公平、公开竞争。当然，其缺点在于与政府职能部门的配合常常影响整个计划案件的成败。[③] 根据联合国发展组织的研究，国际许多项目由民间自行规划完成。我国也已经开始这方面的实践工作，例如 2007 年，山东省菏泽市开始推行参照 BOT 项目方式开展城市规划区地震小区划工作方案。

土地规划涉及的领域愈加广泛，并且已经成为土地利用活动以及土地管理行为的重要指引和依据。由于土地规划较之普通法律、法规更加详尽、明确，涉及的区域、利害关系人等也较为确定，可以尝试将 BOT 模式引入规划管理领域，将更有助于规划功能的最大限度地实现。具体来说，土地规划管理的 BOT 模式包括：第一，规划主体。在 BOT 规划项目中，规划机关不仅是管理者，也是契约当事人，主要职责在于项目的公开招标、评标，

---

① "促参法"第 16 条第 1 项规定："公共建设所需用地为私有土地者，由主办机关或民间机构与所有权人协议以一般买卖价格价购。价购不成，且该土地系为举办政府规划之重大公共建设所必需者，得由主办机关依法办理征收。"

② "促参法"第 8 条第 1 项规定："民间机构参与公共建设之方式如下：一、由民间机构投资兴建并为营运；营运期间届满后，移转该建设之所有权予政府。二、由民间机构投资新建完成后，政府无偿取得所有权，并委托该民间机构营运；营运期间届满后，营运权归还政府。三、由民间机构投资新建完成后，政府一次或分期给付建设经费以取得所有权，并委托该民间机构营运；营运期间届满后，营运权归还政府。四、由政府委托民间机构，或由民间机构向政府租赁现有设施，予以扩建、整建后并为营运；营运期间届满后，营运权归还政府。五、由政府投资新建完成后，委托民间机构营运；营运期间届满后，营运权归还政府。六、为配合国家政策，由民间机构投资新建，拥有所有权，并自为营运或委托第三人营运。七、其他经主管机关核定之方式。"

③ 例如，我国台湾地区的高铁案件，因主办机关权能有限而受到推延，虽然跨部会协商会议频繁召开，但由于来自各部会出席者固守己见，达成的共识非常有限。并且主办机关即使基于公共利益考量而对契约进行修改，都可能面临图利的指控。

遴选最优规划方案设计者，并授予其特定经营管理权。民间机构，即在土地规划中，拟定规划草案、建设方案或者经营方案并实施规划具体内容的社会组织、公司等，也是契约的另一方当事人，承担的法定义务多于规划机关。第二，规划项目阶段。①规划项目的拟制，各类规划草案均由民间机构拟定，主要包括相关土地利用规划、兴建规划以及规划特性、与上位规划的关系、规划目标、临近地区状况、主要公共设施的内容、办理开发的方式与方法、拆迁安置规划等。②规划项目的评议及授权，规划机关综合考量多个规划方案之后，依照评议标准选出最优规划方案，与民间机构签订契约，并授予实施规划内容的权力。③规划执行与监督，民间机构在合理的时间内执行规划，并处理在执行过程中的民事纠纷，而规划机关负责监督规划实施进程，或者协调民间机构与利害关系人之间的纷争。

采用土地规划 BOT 模式，在表面看来是将规划的拟定权、实施权转移，实际上规划主体的法律责任也在转移。在此种运行模式之下，规划制定主体的法律责任转化为规划机关在实施许可行为时所应承担的法律责任，而对于规划实施所应承担的法律责任转移至民间机构。规划项目对于利害关系人的侵害责任，由完全的行政法律责任部分的转化为民事法律责任。可以说，土地规划采用 BOT 模式，不仅扩大了承担责任的主体范围，而且拓宽了规划侵权的救济范围，更加有利于保障利害关系人的合法权益。

3. 规划委员会职能回归

多数法治国家（地区）均设立了规划委员会或者类似机构，如美国规划委员会、日本审议会以及我国台湾地区的台湾都市计划委员等，它们在规划的制定、实施过程中发挥了重要功效。我国大多数城市也设立了“规划委员会”，然而，由于缺乏对类似组织功能的准确定位，虽然名称相同或者近似，但职能履行迥异。依据承担的职能不同，规划委员会可以划分为三类：[①] 第一，咨询顾问型。由政府聘请专家与相关行业人士组成，对规划与建设决策提供咨询、顾问或者进行审议。咨询、顾问意见或者审议决议对规划事务的干预能力较弱，主要为规划决策提供辅助的参考意见。我国大多数规划委员会属于这种类型。例如，《青岛市城市规划委员会工作章程》规定青岛市城市规划委员会主要负责审议城市规划建设

---

① 王兴平：《城市规划委员会制度研究》，《规划师》2001 年第 4 期。

重大问题的对策以及重大建设项目或重要规划设计方案，为市政府决策提供可靠依据。第二，协调管理型，即除了具有咨询、顾问或审议职能之外，委员会还具备部分管理职能，但主要限于协调、仲裁而不具备执法能力，在政府行政序列中没有正式明确的地位。例如，2003 年修订的《上海市城市规划条例》规定“市规划委员会负责重要城市规划方案和规划管理事项的协调”。第三，决策行政型，即规划委员会依法设置，具有独立的行政职能，能够发挥管理决策作用。除了对需要由上级部门批准的规划事务具有批前的审议职能外，还对其他规划事务具有明确的审批职责，作出的决议不是参考意见，而是具体的规划决策。例如，2001 年修订的《深圳市城市规划条例》第 6 条规定：“市政府设立深圳市城市规划委员会，其主要职责是……（四）审批法定图则并监督实施；（五）审批专项规划。”2000 年《杭州市城市规划委员会职责和议事规则》规定城市规划委员会的职责包括“审批重要地段的控制性详规或法定图则并监督实施，审批专项规划”。

尽管我国规划委员会制度建历的时间不长，但总体取得了较大的进步。在经济、社会高速发展的背后，规划委员会在土地利用、空间布局等方面的功能发挥仍存在不少有待改进的地方。[①] 我国设置规划委员会缺乏充足的法律依据，使得其功能定位存在较大偏差。无论是已经废止的《城市规划法》，还是新近颁布的《城乡规划法》，均未明确规划委员会的主体职能，而各地依据本地特点、工作需要通过地方性法规、地方政府规章甚至某些规范性文件设立规划委员会，致使委员会扮演的角色五花八门。当然，这种做法在改革实践的初期具有一定的创新意义，为后续工作提供借鉴经验，但却无可避免地引发组织设计、职能定位、咨询（顾问）或者审议效力等方面的诸多混乱。[②] 美国规划委员会不属于政府的职能部门，是由当地各界民选出来的一种联席会议，各个州的规划法进行专门授权，具体规定委员会的职能，即规划局受理的控规调整或者有条件许可案例，都要经规划委员会讨论才能通过。规划委员会具备“准立法权”，它所决定的条款列入法规执行的范围，条款制定也是由一个代表各方利益的

---

① 苏苗罕：《行政法视野中的规划咨询委员问题研究》，载罗豪才《行政法论丛》（第 10 卷），法律出版社 2007 年版，第 312-313 页。

② 郑文武：《论深圳市城市规划委员会制度的改进措施》，载中国城市规划协会《城市规划面对面——2005 城市规划年会论文集》，中国水利水电出版社 2005 年版，第 823-828 页。

委员会投票决定的。①

然而我国规划委员会的职能设定，很难将某一种职能完全剥离，多数委员会均具有混合职能，即既具有咨询、顾问、审议的职能，又可以进行审批、协调和管理，这必然带来难以解决的内在矛盾。因此，首先规划委员会应当定位明确，即将非咨询性的职能统一剥离，将规划委员的职责限于为规划决策者提供咨询服务，将审批职能归还给规划主体，并由其对规划实施进行专业领域的评估、监督，依据客观情况的变化发展，对规划重大问题提出改进的咨询意见。当然，依据需要可以适时扩充规划委员会的协调职能，以协调规划中涉及的多方利益。例如，《重庆市城乡规划条例（2009）》、《苏州市城乡规划条例（2010）》均赋予了规划委员会协调职能。其次，确定咨询意见的法律性质。有些地方并没有明确咨询应当具有何种属性。例如，《山西省城乡规划条例》第21条规定："城乡规划报送审批前，组织编制机关应当依法将规划草案通过媒体、展览、张贴等方式予以公告，并采取论证会、听证会或者其他方式征求专家和公众的意见。"征求意见仅仅是一个环节，更重要的在于规定规划主体是否应当采纳意见，并且附带"说明理由"义务。例如，《北京市城乡规划条例》第14条规定："规划的组织编制机关应当依法征求专家和公众的意见……在报送审批的材料中附意见采纳情况及理由。"最后，确立规划委员会的独立地位。例如，《重庆市城乡规划条例》第6条规定："本市设立市规划委员会……市规划委员会的日常工作由市城乡规划主管部门承担。"规划委员会职能由规划主管部门承担，无论如何进行解释，在我国政府权力急剧膨胀的背景之下，我们都难以确信规划委员会能够独立工作。更有甚者，将规划委员会与规划建设委员会办公室合二为一，实行一套班子两块牌子的模式。例如，2009年《北京市规划委员会（首都规划建设委员会办公室）主要职责内设机构和人员编制规定》明确了依据北京市人民政府机构改革方案和《北京市人民政府关于机构设置的通知》，设立北京市规划委员会，市规划委（首规委办）是负责本市城乡规划管理工作的市政府组成部门，挂首都规划建设委员会办公室的牌子。按照一般原理，规划委员会属于具有社会管理职能的公共组织，我国在政府机构改革中多次明确"政社分离"的原则，这种合二为一的做法无疑具有倒退倾向。因

① 高毅存：《美国的规划法制体系》，《北京规划建设》2008年第2期。

此，必须将规划委员会与规划管理部门分离，至少保证形式上的独立。我们可以借鉴美国规划委员会的模式，使其独立于政府之外，对地方议会负责，依照规划法及其他法令行使职权。①

第二节 规划权力：分析与配置

作为规划主体保障土地可持续利用的表意行为，规划权力在土地规划整体结构中是决定实质的关键要素。规划权力是国家保护土地资源、生态环境，保障土地安全，实现土地可持续利用为目的，为达到节约、有效、优化配置、合理利用的目的，为各级政府加强对土地宏观调控能力而提供政策、法律依据的一项管理权力。② 从本质来讲，规划权力属于行政权的一种，即“有权机关确定在未来一定时期内所要实现的规划蓝图的权力”。③

一、规划权力的裁量特征

1. 权力裁量的理论阐述

规划主体在法律界限内确定的土地利用目标，选择某种实施方式、手段形成土地规划，这种选择、形成便是土地规划权，在德国，规划权称为“规划裁量权”，起源于1960年的《建设法》，④ 即建设规划的制定是市乡镇自治范围内的事情，市乡镇具有独立决定规划内容的权力。1969 年，

① 张庭伟：《美国规划机构的设置模式：分析与借鉴》，《规划师》1998 年第 3 期。

② 沈守愚：《土地法学通论》，中国大地出版社 2002 年版，第 407 页。

③ 应松年、薛刚凌：《论行政权》，《政法论坛》2001 年第 4 期。

④ 1960 年，德国《建设法》规定了有关建设规划的内容，包括建设规划的提出、制定等。该法于 1976 年、1979 年进行了两次修改，重点针对建设规划的提出、内容的简化、缺陷的修补及完善等方面进行调整。1971 年，德国制定了《城市建设促进法》作为《建设法》的补充，主要规定了建设方面的整顿措施和发展措施，规划属于其中一项措施。1986 年，联邦议会将《建设法》和《城市建设促进法》合并为新的《建设法典》（参见李峻：《建筑法概论》，中国建筑工业出版社 1999 年版，第 278 页）。

联邦行政法院判决认为《建设法》关于市乡镇在责任范围内制定建设管理规划的规定之意旨，不仅许可了市乡镇的规划权力，而且承认了规划裁量。“规划者创造自由的表现形式和程度是规划主体在权衡应当考虑的因素时享有做出独立决定的自由空间，”规划裁量权力通过创造、选择而自由存在，“无创造自由之计划本身即为矛盾”。[①]“与一般的裁量行为相比，行政厅具有更加广阔的判断余地和形成自由。这就是所谓的计划裁量或计划形成的自由。”[②] 在规划确定程序中，由于待确定的规划存在缺陷因此不能批准，规划确定主体才享有自身的规划权衡自由，这种自由被称为规划裁量权，法律赋予确定主体权衡自由的理由在于程序经济，但不能与联邦《行政程序法》第40条规定的普通行政裁量等量齐观。可见，规划裁量明显不同于普通的行政裁量。行政裁量分为选择裁量和决定裁量，是对法律规范中后果的选择适用，而规划裁量更多是一种创制的过程，较少或者根本不存在法律规范后果的选择适用问题。规划的裁量性、创制性（或形成性）更多倾向于立法裁量，“大多是基于行政厅的预测的未来的政策性裁量而制定的，在这种意义上，行政计划制定功能，是一种基于行政厅的广泛的计划裁量的强力形成权，常常被称为‘第二立法权’或‘第四种权力’”。[③]“只要立法者（也包括制定行政法规、规章者）进行计划或决定某一计划，其计划裁量权即属于在国家权力范畴的普通立法裁量权。立法裁量中不存在诸如在使用不确定法律概念中所具有的行为裁量与判断活动范围的区别，毋宁说在此两者都属于不可分割的创设自由，在立法裁量中融为一体”。[④] 虽然规划权（规划裁量权）与立法权（立法裁量权）都涵盖了选择、创制内容，但两者的目的、对象却有所不同：立法权主要针对一系列规则的制定，以假定状态为前提；规划权则针对某段时间内特定目标对方式的选择、创制。当然，规划权的确是一种特殊的行政权力，带有极大的综合性，既可以创制规则，也可以成为普通的行政行为，还可以只提供信息进行指导，甚至几者情形兼而有之。

---

① 陈春生：《行政裁量之研究》，载陈春生《行政法之学理与体系（一）——行政行为形式论》，三民书局1996年版，第138页。

②［韩］金东熙：《行政法（Ⅰ）》，赵峰译，中国人民大学出版社2008年版，第142页。

③ 杨建顺：《日本行政法通论》，中国法制出版社1998年版，第567页。

④［德］平纳特：《德国普通行政法》，朱林译，中国政法大学出版社1999年版，第159页。

2. 规划裁量权力的文本考察

关于规划裁量的规定大量存在于现行土地规划管理法律文本以及实践之中。在具体法律规范层面，法律对规划主体怀有充分信任，在规划的不同环节赋予了裁量权力，使其贯穿于土地规划的制定、实施、变更整个过程。从法条描述可以发现（表5-1和表5-2），规划裁量所负担的法律义务十分稀薄，无论是《土地管理法》中的“统筹安排各类、各区域用地”，还是《城乡规划法》中的“按照因地制宜、切实可行的原则，确定应当制定乡规划、村庄规划的区域”，都具有模糊、缺乏操作性的特点，甚至某些描述比一般的法律原则更加抽象。事实上，土地规划管理法律某些条款的目的仅在于宣告规划的目的、规划追求的效果，较少当然也难以在实体上引导目标的实现。法律设定的范围、限度十分宽泛且缺乏边界，使规划主体凭借自身的理解进行价值判断和行为取舍，这既体现了立法机关的无奈，也是法律扔给规划机关的一张空白支票，可以任由规划机关填写内容。① 相比较而言，法律对于其他行为的规范则甚为明晰。除《土地管理法》为规划裁量保留了巨大空间之外，作为下位法律、具体执行的条例、规章等也对规划裁量采取放任态度。例如，虽然《土地利用总体规划编制审查办法》在第1条就明确了立法意旨“为规范土地利用总体规划的编制、审查和报批”，但大部分法律条文仍未涉及规划裁量的控制问题，而只是从程序上加强了对规划的要求。可见，规划裁量从诞生之日起就是广泛而强大的。

表5-1 《土地管理法》涉及规划裁量权力的条款

相关条款	相关内容
第17条	各级人民政府应当依据国民经济和社会发展规划、国土整治和资源环境保护的要求、土地供给能力以及各项建设对土地的需求
第19条第（3）款	统筹安排各类、各区域用地
第22条	城市建设用地规模应当符合国家规定的标准，充分利用现有建设用地，不占或者尽量少占农用地

① 章剑生：《行政规划初论》，《法治研究》2007年第7期。

续表

相关条款	相关内容
第 24 条	土地利用年度计划，根据国民经济和社会发展计划、国家产业政策、土地利用总体规划以及建设用地和土地利用的实际状况编制
第 26 条	需要改变土地利用总体规划的，根据国务院的批准文件修改土地利用总体规划

表 5-2　《城乡规划法》涉及规划裁量权力的条款

相关条款	相关内容
第 2 条	规划区的具体范围由有关人民政府在组织编制的城市总体规划、镇总体规划、乡规划和村庄规划中，根据城乡经济社会发展水平和统筹城乡发展的需要划定
第 3 条	县级以上地方人民政府根据本地农村经济社会发展水平，按照因地制宜、切实可行的原则，确定应当制定乡规划、村庄规划的区域
第 17 条	城市总体规划还应当对城市更长远的发展作出预测性安排
第 18 条	乡规划、村庄规划应当从农村实际出发，尊重村民意愿，体现地方和农村特色
第 28 条	地方各级人民政府应当根据当地经济社会发展水平，量力而行，尊重群众意愿，有计划、分步骤地组织实施城乡规划
第 47 条 第（5）款	城乡规划的审批机关认为应当修改规划的其他情形

在规划实践的个案层面，依据现行法律规定，土地利用总体规划制定分为准备、编制和审批三个阶段，[①] 具体包括：开展基础调查、重大问题研究等前期工作；编制土地利用总体规划大纲；依据经审查通过的土地利用总体规划大纲，编制土地利用总体规划；专家对土地利用总体规划进行论证；土地利用总体规划审查；提请有批准权的政府审批。值得注意的是，规划前期工作主要负责评价土地利用现状、进行土地供需预测以获取真实、准确、合法的土地调查基础数据，并评估现行土地规划的实施情况等，从而确定土地利用目标与基本方针。换句话说，前期工作是土地利用总体规划的基础环节。规划土地利用的定位会直接影响利害关系人的后续

① 王万茂：《土地利用规划学》，科学出版社 2006 年版，第 61 页。

行为，以致从事土地规划实践的工作人员也不得不承认，最初的定位就已经决定了土地规划的后续发展。如此重要的前期结论是如何形成的？规划主体考虑了什么相关因素？作为利用主体的公民如何看待他们拥有的土地？规划主体似乎并未足够关注公民的基本意愿。这也是规划裁量权力膨胀的一个重要表现。

规划裁量权力确有存在的必要：一方面，土地规划自身具有未来导向的特点，是对与土地利用未来情况的预测、安排。基于人类的有限理性，法律不可能准确地规定土地利用的未来情形，因此，必须赋权规划主体来决策土地利用的未来。另一方面，土地规划涉及的利益复杂、众多，既包括公共利益、私人利益，又包括经济、社会、生态等不同类型的公共利益，法律即使能够预测某些重大利益，却无法恰当安排所有利益，利益衡量必须由规划主体完成。对于土地规划来说，裁量需要关注：第一，发生于土地规划制定、实施、变更的过程中，贯穿规划始终；第二，规划裁量是一种自由，既可以表现为对土地规划内容形成上的空间决定，也可以表现为对土地规划编制方式、实现目标手段的合理选择；第三，规划裁量并非完全自由而需要附加义务，即必须在与土地法律目的、原则、规范相契合的情形之下方可为之；第四，在缺少法律明文指引时，规划裁量需要权衡与土地相关的各方利益，蕴涵利益衡量机理。①

二、规划权力的依据与要求

1. 规划权力的法律依据

权力运行必须存在适当界限，此乃法律对土地规划管理的基本底线。这里的法律至少涵盖组织法和行为法两个层面。“除行政机关内部的方针外，至少需要有组织法上的依据，进而有必要在考虑各种作用法和与此相关的权利义务关系等基础上，就每个计划，尽可能规定出详细的授权范围，或完善事前程序等，以便尽可能使议会、国民对它的统制成为可能”。② 从严格意义来讲，土地规划作为政府的必要活动，其制定、实施应当遵循法制运行的基本规律，要求规划主体在制定土地规划时具备宪

① 夏雨：《行政规划裁量论》，《北方法学》2009 年第 5 期。

②［日］室井力：《日本现代行政法》，吴微译，中国政法大学出版社 1995 年版，第 56 页。

法、组织法或者单行法的概括性授权，具有一般性的规划制定职权。一般的理解是，规划事务、规划对象属于规划主体职权范围之内，并且具有属地、级别和事务上的管辖权，这强调规划主体制定土地规划必须在其职权与职责范围之内或者在其管辖范围之内。当然，组织法上的依据仅意味着规划主体的职权是一种权能或者资格，即法律赋予了规划主体编制、审批规划的可能性。如果规划主体期望启动规划职权，而具体编制特定的土地规划，还需要行为法上依据，即具有法律、法规或者规章直接、明确的授权。

从组织法上考察，我国土地规划的主体职权符合了最起码的法律要求。《宪法》第 89 条规定："统一领导全国地方各级国家行政机关的工作，规定中央和省、自治区、直辖市的国家行政机关的职权的具体划分……领导和管理经济工作和城乡建设。"《地方各级人民代表大会和地方各级人民政府组织法》第 59 条规定："领导所属各工作部门和下级人民政府的工作……管理本行政区域内的经济、教育、科学、文化、卫生、体育事业、环境和资源保护、城乡建设事业和财政、民政、公安、民族事务、司法行政、监察、计划生育等行政工作。"从这些规定可以看出，我国中央与地方、上级与下级政府之间存在领导与被领导的关系，或者可以理解为各级政府对相关事务的管辖权，其中规划审批权就是一种重要的管辖权。当然，政府与职能部门之间也存在差异，职能部门的规划编制权主要来自单行法的授予。例如，《土地管理法》第 17 条规定："各级人民政府……组织编制土地利用总体规划。"《城乡规划法》第 12 ~ 15、19 ~ 22 条分别规定了各级政府、职能部门编制规划的权力。

从行为法上考察，土地规划职权也基本具备了行为法的依据。例如，《土地利用总体规划编制审查办法》、《城市规划编制办法》以及各地的地方性法规、规章，基本明确了规划的法定主体、权限、程序、法律责任等。当然，某些涉及土地利用的专业规划，如水利规划、交通规划、农业规划等，只在单行法律中进行了组织法的授权，而并没有行为法的依据，即既没有编制程序、法律地位、法律责任等方面规定，也没有规定职能部门在何种条件下可以启动编制规划的权力。虽然"有一部分在法律上具有一定的依据，而不具有作用法上根据的行政计划也大量存在……但从计划在现实中的重大机能来看，是不应该使其完全脱离法律统制的”。[①]

2. 规划权力的运行要求

由于具有极大的裁量特性，规划权力需要法律依据，但我们确实无法硬性要求土地规划完全依照实体规范运行。规划权力的裁量特性贯穿于土地规划制定、实施、变更的整个过程，并且是一种自由权力——不仅能够在衡量各方利益中自由判断，而且为达成规划目标而自由选择方法、手段。虽然我们可以信奉规划主体能够理性运用这种自由，但恣意妄为的本性确实存在侵犯公民权益的可能，加之立法机关的广泛委托和司法机关的审查无奈，规划裁量在不经意之间构成滥用的态势，因此划清规划权力的裁量界限相当必要。除通过法律保留明确规划权力运行之外，规划主旨、对拟定规划具有指导及约束作用的上位规划、利益衡量原则等，[②] 均可以构成规划权力运行的实体界限。

第一，符合土地规划的指导原则。规划的指导原则能够对整个规划活动具有普遍的指导意义。由于土地规划的指导原则涉及多种目标和利益，因此，不同的目标、不同的利益之间难免产生冲突，那么在制定土地规划时，对于冲突的目标和利益如何取舍，法律一般没有明确孰先孰后。当然，这也缘于规划本身面临土地利用的复杂事项，立法机关难以在事前进行准确预测，而必须交由规划主体针对具体问题实行具体分析。例如，《城乡规划法》第 4 条规定：“制定和实施城乡规划，应当遵循城乡统筹、合理布局、节约土地、集约发展和先规划后建设的原则，改善生态环境，促进资源、能源节约和综合利用，保护耕地等自然资源和历史文化遗产，保持地方特色、民族特色和传统风貌，防止污染和其他公害，并符合区域人口发展、国防建设、防灾减灾和公共卫生、公共安全的需要。”单从条文来看，我们确实无法洞察哪些属于优先利益：如果在耕地面临损害或者极大威胁的地区，耕地保护可能被优先考虑，而如果在经济落后、需要大规模建设的地区，土地则可能会被大量占用优先用于建设。《土地管理法》第 19 条规定：“土地利用总体规划按照下列原则编制：（一）严格保护基本农田，控制非农业建设占用农用地；（二）提高土地利用率；（三）统筹安排各类、各区域用地；（四）保护和改善生态环境，保障土地的可持续利

① 杨建顺：《日本行政法通论》，中国法制出版社 1998 年版，第 567-568 页。

② 城仲模：《行政法之一般法律原则》，三民书局 1994 年版，第 529 页。

用；（五）占用耕地与开发复垦耕地相平衡”已经明确了各个原则的先后顺序，即贯彻“切实保护耕地”基本国策，优先保证“耕地总量动态平衡”。显然，作为土地利用总体规划来说，对于规划权力的约束有失偏颇，没有从土地利用的整体效益考虑。指导原则的孱弱成为政府追求短期效益的借口，急功近利地大肆开发、利用土地，盲目开展的工业化、城市化建设，频繁地修改、调整土地规划，从侧面印证了规划权力的泛滥使用。借鉴《草原法》的相关规定“编制草原保护、建设、利用规划，应当依据国民经济和社会发展规划并遵循下列原则：（一）改善生态环境，维护生物多样性，促进草原的可持续利用；（二）以现有草原为基础，因地制宜，统筹规划，分类指导；（三）保护为主、加强建设、分批改良、合理利用；（四）生态效益、经济效益、社会效益相结合”，土地规划也需要突出对土地利用的生态保护，将生态效益放在与经济、社会效益同等重要的位置，此乃规划裁量在生态危机情形下需要着重考虑的方面。

第二，符合土地规划的统一协调要求。从纵向的内容来看，按照效力位阶以及规划主体隶属关系的不同，土地规划可以划分成上位规划和下位规划。为保证整个土地规划体系的统一，各级规划之间应当保持相对一致：上位规划指导并约束下位规划，下位规划的制定源于上位规划的要求。如果“上位计划之做成权者为国家，而下位计划之做成权者为地方公共团体时，若上位计划已对一定区域内将来之机能、形态、发展等先行确定者，地方公共团体事实上不可能再拟定不同之构想或计划”。[①]《土地管理法》第 18 条规定，“下级土地利用总体规划应当依据上一级土地利用总体规划编制。地方各级人民政府编制的土地利用总体规划中的建设用地总量不得超过上一级土地利用总体规划确定的控制指标，耕地保有量不得低于上一级土地利用总体规划确定的控制指标”，可以发现，上级土地利用总体规划是下级土地利用总体规划的基础和根据，后者应当与前者保持一致。从横向内容来看，土地规划可以划分为综合性规划和专业性规划。前者一般对涉及多种不同性质的事项进行综合协调，例如土地利用总体规划往往涉及城市、交通、水利等多个领域的土地利用、建设活动；而后者一般仅在某个领域按照专业的标准与要求对某一事项进行规划，例

① 刘宗德：《现代行政与计划法制》，载刘宗德《行政法基本原理》，学林文化事业有限公司 1998 年版，第 207 页。

如，草原主管部门对本辖区内草原保护、建设、利用的规划等。综合规划与专业规划以及不同类型专业规划之间存在内容衔接与协调的问题。例如，《草原法》第20条规定："草原保护、建设、利用规划应当与土地利用总体规划相衔接，与环境保护规划、水土保持规划、防沙治沙规划、水资源规划、林业长远规划、城市总体规划、村庄和集镇规划以及其他有关规划相协调。"《防沙治沙法》第13条规定："防沙治沙规划应当与土地利用总体规划相衔接；防沙治沙规划中确定的沙化土地用途，应当符合本级人民政府的土地利用总体规划。"这要求土地规划在拟定草案、确定方案时，经过规划裁量的内容必须保持相当的统一性与协调性，既不能使上下位规划之间产生冲突，也不能在不同类型规划之间引发矛盾，以维护土地规划整体目标的实现。①

第三，符合土地规划的必要性要求。必要性是土地规划存在的正当性基础，即拟定的土地规划对于目标达成是否有必要，此乃整个规划管理的重要前提，否则后续的规划工作将无法开展。以德国建设规划为例，需要三层标准进行审查：第一层，规划的方案是否必需；第二层，法定的规划指导原则或者框架是否得到遵守；第三层，利弊衡量的要求是否被考虑。② 我国《土地利用总体规划编制审查办法》第8条规定："土地利用总体规划编制前，国土资源行政主管部门应当对现行规划的实施情况进行评估，开展基础调查、重大问题研究等前期工作。"开展评估、调查、研究等前期工作，目的在于论证规划编制或者规划修改的必要性问题，即与国务院《关于国民经济和社会发展规划编制工作的若干意见》"编制规划前，必须认真做好基础调查、信息搜集、课题研究以及纳入规划重大项目的论证等前期工作，及时与有关方面进行沟通协调。编制国家级专项规划，编制部门要拟定规划编制工作方案，明确规划编制的必要性、衔接单位、论证方式、进度安排和批准机关等，并送有关部门进行协调"保持一致。对于土地规划的裁量权力来说，规划的必要性源于比例原则中的最

① 2006年，国务院《关于加强国民经济和社会发展规划编制工作的若干意见》明确规定，"在制定规划时强化规划之间的衔接协调。要高度重视规划衔接工作，使各类规划协调一致，形成合力。规划衔接要遵循专项规划和区域规划服从本级和上级总体规划，下级政府规划服从上级政府规划，专项规划之间不得相互矛盾的原则"。

② 李峻：《建筑法概论》，中国建筑工业出版社1999年版，第282页。

小侵害可能，[①] 它要求规划主体作出裁量行为时，在不违反规划目的或者效果的前提下，面对多种可供选择的手段时，应尽可能选择对公民权利侵害最轻的方法。这对于防止规划裁量侵害公民权利具有重大意义。为了进行城市建设而编制规划进行大规模征地活动，如果是基于公共利益的目的改善城市环境、提升生活品质的公共建设，规划征地对公民权利的侵害具有正当性，也具备合法性。但如果基于商业用途或者工业投资，规划征地的正当性则需要质疑。现实中，打着公共利益的旗号进行商业开发的例子比比皆是，规划裁量权力的运用也经常突破必要性要求。例如，一个既没有旅游资源也没有重大工业项目的贫困县，交通并不便利，而政府以提升城市品位、发展经济、吸引投资为借口而规划修建五星级宾馆，虽然初衷是基于公共利益的目的，但与城市整体发展并不相符，即使宾馆修建成功，其入住率势必较低，规划建设目的难以实现，其必要性也是极为欠缺的。虽然规划主体在制定规划之前，经常举行规划编制必要性的论证会，但由于存在不恰当的行政干预以及论证方式的封闭性，使得必要性论证往往异化为规划内容的可行性论证，而使必要性的论证环节形同虚设。[②]

三、规划权力的配置构想

1. 规划权力的廓清

权力分立的动因不仅是相互之间的制衡需求，还是管理科学化的实现方式。社会分工要求各个领域、各个部门具有专门技能和专业知识，不同教育背景、不同经验志趣的人才掌管不同的部门，无疑对于提高工作效率、提升管理水平具有重大帮助。权力被分解到各个部门，“只不

---

① 在能达成法律目的的各种方式中，应选择对公民权利最小侵害的方式。换言之，已经没有任何其他能给公民造成更小侵害而又能达成目的的措施来取代该项措施了。这里包含两层意思：其一，存在多个能够实现法律目的的行为方式，否则必要性原则将没有适用的余地；其二，在能够实现法律目的的各种方式中，选择对公民权利自由损害最小的一种。可见，必要性原则是从“法律后果”上来规范权力与其所采取的措施之间的比例关系的。

② 由于对专家论证制度在规划决策中的地位、功能及法定程序等方面缺乏统一的认识和规定，致使许多规划评审会未能充分发挥应有的作用和实现预期的效果，甚至有些规划评审专家沦为“举手机器”或“摆设”，产生了极大的负面影响。参见许重光、陈贞：《从公共决策角度看规划评审》，http://www.shuigong.com/e/doprint/? classid=58&id=7170，2004 年 12 月 15 日。

过是为了简化和监督国家机构而实行的日常事务的分工罢了”。[①] 一般说来，除非制定新的一般性规则和将它适用于具体案件这两项职能分别由不同的人或机构予以实施，否则想有效地分立这两项职能实为人力所不能及。这与法治中“任何个人都不能做自己案件的裁判者”的基本要求相契合。规划主体在制定、实施规划中，往往既承担裁判者的责任，又扮演运动员的角色，法律将规划权力划分为编制权、审批权、公布权与实施权等，原本初衷在于发挥各个部门的专业特点，提高规划的科学性、合理性，有效地保障土地利用与城市建设，但几种权力混合集中在政府及其职能部门，与现代法治所要求制定规则与适用规则相互分离的原理发生冲突。

《城乡规划法》第 21 条规定：“城市、县人民政府城乡规划主管部门和镇人民政府可以组织编制重要地块的修建性详细规划。”第 40 条规定：“申请办理建设工程规划许可证，应当提交使用土地的有关证明文件、建设工程设计方案等材料。需要建设单位编制修建性详细规划的建设项目，还应当提交修建性详细规划……城市、县人民政府城乡规划主管部门或者省、自治区、直辖市人民政府确定的镇人民政府应当依法将经审定的修建性详细规划、建设工程设计方案的总平面图予以公布。”《城市规划编制办法》第 11 条规定：“修建性详细规划可以由有关单位依据控制性详细规划及建设主管部门（城乡规划主管部门）提出的规划条件，委托城市规划编制单位编制。”从以上条文内容看，城乡规划部门和镇人民政府以及建设单位均可以享有修建性规划的编制权，但却没有相应的审批权，也就是说修建性规划一经编制即获得了法律效力。如果我们有理由确信政府及其职能部门能够代表公共利益而无需加以制约的话，那么建设单位的谋利本性将在缺乏管制的情形之下大肆泛滥。并且，城乡规划部门享有实施规划的权力，即依据规划颁发“一书两证”的许可权力，实施权与编制权，甚至“隐含的审批权”集中于同一主体——既负责制定规则，又负责审批具体项目，公正性难以获得广泛认可。

审视土地利用总体规划相关法律法规，同样存在权力混乱的纠结状况。《土地管理法》第 21 条规定：“乡（镇）土地利用总体规划可以由省级人民政府授权的设区的市、自治州人民政府批准。”《土地管理法

①《马克思恩格斯全集》（第 1 卷），人民出版社 1972 年版，第 224–225 页。

实施条例》第11条规定："乡（镇）土地利用总体规划经依法批准后，乡（镇）人民政府应当在本行政区域内予以公告。"也就是说，乡（镇）土地利用总体规划的公布权由下级政府行使，而非行使审批权力的上级政府。通常，享有审批权的机关同时享有公布权。① 因此，下级公布上级审批的规划，是不符合法制的基本常理，也导致其他诸多下位规范在配置权力时发生失序现象。例如，《天津市土地利用总体规划编制审批办法》第26条规定："土地利用总体规划经批准后，组织编制的人民政府应当在六十日内向社会公布，接受社会监督，但涉及国家秘密的部分除外。"

既然法律将规划编制权、审批权、实施权进行了明确划分，各个权力在逻辑上应当存在分工和制约，否则完全可以统一为政府的规划"决定权"。当然，造成各种权力混合甚至失序的原因，一方面在于整个规划运行的封闭体制，主要是在政府及其职能部门之间的内部流动，即使存在人大常委会或者规划委员会或者公众的介入，也主要停留在形式层面，而难以真正深入其中。另一方面也在于对编制权的误解，即并没有将各级政府负责组织规划编制视为独享的编制权，而仅将具体负责规划编制的职能部门作为编制主体，甚至将"编制"方案的设计单位也作为编制主体加以对待。编制权是法律赋予政府的一项公共职权，更是一种对等的职责，而不能不经法律许可而任意转移给其他主体。规划机关只是接受委托或者被指派承担具体的编制任务，而设计单位主要在于接受委托而进行编写规划文本、图件等带有民事性质的技术工作。总之，规划的编制、审批以及实施权力必须依据宪政、法治的基本理念进行合理、科学的配置，才能确保土地规划符合必要性、协调性、合理性等多重要求。以审批权为例，土地利用总体规划或者城市总体规划涉及范围十分广泛、关系非常复杂，属于关涉经济、社会、生态等协调、持续发展的重大事项，应当由各级人大及常委会进行审批，这也能够与《宪法》、《地方各级人民代表大会和地方

① 例如，《规章制定程序条例》第27条规定，"部门规章应当经部务会议或者委员会会议决定。地方政府规章应当经政府常务会议或者全体会议决定"；第29条规定，"法制机构应当根据有关会议审议意见对规章草案进行修改，形成草案修改稿，报请本部门首长或者省长、自治区主席、市长签署命令予以公布"。

各级人民政府组织法》的有关规定相互衔接。[①] 详细性规划、专业规划属于比较具体的、关涉某一领域的业务工作，事务性要求相对较强，可以由相关职能部门组织编制，由政府依法审批。

2. 政府与人大的权力调配

规划权力由政府及其职能部门行使，必须符合某种基本规则。在法制健全的国家，一般奉行“三权分立、相互制衡”，即法律将国家权力划分为立法、行政、司法三个部分，分别由议会、政府、法院三个不同的国家机关执掌，既保持各自的权限，又相互制约平衡，主要目的在于防止权力过度集于某个机关，而造成权力的滥用。其实，对法制良好运行的威胁、危害主要不是来自公民，而是源于政府。政府权力与社会接触最直接、最广泛，最容易膨胀而被滥用，遂成为依法制约的核心。因此，政府必须“在一切行动中都受到事前规定并宣布的规则的约束，这种规则使一个人有可能十分肯定地预见到当局在某一情况中会怎样使用它的强制权力，和根据对此的了解来计划它自己的个人事务”。[②] 这对于具有重大裁量特征的规划权力更具现实意义，毕竟无限自由裁量权带来的注定是残酷的统治，甚至比其他任何人为的统治手段对自由具有更大的破坏性。因此，对于规划权力的制约首先应当是人大（议会）权力，虽然“从法律规范到个别行政决定是一个从普遍性到特定性的过程，二者之间的空隙就是自由裁量的余地，不可想象法律能事无巨细地将生活中的情形都囊括进去”。[③] 除立法之外，议会对行政权力的其他制约也同样不可忽视。[④]

在我国，制约非但没有凸显“分权制衡”的应有之义，并且与宪法对行政权力要求的基本精神存在相当的抵触，在《城乡规划法》中体现甚为突出。其第 16 条规定：“省、自治区人民政府组织编制的省域城镇体系规划，城市、县人民政府组织编制的总体规划，在报上一级人民政府

---

① 例如，我国《宪法》第 99 条规定：“地方各级人民代表大会在本行政区域内，保证宪法、法律、行政法规的遵守和执行；依照法律规定的权限，通过和发布决议，审查和决定地方的经济建设、文化建设和公共事业建设的计划。县级以上的地方各级人民代表大会审查和批准本行政区域内的国民经济和社会发展计划、预算以及它们的执行情况的报告；有权改变或者撤销本级人民代表大会常务委员会不适当的决定。”

② [英] 哈耶克：《通往奴役之路》，王明毅等译，中国社会科学出版社 1997 年版，第 73 页。

③ 陈端洪：《中国行政法》，法律出版社 1998 年版，第 43 页。

④ 例如，美国《宪法》规定，众议院有权提出弹劾案，参议院有权审讯弹劾案。国会可以通过弹劾的方式制约总统。

审批前，应当先经本级人民代表大会常务委员会审议，常务委员会组成人员的审议意见交由本级人民政府研究处理。镇人民政府组织编制的镇总体规划，在报上一级人民政府审批前，应当先经镇人民代表大会审议，代表的审议意见交由本级人民政府研究处理。规划的组织编制机关报送审批省域城镇体系规划、城市总体规划或者镇总体规划，应当将本级人民代表大会常务委员会组成人员或者镇人民代表大会代表的审议意见和根据审议意见修改规划的情况一并报送。”应当说，法律设置了人大常委会对规划的审议权力，出发点是良好的，期望权力机关在规划审批前审查规划内容而制约规划权力。但将权力机关的审议意见报送行政机关进行审批，尽管负责审批的行政机关级别更高，但这显然颠倒了权力机关与行政机关之间的宪政定位，与《宪法》、《地方各级人民代表大会和地方各级人民政府组织法》的内容、精神发生冲突：各级人民代表大会及其常委会属于权力机关，而各级政府仅是行政机关，行政机关需要执行权力机关决定的各种事务，权力机关对行政机关的活动进行监督、制约。[①] 权力机关对行政机关决定的事项有权审查、监督，没有行政机关审批或者否决权力机关已经审议事项的惯例，哪怕行政机关的级别更高。本级政府并没有审批城市总体规划的权力，总体规划的审批权完全归属于上级政府，而本级人大及其常委会显然无法对上级政府进行任何的监督，导致监督权力的实际缺位，使权力机关与行政机关之间的职权关系处于混乱、无序的状态。同时，《城乡规划法》分别于第 19、20 条规定了城市、镇控制性详细规划在本级人大常委会的备案制度。但这种“备案”不具有任何现实的监督意义，也在实质上将权力机关对控制性详细规划的监督权力架空。

进一步分析，人大常委会对规划的“审议”具有什么样的性质？如果将审议解释为“咨询”，显然颠倒了权力机关与行政机关的关系，毕竟无法将咨询仅理解为对人大常委会知照性的客气和尊重，范围是远远不够的，因为作为受规划直接或者间接影响的公民同样需要受到尊重而进行咨

---

① 例如，《宪法》第 67 条规定：“全国人民代表大会常务委员会行使下列职权：……监督国务院、中央军事委员会、最高人民法院和最高人民检察院的工作”；《地方各级人民代表大会和地方各级人民政府组织法》第 44 条规定：“县级以上的地方各级人民代表大会常务委员会行使下列职权：……监督本级人民政府、人民法院和人民检察院的工作，联系本级人民代表大会代表，受理人民群众对上述机关和国家工作人员的申诉和意见”。

询性的审议活动。并且，这种“咨询性”审议将和规划委员会的“咨询性”审议职能发生重合。如果从专业性角度来说，显然规划委员会更具有专业技术方面的优势，人大常委会将受到较大限制。如果将“审议”解释为监督性，虽然符合本级权力机关与行政机关之间关系的性质，但这种监督显然缺乏实质性意义，因为本级政府仅是规划的组织编制主体，不具有“确定”规划的真实权力，作为监督内容的城市规划仅能被看做“半成品”，经过上级政府的审批之后才成为“成品”，此时，上级人大常委会却没有被授予进一步监督的权力。如果理解为议决性质，当上级政府不同意审批城市规划方案或者对总体方案提出修改意见时，应当退回下级政府重新编制或修改完善后再提交同级人大常委会审查。但在实践过程中，很少依照如此流程进行。①

虽然《城乡规划法》如此规定确实纰漏较多，② 但是相比于土地利用总体规划法制体系来说，仍是一个较大的进步。在与土地利用总体规划相关的任何法律文件中，均没有赋予各级人大及其常委会进行事前审议的权力，基本上是在政府及其职能部门内部的封闭活动。人大及其常委会从根本上失去对土地利用总体规划编制、审批权力的监督，这与土地利用总体规划处于治理土地利用的“龙头”地位不相匹配。因此，在规划编制、审批过程中，法律必须理顺人大权力与政府权力之间的关系，或者赋予人大对某些重要土地规划的审批权力。

3. 中央与地方的权力划分

从土地规划权力的纵向配置来看，规划的编制权力由下级政府行使，规划的审批权力由上级政府掌握，由于各级政府之间的目标追求、关注重心不同，因此导致不同层级的土地规划发生定位偏差，这一点在中央与地方两个层面表现得最为明显。规划不仅关注土地利用的宏观发展，也需要对土地利用进行微观控制。③ 对于中央政府来说，期望集中规划权力，实现全社会整体利益的安全与最大化；地方政府则希望规划权力独立，在编

① 刘家海、蒋明杰：《对城市规划法若干问题的反思》，《学术论坛》2005 年第 7 期。

② 类似规定在已经废止的《城市规划法》中存有先例，例如，第 21 条规定：“城市人民政府和县级人民政府在向上级人民政府报请审批城市总体规划前，须经同级人民代表大会或者其常务委员会审查同意”，但遗憾的是，《城乡规划法》仍没有从根本上改变这一规定，而仅仅调整了措辞。

③ 中央政府与地方政府在土地规划中表现出的权力定位差异，在其他上下级规划中仍然存在。

制规划中发挥更大的作用。中央政府与地方政府在规划土地利用中，差异主要体现在：

第一，中央政府与地方政府关于耕地保护目标不一致。中央权力代表国家整体利益，希望通过实施耕地保护制度，维护国家粮食安全、生态安全，确保社会、经济的稳定运行，实现经济、社会、生态的持续、协调发展；地方权力则从本地区域发展考虑，尽量使耕地保护的指标分配趋于最少或者相对最少，通过大规模的城市改造、工业投资提升经济发展水平，进而改善人们的基本生活水平。中央政府在规划管理法制中处于决策的优势地位，以国家意志作为强有力的保证，进而分配耕地保护指标，确定以及耕地保护责任的承担者。但地方政府处于具体操作的实践层面，掌握更多的信息资源。地方政府在信息不对称的掩盖之下，表面服从中央政府的耕地保护策略，实际上通过各种虚拟数字求得经济发展的目标实现，从而瓦解中央政府规划土地利用的目标体系，架空中央对地方的业绩考核。地方政府为了实现中央政府确定耕地保护目标，往往采取“上有政策、下有对策”的权力策略。例如，《土地管理法》第 31 条确定了“耕地占补平衡”制度，要求“非农业建设经批准占用耕地的，按照‘占多少，垦多少’的原则，由占用耕地的单位负责开垦与所占用耕地的数量和质量相当的耕地”。但在许多地方，建设占用的耕地大部分为地势平坦、交通便利、水利条件较好，土质肥沃的优质耕地，而新增耕地多处于低洼易涝、地形条件相对较差的地区，形成“占优补劣”的危险局面。[①]《基本农田保护条例》第 8 条规定：“各级人民政府在编制土地利用总体规划时，应当将基本农田保护作为规划的一项内容，明确基本农田保护的布局安排、数量指标和质量要求。县级和乡（镇）土地利用总体规划应当确定基本农田保护区”；第 10 条规定：“根据土地利用总体规划，铁路、公路等交通沿线，城市和村庄、集镇建设用地区周边的耕地，应当优先划入基本农田保护区；需要退耕还林、还牧、还湖的耕地，不应当划入基本农田保护区。”某些地区为了实现“基本农田应当占本行政区域内耕地总面积的百分之八十以上”的硬性指标，不得不把某些质量较差的耕地划入基本农田保护区，甚至形成“划远不划近，划劣不划优”思想，即将劣

---

① 王军征：《关于实行耕地占补平衡制度的调查与思考》，《资源与人居环境》2010 年第 24 期。

质耕地、偏远耕地划入基本农田保护区。[①] 在土地整理指标中，将草地、林地作为新增耕地的重要来源；实行基本农田易地代保政策，但为了保留发展机会，却难以一贯坚持。[②] 虽然我国建立了最严格的耕地保护制度，但由于中央与地方在耕地保护问题上的权力博弈，对耕地的实际保护难以实现。这也折射出地方权力个体理性与中央权力整体理性之间的矛盾，进而影响土地规划管理法制的有效实施。

第二，中央政府与地方政府关于建设用地的权力悖反。虽然地方政府也认同控制建设用地的必要意义，但我国实行国税与地税分离的“两税制”，中央与地方财政分家，地方政府更加关注自身利益，尤其是地方财政收入。对于建设用地的规划指标分配，地方政府偏好以本地 GDP 和固定资产投资作为依据，也使地方政府争取更多的建设用地指标，实现区域经济利益最大化。[③] 我国实行土地有偿使用制度，依据《国有土地使用权有偿出让收入管理暂行实施办法》第 4 条规定：“土地出让主管部门可以从其所获土地使用权出让收入中提取土地出让业务费，各地提取业务费的具体比例由财政部门核定，一般不超过出让收入的 2%，如有特殊情况，可适当提高比例，但最高不得超过 5%”，第 5 条规定：“土地使用权出让收入扣除土地出让业务费后，全部上交财政。上交财政部分，取得收入的城市财政部门先留下 20% 作为城市土地开发建设费用，其余部分 40% 上交中央财政，60% 留归取得收入的城市财政部门，地方财政所留土地使用权出让收入，暂时不参加体制分成。”事实上，建设用地出让资金分配办法“激励”地方政府通过一切手段争取更多建设用地指标，形成了“用地越多、收入越多”的发展机制。随之带来的是，土地收入成为地方财政收入的主要来源，2009 年，全国土地出让金高达 1..6 万亿元，占当年地方财政收入的 48. 8%，而 2001 年，全国土地出让收入占地方财政收入的比重只有 16. 6%。[④] 地方政府严重依赖土地出让金等相关收入，成为名

① 肖力：《基本农田保护中的若干问题及对策》，《经济论坛》2005 年第 14 期。

② 针对此类措施，国家已经明确，“基本农田不得易地代保，对已发生的要坚决纠正”。参见《基本农田“易地代保”紧急叫停》，http：//money. 163. com/economy2003/editor_ 2003/040618/040618_ 211636. html，2004 年 6 月 18 日。

③ 2007 年，浙江省新增建设用地指标分配原则为，70% 依据各地经济指标计算，30% 依据各地工作情况计算分解下达。

④ 黄小虎：《土地财政问题出路何在?》，http：//www. zhgpl. com/crn－webapp/doc/docDetailCNML. jsp? docid＝101470821，2010 年 10 月 11 日。

副其实的“土地财政”。[①] 这说明享有规划审批权力的中央政府关注宏观经济的运行状况，而享有规划编制权力的地方政府，从区域发展出发不断扩大建设用地需求，期望通过经济的快速发展实现区域利益最大化。目标定位的差异也导致中央与地方在建设用地的规划管理中不断进行着权力博弈。

事实上就规划土地利用的过程来看，中央政府与地方政府（或者上下级地方政府）之间的规划权力是一种“委托—代理”关系：中央政府委托地方政府负责管理区域土地利用，以实现土地可持续利用目标；同时，地方政府从中央政府获得管理土地资源的合法授权，利用土地的多维属性快速发展本地经济。虽然在土地规划管理法制中，中央政府处于权力优势地位，但土地利用的地域性、信息不对称以及地方政府的“抵制”，再加上法律、政策生效的时滞等因素，中央政府对地方政府的用地行为难以进行有效的实时管理。[②] 如果将地方政府的土地利用行为视作个体行为，将中央政府调控土地利用行为视为集体行为的话，恰恰也印证了“个人理性导致集体非理性”的逻辑规律。减少纵向规划权力之间的对峙关键，并不是让地方政府去考虑土地利用的全局问题，而是让其在追求土地利用自身利益最大化的同时，并不损害土地利用中的全局、长远利益。这要求一方面通过科学、合理的纵向规划分权，在一定程度上将中央权力下放至地方，积极发挥地方的能动性，中央政府主要履行监督的职能，这也符合从计划到市场的发展规律。另一方面，规划信息传递的制度化，形成规划信息畅通传递的运行机制，从而解决处于代理首尾两端——中央政府与地方政府之间的信息不对称——导致规划实施处于失效的困境之中。

---

①“土地财政”一般是指一些地方政府依靠出让土地使用权的收入来维持地方财政支出（参见《地方政府“土地财政”不可持续》，《人民日报》2010 年 12 月 27 日）。2010 年 11 月，在深圳市召开的房地产市场调控报告会议上，清华大学土木水利学院副院长、清华大学房地产研究所所长刘洪玉就全国土地收入占地方政府财政收入比重畸形情况列举了一组数据，其中杭州土地收入占全市财政收入比重高达 202.4%（参见刘洪玉：《杭州土地收入占财政收入比重达 202.4%》，http：//www.caijing.com.cn/2010-11-10/110564274.html，2010 年 11 月 10 日）。

②在各项因素中，地方政府采用更多是隐瞒信息的方式，诸如对实际规划用地指标、耕地保护面积、用地类型、违规用地等方面加以隐瞒，与中央政府形成信息不对称的局面，实现自身效用最大化的目标。参见卓勇良：《建设用地的制度困境》，http：//www.chinavalue.net/media/article.aspx? articleid=15931，2007 年 11 月 15 日。

另外，平衡各级政府、不同政府之间的利益关系。[①] 首先，改革与土地规划相关的制度。例如，政府目标考核责任制，在激励方式上，不纯粹以经济效益为标准，强化生态保护、资源合理利用等指标；不以眼前利益为标准，更多考虑经济、社会、生态发展的可持续性。又如，调整分配机制，化解“土地财政”问题，要求将土地出让总价款全额纳入地方财政预算，缴入地方国库，实行“收支两条线”管理，杜绝地方政府将土地出让作为财政收入的主要来源，疯狂地热衷经营土地、经营城市。其次，明确中央和地方关于规划权限范围。《土地管理法》规定，“土地利用总体规划实行分级审批”。其中，省、自治区、直辖市的土地利用总体规划，报国务院批准；省、自治区人民政府所在地的市、人口在一百万以上的城市以及国务院指定的城市的土地利用总体规划，经省、自治区人民政府审查同意后，报国务院审批。除此之外的土地利用总体规划，逐级上报省、自治区、直辖市人民政府批准。可见，大量的土地规划由地方政府审批。“中央和地方权利不清，造成地方实际上几乎拥有全部土地的处置权利，地方政府在利益诱导下，常常对土地进行破坏性开发”。[②] 更有甚者，某些地方通过修改土地利用总体规划，化整为零地批地，把审批权下放给地市一级政府。因此，限制地方政府的土地管理权限，明确只有中央具有调控新增建设用地的权力，地方负责保护、合理利用土地以及盘活存量建设用地，不能“变通执行”规划而任意新增建设用地。

第三节 规划内容：以土地规划用途类型为例

一、土地用途的法律梳理

土地规划除包含土地利用的基本内容之外，用途划分也属于不可缺少

① 惠建利、李叶宏：《论土地利用规划的法律效力》，《华中农业大学学报》（社会科学版）2007年第6期。

② 陆冠尧等：《国外及中国台湾地区土地用途管制制度研究比较》，《中国农学通报》2005年第8期。

的内容要素。从法律法规层面来看，《土地管理法》将土地划分为农用地、建设用地和未利用地，并对及其含义及其细分作了进一步规定。《土地管理法实施条例》第 10 条规定：“土地利用总体规划应当将土地划分为农用地、建设用地和未利用地。县级和乡（镇）土地利用总体规划应当根据需要，划定基本农田保护区、土地开垦区、建设用地区和禁止开垦区等。其中，乡（镇）土地利用总体规划还应当根据土地使用条件，确定每一块土地的用途。土地分类和划定土地利用区的具体办法，由国务院土地行政主管部门会同国务院有关部门制定。”《城乡规划法》第 17 条规定：“规划区范围、规划区内建设用地规模、基础设施和公共服务设施用地、水源地和水系、基本农田和绿化用地、环境保护、自然与历史文化遗产保护以及防灾减灾等内容，应当作为城市总体规划、镇总体规划的强制性内容。”2001 年《划拨土地目录》、2003 年《协议出让国有土地使用权规定》、2007 年修订的《招标拍卖挂牌出让国有建设用地使用权规定》并未改变国有建设用地用途类型，但对某些类型进一步作出了细分。

从技术规范层面看，也对规划土地用途进行了分类。由于历史原因，我国土地分类的技术规范并不统一，国土、建设、农业、水利、交通等相关部门分别在自己领域建立不同的土地调查、统计分类体系。例如，1984 年原全国农业区划委员会《土地利用现状分类及含义》、1989 年原国家土地管理局《城镇土地分类及含义》、1991 年原建设部《城市用地分类与规划建设用地标准》。不论从立法上、管理体制上还是从技术规范上，这些土地分类标准确实发挥了积极作用，但却没有针对土地进行统筹考虑、整体安排。随着市场经济体制不断完善，分散多头的土地管理体制逐步暴露出各种问题：各种技术规范对土地分类的内涵、口径不同，对同一土地类型认定、调查、统计结果往往差异巨大，加之专业调查难以全面覆盖，造成土地统计重复、数出多门、数据矛盾的问题。土地分类标准不统一，不仅严重制约了国土资源统一规范管理，而且也导致国家难以全面、系统、准确地掌握全国土地利用现状。当国家制定某项重大战略决策时，面对口径不一的土地数据，往往很难进行科学决策，而一旦依据某个行业的调查数据，执行中又经常出现重大决策互相矛盾的局面，给国家宏观管理、科学决策带来不利影响。① 作为土地管理的基础性工作，土地用途的分类改革已经势在必行。自2002年开始，国土资源部实行城乡统一的《全国土地分类》，通过城乡统一分类的方法，改变了土地分类一直存在的城内城外体系独立、标准不一的现象，② 并实现了与《土地管理法》的相互衔接，为进行土地用途管制奠定基础。但遗憾的是，土地分类体系在科学层次、空间尺度上并没有新的突破，以及将水域作为未利用地中二级类的科学性值得商榷。③

2007年，《土地利用现状分类》严格按照管理和分类学的要求，对土地利用现状类型进行归纳、划分，标志着我国土地利用现状分类首次拥有统一的国家标准。与以往土地分类规范相比，标准具有显著的进步意义：一是区分“类型”和“区域”，按照类型的唯一性进行划分，不依“区域”确定“类型”；二是按照土地用途、经营特点、利用方式和覆盖特征四个主要指标进行分类，一级类主要按土地用途，二级类按经营特点、利用方式和覆盖特征进行续分，采用的指标具有唯一性；三是体现城乡一体化原则，按照统一的指标，城乡土地同时划分，实现了土地分类的全面覆盖。可以说，土地利用现状分类标准的统一，对于科学划分土地利用类型、掌握真实可靠的土地基础数据、实施全国土地和城乡地政统一管理乃至国家宏观管理和决策均具有重大意义。并且，“新土地利用分类的实施必将对耕地保护、地籍管理和土地生态三个方面产生深远的影响”。④ 虽然《土地利用现状分类》仅是第二次全国土地调查土地分类的结果，但其不仅应用于土地利用调查，而且被期待统一使用于“土地调查、规划、评价、统计、登记以及信息化管理”等多个领域。

2009年，为贯彻最严格的耕地保护制度和节约用地制度，落实《全国土地利用总体规划纲要（2006～2020年）》，科学编制市、县、乡级土地利用总体规划，强化土地用途管制和土地宏观调控，国土资源部发布《市县乡土地利用总体规划编制指导意见》（以下简称《指导意见》）。其

---

①《土地多头管理弊端显现　开始进入“国标时代”》，http：//www.ce.cn/cysc/fdc/fc/200709/05/t20070905_12792435.shtml，2007年9月5日。

② 李树国、马仁会：《对我国土地利用分类体系的探讨》，《中国土地科学》2000年第1期。

③ 林爱文等：《对我国新的土地分类体系问题的探讨》，《国土资源科技管理》2002年第3期。

④ 文锐、吴宇哲：《〈土地利用现状分类〉实施对中国土地管理影响之管见》，《资源科学》2010年第4期。

中，明确提出“土地规划分类”的概念，并与“土地现状分类”相互区别。①

二、土地用途类型的评价

总体来说，规划土地用途分类体系缺乏充足的权威性、统一性以及科学性。第一，土地规划分类的位阶太低，且效力不明。一般来说，权威来自于法律的效力强弱。尽管我国已经确立了独立的土地规划分类体系，但其仅见于《指导意见》。从效力位阶上来看，《指导意见》最多算是“规范性文件”，效力层次太低；从法律性质来看，该分类体系属于指导规划机关编制土地利用总体规划的一项技术规范。依照《土地管理法》、《土地登记规则》的规定，现行与土地登记相关的立法仅对土地用途变更明确要求，对现状用途、规划用途的登记则没有具体规定，这意味着土地规划分类未能与土地权利实现紧密对接，存在效力不明的问题，难以肩负起“类型法定”的重任。② 第二，土地规划分类标准粗略。在土地规划分类的法律规定中，关于农用地的划分类型基本相同，即强调农用地为“直接用于农业生产的土地”，虽然这种粗略的划分方式能够满足不同类型农用地的管制需要，却无法适应同类型农用地内部变更的要求。例如，《土地管理法》、《基本农田保护条例》分别针对“一般耕地”、“基本农田”设置了不同的管制规则。《全国土地分类（试行）》增设了可调整农用地类型，代表了对未来用地可能性的一种预估，而非仅是为了满足政策和统计的需要。在建设用地方面，根据美国、德国、日本等国家规划法律的有关规定，土地用途与规划控制指标具有联动性，即只要明确土地用途，规划控制指标也基本确定。我国由于用途类型的划分粗略导致联动性的缺乏，进而使对详细规划控制指标的确定具有较大的裁量性。例如，美国对住宅用地划分了独立住宅、双拼住宅、多户住宅等，而我国则缺少这种具

---

① 土地现状分类包括过渡期分类和二调分类。其中，过渡期分类指土地利用变更调查中采用的全国土地分类，二调分类指第二次全国土地调查中实际采用的土地利用现状分类。土地规划分类指土地利用总体规划编制中，根据规划管理需要，对土地现状分类进行归并或细分形成的规划用地分类。编制土地利用总体规划需要根据土地规划分类对土地利用现状数据进行转换，形成规划基期年各类用地基础数据。

② 杨惠：《土地用途管制法律制度研究》，法律出版社2010年版，第253页。

有法定效力的细致划分。第三，未利用地的界定缺失。现行法律大多“强调社会经济效益的理念之下，是以工农业生产服务为主要目标进行的”，[①] 将未利用地简单地定义为“农用地和建设用地以外的土地”，而作为与农用地、建设用地并列的第三大类。但如果依据生态保护的要求，大部分未利用地具有极高的生态价值。联合国关于土地的分类强调未利用地的重要意义，将内地水域、沼泽、裸地等置于耕地、建设用地之前。美国、日本、韩国等国家的土地分类也都关注土地利用的生态问题，未划分“未利用地”一类。该种分类为未利用地的利用、管理带来不可估量的不利影响，例如未利用地没有开发整理的明确要求，使得未利用地向其他用地调整具有较大的随意性。尽管“土地规划分类及含义”增加了彰显生态功能的“自然保留地”，却仍将其解释为“目前还未利用的土地，包括难以利用的土地”。在“利用”理念的狭隘支配下，“未利用地”这一生态系统的重要组成正在大量减少。[②]

三、土地规划用途的类型重构

1. 规划用途类型的提出

类型，并非简单地指某类事物，而是相对应于类别的概念存在。人类思维对现实世界的把握就是从对现实世界的分类展开的。通过类型化，混沌无序的世界变得井然有序。类型化能够弥补法律概念抽象化的不足，“一方面，它表现为一种精致化的具体思考，另一方面又体现为一种抽象的概括思维”。[③] 从某种意义上来讲，类型化是与传统的抽象化和个体化、具体化相对立的，几乎处于个别直观及具体掌握与抽象概念两者之间，但类型的思考方式既不同于抽象概念的思维传统，也差别于对客体的个别直观及具体掌握。“作为思考形式的类型的认识价值在于：其能够清楚地实现——并维持彼此有意义的相互结合的——包含于类型中丰盈的个别特征。”这对于法律规范的解释与适用以及法的内部体系的构造是

① 徐健等：《基于生态保护对土地利用分类系统未利用地的探讨》，《资源科学》2007 年第 2 期。

② 杨述等：《北方农牧交错带土地利用变化及其生态环境效应》，《地理科学进展》2004 年第 6 期。

③ 杜宇：《再论刑法上之类型化思维——一种基于“方法论”的扩展性思考》，《法制与社会发展》2005 年第 6 期。

必不可少的。[①] 以高度归纳为基本特征的抽象化思维，通过对社会事实或者研究客体高度抽象谋求一劳永逸，难免因过分抽象客体之间非此即彼的界限而走向僵化。与之相较，类型化以事物特征为标准对研究对象进行类属划分，而并不要求客体的所有特征都与其内涵完全一致，是一种基于群体性描述与非精确性归类，因而具有相对的流动性和极大的弹性。[②]

根据对类型化的分析，对某项制度进行类型化时通常有两个标准：其一是被归属于类型的法律关系在内容上具有相似性；其二是被归属于类型的各个法律关系体现一个“主导思想”。按照此路径，土地用途通常表现为以下两种情形：服务于“管制需要”的“规划分类”和服务于“利用调查”的“现状分类”。从国外的一般做法来看，由于土地规划用途分类与土地利用现状分类的服务目的不同，分别构成不同的分类体系。例如，美国土地利用调查分类系统主要有两种：[③] 第一，农业部经济研究局分类系统，即将土地类型划分为耕地、牧草地、林地、特殊用地以及其他用地 5 个一级类，下面细分为 24 个二级类；第二，地质调查局的遥感分类系统，将土地类型分为城市、农业用地、牧场、林地、水面、湿地、贫瘠土地、苔原以及永久雪冰 9 个一级类，下面细分为 92 个二级类。各州规划的土地类型划分各不相同，例如威斯康星州将土地规划用途划分为住宅用地、商业用地、工业用地、交通用地、公共设施用地、政府与公共机构用地、户外娱乐用地、农业用地、自然区域及其他用地 9 个一级类，下面细分为 41 个二级类。[④] 佐治亚州为了建立一个能够适应土地规划需要，且土地利用信息和资料能够用于多种不同目的的标准土地利用分类体系，于 1989 年提出以美国标准产业分类体系为基础的土地利用分类体系，将土地类型分为居住用地、商业用地、工业用地、公共/研究用地、交通/通讯/公共设施用地、公园/娱乐/保护用地、农业/林业用地、未开发/未利用地 8 个一级

---

① ［德］拉伦茨：《法学方法论》，陈爱娥译，商务印书馆 2003 年版，第 347–355 页。

② “流动性”表现在类型可以适应社会事实不断变动的需要，而“弹性”则表现在“类型在结构上具有开放性，类型可以根据法律要求对某些要素进行接纳与排斥，换言之，法律家可以依法律的要求对类型做出弹性处理”（参见李可：《类型思维及其法学方法论意义——以传统抽象思维作为参照》，《金陵法律评论》2003 年第 2 期）。

③ 秦明周：《美国的土地利用与管制》，科学出版社 2004 年版，第 31 页。

④ 吴初国、张迪：《俄美印土地利用分类》，载厦门市土地学会《海外国土资源管理介绍》，2005 年版，第 49 页。

类、93个二级类。① 同时，为了加强对农地的用途管制，1981年《农地保护政策法》将全美农地划分为四大类：基本农地最适合于生产粮食、油料作物、天然纤维和饲草，禁止改变用途；特种农地适于生产特定的高价值粮食、特种作物和天然纤维，禁止改变用途；州重要农地是各州不具备基本农地条件而又重要的农地，可有条件改变用途；地方重要农地是被鼓励继续用于农业生产且有很好的利用价值和环境效益的其他土地，可以或有条件改变用途。从上面分析发现，针对规划管理的土地用途分类与针对利用调查的土地用途划分存在明显区别。

土地规划用途的类型化能够使不同形式的土地规划用途的个别特征清晰化，也可以使不同的形式构成的土地规划用途类型体系的内部结构清晰化。“用途法定”在最基本的层面建构一个独立的、具有普适性、法定化的土地规划用途分类体系，不仅是认识、利用土地的开端，也是实施土地用途管制的前提，更是促成规划与管制衔接的基础。土地规划用途作为用途管制制度的基础，通过不同用途类型在不同分区中的组合规定，使管制规则更为具体、详细和具有可操作性。同时，在清晰完整的用途划分的前提下，展开用途变更的许可管制成为可能。由此，“用途法定”与“用途许可”也是共生共存、缺一不可的。②《土地管理法》第4条规定：“国家实行土地用途管制制度。国家编制土地利用总体规划，规定土地用途，将土地分为农用地、建设用地和未利用地。严格限制农用地转为建设用地，控制建设用地总量，对耕地实行特殊保护”；第20条规定：“县级土地利用总体规划应当划分土地利用区，明确土地用途。乡（镇）土地利用总体规划应当划分土地利用区，根据土地使用条件，确定每一块土地的用途，并予以公告。”可见，立法已经承认通过规划进行分类确立土地用途乃土地用途管制的基础。③ 并且，法定的土地规划用途类型体系也是明确土地权利，实现土地市场规范管理的前提。从法律的角度看，土地权利的差异其实源于法律意旨的不同而导致对土地权利限制的不同。针对不同用途设计的具体管制规则决定了不同用途的土地权利内容。因此，科学、完

① Higdon, *A Guide to Land Use Classification for Georgia's Counties, Municipalities, and Regional Development Centers*, Georgia Department of Community Affairs Office of Coordinated Planning Executive, 1991, p. 45.

② 程烨等：《土地用途分区管制研究》，地质出版社2003年版，第141页。

③ 王文革：《城市土地配置利益博弈及其法律调整》，法律出版社2008年版，第235页。

善地规划用途分类，一方面可以使土地权利人明晰自己的权利范围，从而避免权利的滥用；[①] 另一方面也可以防止政府对土地市场运作的频繁干扰。

2. 类型重构的对策寻求

土地用途分类不仅作为规划编制的分类依据，还作为土地利用现状统计的分类依据，但许多国家用途分类仅适用编制规划，以及作为土地管制的基础。[②] 这说明，我国将土地利用现状分类与土地规划用途分类混同并不符合通行做法，毕竟两者存在较大差异：土地利用现状分类通过调查土地的自然状态、经营特点、利用方式、覆盖特征等，提供土地利用的各种基础数据；而土地规划用途分类则是针对不同土地利用状态架构不同的管制规则。《土地管理法》划分农用地、建设用地与未利用地，《城乡规划法》区分禁止、限制和适宜建设的区域范围，均是遵循不同的土地管制规则。因此，《土地利用现状分类》作为土地规划、用途管制的基础以及执法依据并不恰当。而《指导意见》提出了与《土地管理法》相吻合的、一致的“土地规划分类体系”，则有助于完善土地规划、用途管制的类型基础。

第一，土地规划用途的类型法定。在现代社会的运行过程中，虽然调整社会关系的方式多种多样，但法律在所有的社会规范中无疑具有最高的效力和最强的权威。任何制度如果期望取得更好的实施效果，无不以法制化作为终极目标。《土地管理法》明确土地利用总体规划确定的土地用途乃实施管制的基础，因此，规划与用途管制应当适用共同的类型体系。类型法定作为用途法定的基本组成，应当以法律的形式将土地规划用途的类型予以确认，方可形成对管制者与被管制者之间的有效约束。2009 年，

---

① 我国《农村土地承包法》明确规定作为承包的土地为农业用地，显然，从土地利用分类上讲，《农村土地承包法》对承包经营中的土地一级类用途（农业用地、非农业建设用地、未利用地）已经规定得很明确了。由于二级分类不明确，发生权利滥用的情形颇多。尤其对农用土地中不同类别的用地约定不明，致使土地利用不合理，破坏土地生态环境。最典型的是“五荒”使用权的承包，其宗旨主要在于通过植树种草等用途进行治理。但承包者大都怠于治理而热衷于耕种，甚至有的为防止树木影响农作物生长，每年将幼树砍掉。这些行为不仅无助于土地治理，反而加速了土地生态环境的恶化。参见宋国臣：《在农村集体土地承包中不可忽视用途管制——农村集体土地承包中相关法律适用问题探讨之三》，http：//www. caein. com/index. asp？ xAction = xReadNews&NewsID = 7436，2010 年 12 月 8 日。

② 李名扬、孙翔：《对我国控制性详细规划工作的若干思考——通过对美、德、日、中法定层面规划比较研究》，《中国建设信息》2005 年第 9 期。

福建省各级国土资源局严格办理农用地转用与土地征收、土地供应审批、土地使用权转让交易、土地登记等相关工作，并按照国家分类标准界定建设项目用途，以防止出现用途不清、分类模糊的现象。① 地方政府已经发现了用途管制的依据缺失并积极寻求对策，可见，规划用途类型法定具有重要意义。“土地规划分类”应当从《指导意见》中脱离，上升为一项单独的国家标准规范，这样不仅对规划的编制具有约束效力，也能将影响延伸至规划实施领域。

第二，土地规划用途的标准完善。类型化的核心在于选取分类标准，只有客观合理的分类标准方能完成分类体系科学化、通用化的任务，进而实现分类的目的。如果将“土地规划分类”拓展成为一项具有普适性、能够实现“规划—管制—利用”的一体化规范，亟须在全面分析规划与管制的基础上进一步完善分类标准。具体来说，除传统的用途标准、形式标准②之外，与规划管制相关的权利标准是一个不可缺少的要素。从本质上来说，规划用途是政府权力对土地权利的一种限制。针对土地权利的基础与来源不同，政府采取不同的管制策略，即土地规划用途分类应当考虑“权利标准”。依据土地利用是否具有公益性或者土地是否承担了保障功能，土地使用权的取得条件、程序以及市场化程度也不相同：公益性土地使用权和保障性土地使用权，应当无偿取得，国家通过一定程序将使用权授予申请人。例如，《城市房地产管理法》第20条规定：“下列建设用地的土地使用权，确属必需的，可以由县级以上人民政府依法批准划拨：（一）国家机关用地和军事用地；（二）城市基础设施用地和公益事业用地；（三）国家重点扶持的能源、交通、水利等基础设施用地……”其中被列入的用地范围属于公益性或者保障性土地，且一般没有使用期限的限制。这一点在我国农村地区体现得更加明显，农村土地除了经济功能之外，还长期肩负着社会保障功能且不断强化，③ 因此，对于此类土地的使用，法律设置了更加严格的管制规则，例如，“建设占用土地，涉及农用地转为建设用地的，应当办理农用地转用审批手续”；“征收下列土地的，

---

①《我省进一步规范土地用途分类管理》，http：//www.fuzhou.gov.cn/zfb/xxgk/fzdt/bmdt/200911/t20091112_61919.htm，2009年11月12日。

② 秦明周：《土地利用分类及其用途管制研究》，《河南大学学报》（自然科学版）2000年第4期。

③ 陈希勇：《农村土地社会保障功能：困境及其对策分析》，《农村经济》2008年第8期。

由国务院批准：（一）基本农田；（二）基本农田以外的耕地超过三十五公顷的”。对于经营性土地使用权，《土地管理法》、《城市房地产管理法》规定申请人可以通过一定的程序并向国家支付一定对价取得。同时，土地使用权可以在市场上通过招标、拍卖、挂牌等方式自由流通，用于批准用途的项目建设。

第三，土地规划用途的体系修正。一般说来，管制必须是明确的、可以预期的，并且能够较容易地实施。作为用途管制的基础，土地规划用途的类型划分必须能够足够清楚地传递管制的基本信息，唯有如此，才能增进权利的确定性，维护土地市场的健康发展。为了实现这一目标，现行土地规划用途的分类体系需要加以修正：首先，由于多数土地适于多种用途，而使用者趋于将土地用于最高收益额的用途。因此，经济利益与土地用途之间的竞争往往十分激烈，这在建设用地中体现得更为突出。但无论如何，公益性与保障性的建设用地是不能忽略的，在建设用地一级地类之下，设立覆盖农村宅基地、经济适用房、廉租房等保障性居住用地，以及符合国家机关和军事用地、城市基础设施等公益事业用地，与《土地管理法》、《城市房地产管理法》等关于建设用地规定进行良好对接。其次，按照现代化的一般标准，自然保护区面积应当占国土面积的12%以上，或者说生态用地占国土面积至少在12%以上，可见，生态用地绝对是一种不可忽略的土地规划用途的法定类型。西方发达国家正致力于生态环境的优化，早已研究综合土地利用与土地覆被变化而进行土地持续利用模型。①因此，应当用“生态用地”② 取代“未利用地”作为一级地类，与之相对应，二级类由“未利用土地”、“其他土地”，并细分为“水域及湿地”、“荒地”、“裸地”、“保护区用地”、“特殊生态用地”等。同时，为了保证土地利用的可持续性，考虑在三级地类中增加“可开发利用”的地类，以作为农用地尤其是耕地的后备来源。

---

① Riebsame, “Integrated Modeling of Land Use and Cover Changes”, *Bioscience*, No. 5, 1994, pp. 350-356.

② 岳健、张雪梅：《关于我国土地利用分类问题的讨论》，《干旱区地理》2003年第1期。

第六章　土地规划管理程序规则的生态构建

无疑，实体规范是土地规划管理获取正当性的最基础依据。按照一般规律，法律实体规范制定得越详细、越具体，收到的法律效果也越好。但立法机关基于规划的现实特点，遵循“宜粗不宜细”的立法思路，使法律条文极具抽象性。规划具有更大的开放性，意思中心被限定得极小，因此可能造成法律的不确定性。法律的确定性，对于自由社会的有效、顺利运行来说，具有不可估量的意义。虽然不确定的法律概念可以通过结合事实、考量多重因素而予以确定，但犹如一个硬币的两面，也会引发其他问题：充满弹性、抽象的法律概念导致标准不一、空间过度，使规划裁量趋向诸如滥用职权、消极不作为等任意甚至专横。由于“人们无法对生活整体中的许许多多的未知事物进行控制，这些东西永远导致了一种精神上的严重不安”。[①] 土地利用的未来情况是不确定的，而导向性的规划恰恰在缓解这种不确定性，同时法律也自然承担着克服不确定，维持社会的连续性、稳定性的重任。法律通过实体规范确定权利义务关系，保证土地利用秩序的良好形成。土地规划终究是动态变化的，当规划的理想性与现实的多变性难以协调时，规划的调整、修改便无法避免，这明显抵牾实体规范的刚性逻辑。因此，实体规范事先对土地规划进行过度管理，反而会造成规划滞后于实际，影响导向功能的发挥。

实体法律在保障土地规划有效性方面的功能欠缺，应当积极寻找其他

①［英］鲍曼：《立法者与阐释者——论现代性、后现代性与知识分子》，洪涛译，上海人民出版社 2000 年版，第 12 页。

途径与之配合。与实体规范相比，程序[①]规范在促进土地规划的管理完善能够发挥更重要的作用。规划管理法制的实现更大程度上取决于公开、民主为原则程序保障，这将改变我国“重实体、轻程序”的制度弊端。法律程序规定主体行使权利（权力），承担义务（职责）时所应当遵循的方法、步骤和时限等，“具有抑制、导向、平衡、感染（暗示）的功能”。[②]程序不仅可以限制规划主体的裁量权力，维持既有秩序的稳定性、信赖性，而且也容许选择的自由，使法治国家建设具有更大的可塑性、适应能力。对于土地规划管理来说，程序规范能够凸显：第一，民主化，规划通过吸纳相对人、利害关系人的参与而作出决策，符合民主化的发展潮流；第二，正当化，现代正义由实体转向程序，公正的程序能够促成规划结果的正当性，缩小人们抵抗的空间；第三，理性化，规划依赖于程序的“工具理性”，在权力与权利的相互作用中，成为理性沟通的载体；第四，效率化，统一的程序使人们清醒地认识规划的未来动态，从容地接受并预先安排活动，使规划高效地实施。毫不夸张地说，程序决定了理性法治与恣意人治之间的差异。无论从技术层面，还是在价值层面，程序规范都具有不同寻常的地位，对于土地规划的管理作用也日趋明显。

第一节　土地规划管理的程序正当

与传统权威的正当化途径不同，现代社会中的权威正当性来源于理性，[③] 以协商而确定，并非通过简单的服从赢得。[④] 当协商获取了公民的足够信赖，规划的理性得到权威认证，受到阻碍的概率大为降低。正当程序是一条“绝对的道德命令”：“永远把人类——无论你亲自作为还是代

① 需要说明的是，本书论述的“程序”主要针对规划制定程序而言的，并不涉及规划实施程序的内容。

② 孙笑侠：《法律程序剖析》，《法律科学》1993 年第 6 期。

③ Fierdich ed. , *Authority*, *Reason*, *and Discretion in His Authority*, Harvard University Press, 1958, p. 29.

④［美］诺内特、塞尔兹尼克：《转变中的法律与社会》，张志铭译，中国政法大学出版社 1994 年版，第 105 页。

表他人——当做目的，而绝不是仅仅当做手段来对待。”对于个人尊严的承认，意味着程序将个人当做值得尊重的主体来对待。[①] 正当程序从起源之初就透露出强烈的尊重个人、维护权利倾向，透过程序参与能够带来规划信息的强化，弥补了技术有限导致规划基础难以周全的弊端，进而提升规划效能，即“促进效率而不是阻碍效率……只要法律不要过分苛刻，正义与效率并行不悖”。[②] 土地规划的正当程序为任何可能因土地规划而权益受影响者，提供最低限度以上的程序保障，使得规划主体因土地利用的利益冲突而陷入未知时，仍旧能够获得充足的正当性。

一、正当程序

正当程序，即正当法律程序。美国宪法中有两项条款是关于正当程序的：一是1791 年通过的第 5 条宪法修正案——“不得未经正当法律程序，而使人丧失生命、自由或者财产”；二是 1868 年通过的第 14 条宪法修正案——“各州非经正当的法律程序，不得剥夺公民的生命、自由和财产”。虽然正当程序表述较为简明，但在美国宪法中地位非常重要，联邦最高法院援引其进行案件判决的次数远远超过了其他宪法条款。随着法治进程的发展，其含义也在运用中不断深化，由单纯“自然正义”的程序性原则开始向实体性原则扩展，以此保障那些宪法中没有明文规定的权利。[③] 正当程序溢出传统的司法领域，使公民获得了包括在立法、行政、司法、对行政行为司法审查以及法律救济等活动过程中的一系列权利。[④] 实体性正当程序要求任何一项涉及剥夺公民生命、自由或者财产的法律不能是不合理的、任意的或者反复无常的，而应当符合公平、正义、理性等基本理念。这也要求政府必须为其行为提供正当化的理由，即政府的行为必须基于合理的、符合公共价值的动机；在行政机关所采取的行为和这一行为所要达到的目的之间，必须存在某种合理的和必要的联系。[⑤] 程序性

① [美] 诺齐克：《无政府、国家与乌托邦》，王建凯译，中国社会科学出版社 1991 年版，第 330 页。

② [英] 韦德：《行政法》，徐炳译，中国大百科全书出版社 1997 年版，第 94 页。

③ 林来梵：《针对国家享有的财产权——从比较法角度的一个考察》，《法商研究》2003 年第 1 期。

④ Fallon, “Some Confusions About Due Process, Judicial Review, and Constitutional Remedies”, *Columbia Law Review*, No. 93, 1993, p. 309.

⑤ 汪劲：《环境法律的解释：问题与方法》，人民法院出版社 2006 年版，第 359 页。

正当程序涉及法律实施的方法、过程，要求用以解决利益争端的程序必须符合公正、合理的理念。这要求行政机关在采取某一行为之前，必须提供必要的程序保障，尤其影响公民的生命、自由或财产等重要权益，必须认真听取当事人意见。

权利是否能够完全受到正当程序的保护，需要被具体甄别是否能够纳入“生命、自由与财产”的解释之中。如果“生命、自由与财产”被更宽泛地解释为一个有机联系的整体，而不被僵硬地割裂为三个不同的子项目，那么所有对人民产生重大影响的权益都包括在内。并且，从自由与程序之间的关系来看，自由也应当限定于一个宽泛的领域，使其包括免于政府专断决策程序的实体权利。① 土地规划权力属于政府权力的组成部分，涉及权利大部分能够归入“生命、自由与财产”的范围之中。当然，某些权利也确实难以归入正当程序所限定的生命、自由和财产中的某一类型。例如，规划土地利用涉及的不是某些特定的人的利益，而仅属于土地或者生态的价值本身，应该如何适用？正当程序应用于土地规划，面临着适用标准的问题，一般通过两种方式解决：第一，将生命、自由与财产作超乎个人主义的解释，使其不局限在特定或者可特定私人的范畴，而扩展包括诸如环境生态品质的公共财产在内，具体做法是将财产解释为包括生态环境上的公共财产。第二，打破传统生命、自由与财产的框架约束，随着类似土地规划的环境行政等新型管制方式的出现，重新构建正当程序的标的，使其能够容纳土地生态价值。在美国的生态环境保护领域，近年来有将生态价值纳入生命、自由与财产的强烈诉求。②

二、正当程序与土地规划管理回应

土地利用涉及社会多方面的利益以及管理的各个方面，与其他传统管理行为相比，土地规划具有科技关联和利益冲突两大特性。无论是规划草案、规划文本，还是规划对经济、社会、生态方面的影响，都涉及浓厚的

① Alstyne, “Cracks in ‘The New Property’, Adjudicative Due Process in the Administrative State”, *Cornell Law Review*, No. 62, 1977, p. 487.

② Vanderziel, “The Hartfield Riders & Environmental Preservation: What Process is Due?” *Boston College Environmental Affiliation Law Review*, No. 431, 1991, pp. 475-479.

科学技术问题和科学不确定因素。科技关联给土地规划带来的问题在于风险的提高。为证明拟定的规划草案的可行性和技术的现有性，相关材料必须附有技术论证支持。例如，《土地开发整理规划编制规程》规定需要收集整理的资料包括土地潜力调查、土地评价等利用现状和规划资料以及自然生态环境、人口和社会经济发展、农业普查等基础资料。在土地利用总体规划报送审批时，也应当提供规划文本及说明、规划图件、专题研究报告、规划成果数据库以及其他材料等。因此，土地规划的过程实质上已经沦为科技选择的过程，最终使规划成为技术支配下的论证工具。当然，为使拟定的土地规划草案尽快获得批准，草案拟定主体往往有意夸大方案的可行性，并回避风险性或者论证风险的不确定性。如果对规划草案的不利影响缺乏实现的技术论证和支持以及对社会各方利益的综合判断，就会使土地规划迷失预防的方向。2010 年，厦门成功大道 BRT 规划建设项目，已经投入上千万元建成 11 个站点却不能启用，前期参与论证的规划专家把原因归结于规划论证的时间太仓促——“从产生想法到拿出方案，只用了一个月的时间”。[①] 这说明规划需要在一定的时期内作出，而在特定的时空条件和决策时间的压力之下，由于资讯欠缺等各种因素的影响，不论规划文本是否获得最终批准，规划正确与否依然难以判断。

规划土地利用需要通盘考虑涉及的社会、经济乃至生态等各方利益，在总体上衡平各方对土地利用的需求。尤其在城市化、工业化快速发展的今天，高密度利用下的土地已经成为利益主体竞相争取的稀缺物品，因此，即使单一的土地利用行为往往也会触及非常广泛的利益形态，造成规划裁量空间的不断扩大。例如，在规划用途为建设用地的同一块土地上，五星级酒店与高档住宅明显存在巨大差异，甚至有些利用者期望通过变更规划条件获取更大的土地收益，这是规划许可在不同目标追求之下进行的不同选择，当然，类似情况往往不被允许或者受到诸多限制。[②] 鉴于科技

---

①《厦门投资千万元车站成摆设　专家称前期论证不足》，《中国青年报》2010 年 12 月 9 日。

② 例如，2010 年《广州市规划局规范行政许可自由裁量权暂行规定》第 15 条规定，“单独核发规划条件时，确定用地规模和用地红线应当符合以下规定……申请使用自有的国有建设用地进行新建、扩建、改建的，应当依据土地行政主管部门核定的合法权属用地界址坐标，并且结合拟建项目规模、周边建筑现状、建筑间距及交通安全等因素确定”；第 16 条规定，“变更规划条件应当符合以下规定……除工业、仓储用地外，通过公开出让方式取得国有土地使用权的建设项目，不得变更规划条件中的强制性指标”。

的不断进步和土地利用效率的提高，法律仅能够按照一般保留原则为规划及科技关联设置框架，具体事宜授权规划主体最终定夺；并且为了实现土地的可持续利用，政府不得不改变技术标准或者衡量相关情势来调整既定的规划。土地利用者在原有法律秩序下形成的既得利益便可能受到政府“游戏规则”的调整而发生改变，从而引发利益冲突。这一点在城市扩张占用土地体现得最为明显，在城市化进程中，土地被划入规划发展区域，土地利用的原始规则被征收打破，导致既有的土地权利变更，大量的征收案件表明在利益冲突中，受损的大多是依赖土地生产、生活的利用者。数据显示，失地农民净收益在被征地之前与被征地之后存在较大程度的减少。例如，上海由 890 元降低至 577 元，天津由 1304 元降低至 873 元，湖南由 461 元降低至 439 元，广西由 471.08 元降低至 269.67 元，甘肃由 843.1 元降低至 772.3 元。① 土地利用规则被规划重新调整之后，利益却未能够得到合理补偿，尤其是征地冲突成为近些年土地利用矛盾的焦点。②

面对不断变动的土地利用环境，规划主体的决策取决于科学上的证实或者发现，然而法律却无法准确预测规划的每个环节，在许多场合，甚至会造成规划决策缺乏正当性。理想的规划环境应当是规划主体能够掌握所有相关的资讯，每个环节具备坚实的事实基础，使得任何外力干扰，都很容易地辨明其是否已经背离事理。然而，现实并不具备理想的规划环境，“基于时间或者成本的考量，或基于事务的性质，往往无法充分掌握所有的资讯，造成决策考量上仍然存在着各种不能确定的因素（包括科学上因果关系尚未明确、成本效益的评估仍有盲点、管制的优先次序排定仍没有定论、执行的可行性仍没有共识，等等），而形成学理上所谓‘决策于未知之中’的困境”。③ 规划处于此种境况，往往采取两种做法：第一，专家决定，由于规划依赖的基础资料不充足，规划主体往往诉诸科技权威，期望将问题简化为科技层面的事实认定，并由技术专业来控制政策的变数，造成规划专家专制。第二，存在不能抗拒的干预，规划直接摆脱数

---

① 汪振江：《农村土地产权与征收补偿问题研究》，中国人民大学出版社 2008 年版，第 55 页。

② 2009 年，重庆市第一中级人民法院《土地征收案件调研报告》显示：征地案件增长速度明显快于行政案件增长速度。2007 年行政案件比 2004 增加了 12%，但征地案件却增加了 104%。土地征收诉讼案件的大量增加，说明由土地征收引发的矛盾急剧扩张。

③ 叶俊荣：《环境行政的正当法律程序》，三民书局 1997 年版，第 3 页。

据基础的束缚，而迎合政治的运作。由于法制化程序的欠缺，土地规划难以调和以科技为本的事实理性与以政治为本位的民主理念，从而在解决土地利用问题的时候，难以严肃地面对土地的经济、社会以及生态等问题的纠葛，使得规划的信任受到深度质疑。对于土地规划来说，无论是经济利益的发展，还是社会利益的衡平，抑或是生态利益的保护，以程序理性的提升来弥补实体理性的不足，成为规划实践的必然选择。

第二节　土地规划管理的正当程序考察

“他山之石，可以攻玉”。西方国家的土地规划法制呈现生态化趋势，体现了土地资源保护、人与自然和谐的先进理念，而程序的正当性成为维护法制生态化的必然要素。虽然程序正当在各国发展过程中表现不同，但作为法律的普适原则，毫无疑问地应用于土地规划法制之中。通过分析日本、德国以及我国台湾地区的土地规划法制的正当程序，以检讨我国相关规定的正当状态。

一、其他国家（地区）土地规划管理程序

1. 日本

1983 年，日本《行政程序法（草案)》中“特别程序规定部分”规定了“限制土地利用之计划拟定程序以及实施公共事业之计划确定程序”。但囿于规划理论研究不成熟的困境，1993 年通过的《行政程序法》中并无关于规划程序的直接规定。即便如此，草案中关于土地利用计划程序的规定依然具有相当的参考价值。草案关于土地规划管理程序分为两个部分：首先，限制土地利用之计划拟定程序，即在特定之地区，限制土地利用之用途，以政令配置公共设施或者借开发事业之施行对该地区课以权利限制计划。具体程序包括：第一，听取其他关系行政机关（包含地方公共团体）之意见。例如，内阁总理大臣依据《国土综合开发法》第 7 条第 1 项规定，制定全国综合开发计划除了要听取相关行政机关的意见外，还需经过国土审议会的调查审议。第二，计划案提供公众阅览。第

三，给予利害关系人以书面陈述意见之机会。例如，《都市计划法》第16条第2项规定，制定的地区规划方案，必须在征求相关区域内土地所有者的意见之后才能制定。第四，对申述意见之人举行听证。第五，决定之计划，附记理由公布。例如，《国土利用计划法》第7条第3项、第8条第3项规定，都道府县计划或者市镇村计划，必须经该地公共团体的议会进行表决。其次，实施公共事业之计划确定程序，即以特定空间设置特定公共设施为目的，所揭示之个别具体之事业实施计划，其确定程序限于其他法律无特别规定之情形，始适用以下之规定，具体包括：第一，协议与听取意见。计划确定裁决厅应与受计划影响的行政机关进行协议，取得一致意见。同时，在行政机关为计划确定裁决厅时，应听取有关地方公共团体的意见。第二，听证。计划案提供给公众阅览；对申述意见之人举行听证。第三，计划之确定裁决。在规划确定裁决中，应明示避免他人权利受不利益影响所采用之必要手段，或者对关系人进行补偿，确定之计划，附记理由公布。第四，计划的集中效果。计划确定后，所必要之其他许可、认可、承认、同意等，均可免除。第五，计划变更与废止。计划完成前，予以变更时，应为必要的新计划确定程序，但轻微之计划变更，则可以省略。计划确定裁决发生不可争力之后，经过一定期间未付诸实施，计划失去效力。

除此之外，日本土地规划管理程序在《都市计划法》、《土地区划整理法》等单行法中，实践一般遵循较为详细的程序规范。以日本《土地区划整理法》为例，土地利用计划程序包括：① 第一，规划申请。实施土地区划整理事业的，如果是一人施行者，必须制定事业计划；如果是数人施行者，必须签订合同和制定计划，经都道府县知事批准；如果都道府县和市镇村是施行者，必须制定实行规程和事业计划，属于都道府县者，必须取得建设省大臣许可，属于市镇村者，必须取得都道府县知事的认可。第二，规划展示。都道府县和市镇村制定土地规划时，应将事业计划展示两周，以供公众阅览。在这种情况下，市镇村长应将事业计划报送都道府县知事。第三，异议提出。与计划有利害关系者，对于公开展示的事业计划有意见时，应自展阅的第二天起，两周之内，向都道府县知事提出意见

① 汪秀莲、王静：《日本韩国土地管理法律制度与土地利用规划制度及其借鉴》，中国大地出版社2004年版，第223-277页。

书。都道府县知事在受理异议意见书后，应提交地方规划审议会。第四，审议会审议。规划审议会进行审议时，可以通知异议人、规划施行者、行政机关以及其他利害关系人参加。对于异议意见书内容，认为其意见有必要采纳时，都道府县知事应亲自修改由都道府制定的事业计划；如该项事业计划是由市镇村制定者，则应命令有关市镇村做必要的修改；如审议会认为该项意见书的内容没有必要采纳的，则需要通知异议人，异议人对于审议不服的，适用《行政不服审查法》有关审理不服提出异议的规定。第五，规划草案修改。都道府县知事或市镇村长，对事业计划实行修改时（根据政令规定作细微修改者除外），对于修改部分，应重新履行规划制定程序。第六，规划决定作出。建设大臣和都道府县知事，作出事业计划的认可时，建设省大臣应当及时说明施行地区和设计概要的文书送交市镇村长。如系都道府县知事许可者，应将该文书及时送交建设省大臣和有关市镇村长。都道府县知事或者市镇村长应该按照省令规定，及时公布施行者的姓名、事业施行期限、施行地区，以及其他建设省规定的事项。未经公告的事业计划，不得对抗第三人。第七，规划事后变更。如都道府县或者市镇村，需要变更已经公告的事业计划时（根据政令规定作细微修改者除外），其变更属于都道府县者，应当取得建设省大臣的认可，属于市镇村者，应取得都道府县知事的认可。①

2. 德国

德国现行与土地规划管理相关的法律主要包括《空间规划法》、《土地整治法》、《建设法典》等。土地规划经议会通过后，② 具有一定的指导作用和法律效能。作为土地规划管理核心的《空间规划法》，不仅是一部规范平面空间的“国土规划法”，而且是一部立体的规划法，对德国空间的不同功能划分作了战略规定。当然，其并没有十分完善地规定土地规划的程序制度，仅有两个条款涉及：第 11 条“目标改变的程序”，即可以通过特别程序改变国土规划的目标，如果该改变从国土规划的角度看具有正当性并且不改变规划的基础；第 15 条“空间规划程序”，即具有空间

---

① 参见日本《土地区划整理法》第 4、52、55 条。

② 空间规划的决策权在内阁，但必须征得议会同意。议会站在人民代表的立场审查规划，而不是站在立法机构的立场审批规划（参见马晓萱：《德国奥地利规划体制及对空间规划的启示》，http：//www. tjcityplan. com/kcjl/gwkc/145849. htm，2006 年 5 月 19 日）。

意义的规划和措施应通过特殊程序实现相互协调，并且与空间规划的要求保持一致。[①] 其中，第 11 条的“特别程序”即援引《行政程序法》中“规划确定程序”部分。德国作为最早以法典形式规定规划确定程序的国家，虽然《行政程序法》对于规划的适用范围并没有明确规定，但一般认为主要针对“涉及大范围土地空间利用”[②] 的规划，或者“用于事涉大片土地、人民因纷争难免之大的功能或开发计划”。[③] 因而，《行政程序法》成为与土地规划管理程序最密切的法律规定。[④]

结合德国《建设法典》[⑤] 关于规划管理的程序规定，确定裁决主要包括：第一，规划草案拟定。规划拟定机关应该在充分调查土地状况的基础上，科学地预测未来土地利用想要达到的目标。在规划草案的拟定阶段，市民有知道规划目标、作用的权利，参与规划草案编制和讨论，提出建议和发表想法。[⑥] 编制规划时，必须向市民公布城市建设的不同草案，包括土地的不同使用，将要开发建设的建筑，以及关于道路的走向等内容。第二，规划草案协调。管辖区受规划影响的行政机关的表态在不逾 3 个月之内表态，在听证会之后的表态不再予以考虑。第三，规划草案公开。规划草案展示于预计受规划影响的乡镇一个月，以供人查阅。但如果当事人的范围明确，且在一适当期限内已将规划供其查阅的，可拒绝展示规划。展示规划的乡镇，须至少提前一周就展示本身以地方惯用的方式予以公告。

---

① 德国《行政程序法》第 72 条（1）规定：“‘确定规划程序’是由法规规定的，适用本法第 73 条至第 78 条规定。”

②［德］平纳特：《德国普通行政法》，朱林译，中国政法大学出版社 1999 年版，第 160 页。

③ 黄锦堂：《德国计划裁决程序引进我国之研究》，载翁岳生教授六秩诞辰祝寿论文集编委会《当代公法理论：翁岳生教授六秩诞辰祝寿论文集》，月旦出版社股份有限公司 1993 年版，第 431 页。

④ 程序适用于需要使用大量土地并且利害关系人很多的计划事项，例如，机场的扩建、高速公路的兴建、交通路线的划定、海岸旁边港口的扩建等。规划确定程序的范围限于空间上有重大意义之计划，所谓空间，是指地面、地上、地下等人类行动或掌握所及的领域而言；所谓重大意义之计划，是指计划工程如此庞大，以致须使用大量空间——包括其上的人类行为或大自然生态的存续——造成深远之影响而言。

⑤《建设法典》将规划分为城市土地利用规划（F-Plan）和建造规划（B-Plan），两者统称为建设指导规划，是一个城市社区政府在需要时有义务制定的任务。参见吴志强：《德国城市规划的编制过程》，《国外城市规划》1998 年第 2 期。

⑥ 但《建设法典》第 3 款第 1 条，以下三种情况可以回避市民的公共参与：在没有改变基本方案的情况下对土地使用规划进行修改和补充；在 B-Plan 对规划用地以及邻里地段没有造成重要影响的情况下进行编制、改变和补充，以及停止使用的时候；规划基本要求已经在其他规划的内容中通知，并且已经进行过公开讨论。

第四，规划异议提出。任何人的利益受到规划影响的，均有权在展示之后两周内以书面或者以口头表态，以行政机关记录在案的方式对规划提出异议。第五，规划听证。异议期届满之后，听证机关在三个月之内召开听证会，听证会旨在明确各方利害关系人对决定具有意义的事实和看法，权衡公共利益和私人利益，尽可能地消除异议。除了听证功能之外，还具有协调的功能。① 听证机关的职能主要是汇整、调和有关不同意见，并不对规划内容本身是否合法、合理作出判断，听证机关应将其对听证结果的意见，尽可能在听证会后一个月内移送确定机关。当然，听证机关与确定机关必须分离，虽然是辅助性的"听而不断"，但也更有利于实现公正。第六，规划草案变更。展示的规划草案发生变动，以致首次涉及或者更大涉及某一行政机关或者第三人利益的，应通知其有关的改动，并提供机会让其在两周内表态或提出异议。规划草案变更后影响新的乡镇的，应当在该乡镇展示。第七，规划确定裁决。规划确定机关可以作出批注或者驳回确定计划申请的裁决。已经规划确定裁决，应当及时送达规划承担者和利害关系人。规划确定机关不能作出完整裁决的，可以在规划确定决议中予以保留。规划确定机关如果认为规划的成熟度尚不足以作出裁决，可以采取必要措施或者由听证机关重新举行听证，以便在对听证会上未解决的异议作出裁决。第八，规划变更与撤销。已经确定的规划在完成之前需要变更的，应经过新的规划确定程序，但如果规划的变更无关紧要、不损及他人利益或者当事人对变更表示赞同的，规划确定机关可以省略规划确定程序。完全放弃已经开始实施的规划，规划确定机关须撤销规划确定裁决。在撤销决议中，须责成规划承担者负责恢复原状或者采取其他恰当措施，即有助于维护公共利益或者避免对他人权利造成负面影响。②

3. 中国台湾地区

与德国类似，我国台湾地区在规划制定中也引入了确定程序。现行"行政程序法"第164条规定："行政计划有关一定地区土地之特定利用或者重大公共设施之设置，涉及多数不同利益之人及多数不同行政机关权

①［德］沃尔夫等：《行政法》（第2卷），高家伟译，商务印书馆2002年版，第256页。

② 如果必须采取的措施是因为在规划确定程序终结之后毗邻土地上出现变化所需要，则规划承担者应当负责采取适当预防措施；毗邻土地所有人或者使用人应当承担由此所生的支出，除非这种变化是因为自然原因或者不可抗力造成。

限者，确定其计划之裁决，应经公开级听证程序，并得有集中事权之效果。前项行政计划之拟定、确定、修订及废弃之程序，由'行政院'另定之。"然而，原本"行政程序法（草案）"第113～131条非常详尽地借鉴了德国立法模式，但由于我国台湾地区与德国的行政体制、文化差异较大，最终采取了较为折中的方式，并且"行政程序法"第3条第1项规定，"行政机关为行政行为时，除法律另有规定外，应依本法规定为之"，这意味着除"行政程序法"的规定之外，其他法律亦能够对规划程序作出规定。虽然有学者认为"都市计划法"、"区域计划法"、"农地重划条例"等对于计划程序皆已有规定，"行政程序法"无再就计划程序作详细规定的必要，如贸然规定，则可能因规定的程序以及法律效果的不同，形成对现有法规的冲击。[①] 但经过分析"都市计划法"、"区域计划法"等几部法律之后，其在程序规定方面均比较简单，也没有涉及确定程序，而"行政程序法"对其应当是一种有益的补充。"都市计划法"第3条规定都市计划系"在一定地区有关都市生活之经济、交通、卫生、保安、国防、文教、康乐等重要设施，作有计划之发展，并对土地使用作合理之规划而言"。可见，都市计划在本质上也属于土地利用的合理规划。第8条规定，"都市计划之拟定、变更，依本法所定之程序为之"，并在第18～21、23～28条分别规定了都市计划的拟定、审议、公开展览、层报核定、发布实施以及检讨变更等程序，而在"区域计划法"中第8～13条分别规定了区域计划的拟定、审议、核定、公布实施、检讨变更等程序。

综观以上规划程序，我们可以发现"某些程序要素对于法律程序来说是最基本的，不可缺少的，否则不论该程序的其他方面如何，人们都会感到程序是不公正和不可接受的"。[②] 这即是最低限度公正之程序要素。例如在台湾地区，正当程序一般蕴涵四个核心要素：第一，受告知权，当事人与利害关系人有及时获悉预期利害攸关的事实及决定的权利；第二，听证权，给予当事人辩解、答复和说明的机会，既包括正式听证，也包括非正式听证，"卷宗阅览请求权"是实现听证权所必要的辅助性权利，属于听证权的组成部分；第三，禁止偏私，源于"任何人不得自断其案"的正义

① 马怀德：《行政程序立法研究——〈行政程序法〉草案建议稿及理由说明书》，法律出版社2005年版，第364页。

② 高秦伟：《正当行政程序的判断模式》，《法商研究》2004年第4期。

规则，包括回避、禁止片面接触、组织组成合法等；第四，说明理由，决定的作出应当表明缘由。[①] 具体到规划程序中，正当性要素应具有如下诉求：第一，规划应当以适当的方式公布，这与公民知情权对应。规划必须对外发布，才能够具有为公民周知的可能，否则公民既无法预测自己的行为，也无法主张自己的权利。第二，规划程序的设计应该充分保障公民发表意见的机会，这是听证权的具体体现。第三，规划程序需要保证拟、审分离，即土地规划的拟定与审批机构应当分属于不同的机关。第四，规划目标的设定必须具有正当的事实基础，由于规划针对未来的目标设定，取得公民的信服必须基于充分的事实理由。重要的是，规划程序设置尽可能为公民的理解、接受提供最大方便，即对于行政程序来说，“不仅应该根据他们的实际作用，还应该根据受到影响的利益集团所理解的方式来进行”。[②]

二、我国土地规划管理的程序检视

目前，我国既没有统一的行政程序法典，也没有针对土地规划管理进行专门立法，考察土地规划管理的法律程序，须聚焦于《土地管理法》、《城乡规划法》以及相关法规、规章等。

《土地管理法》中“土地利用总体规划”章节对各级土地利用总体规划的法律程序进行了一般规定：第一，拟定。拟定主体为各级人民政府，具体操作机构是国土资源部门，涉及建设、环保、水利、交通等其他部门。第二，审批。具体来说，省、自治区、直辖市的土地利用总体规划，报国务院批准。省、自治区政府所在地的市、人口在一百万以上的城市以及国务院指定的城市的土地利用总体规划，经省、自治区政府审查同意后，报国务院批准。上述以外的土地利用总体规划，逐级上报省、自治区、直辖市政府批准，其中，乡（镇）土地利用总体规划可以由省级政府授权的设区的市、自治州政府批准。第三，公布。乡（镇）土地利用总体规划应当划分土地利用区，根据土地使用条件，确定每一块土地的用途，并予以公告。第四，修改。经批准的土地利用总体规划的修改，须经原批准机

---

① 翁岳生：《行政法》，中国法制出版社 2002 年版，第 1082–1098 页。

②［美］盖尔霍恩、利文：《行政法和行政程序概要》，黄列译，中国社会科学出版社 1996 年版，第 4 页。

关批准；未经批准，不得改变土地利用总体规划确定的土地用途。经国务院批准的大型能源、交通、水利等基础设施建设用地，需要改变土地利用总体规划的，根据批准文件修改。经省、自治区、直辖市政府批准的能源、交通、水利等基础设施建设用地，需要改变土地利用总体规划的，属于省级政府批准权限内的，根据省级政府的批准文件修改土地利用总体规划。另外，除遵循《土地管理法》的基本规定之外，《土地利用总体规划编制审查办法》对土地利用总体规划的编制进行了补充：编制土地利用总体规划大纲；组织相关方面的专家进行专题研究和论证；建立部门协调机制，征求各有关部门的意见；向社会公众征询解决方案或者举行听证会。

2008 年，《城乡规划法》取代运行近 20 年的《城市规划法》，在规划程序规范的设置方面，引入了规划方案展示、听证会、专家审查等机制。具体包括：第一，拟定。拟定主体十分广泛，国务院城乡规划主管部门会同国务院有关部门组织编制全国城镇体系规划，省、自治区政府组织编制省域城镇体系规划，城市政府组织编制城市总体规划，县政府组织编制县政府所在地镇的总体规划，城市政府城乡规划主管部门组织编制城市的控制性详细规划，镇政府组织编制镇的控制性详细规划，乡、镇政府组织编制乡规划、村庄规划，城市、县政府城乡规划主管部门和镇政府可以组织编制重要地块的修建性详细规划。第二，审议。省、自治区政府组织编制的省域城镇体系规划，城市、县政府组织编制的总体规划，在报上一级政府审批前，应当先经本级人民代表大会常务委员会审议，常务委员会组成人员的审议意见交由本级政府研究处理。镇政府组织编制的镇总体规划，在报上一级政府审批前，应当先经镇人民代表大会审议，代表的审议意见交由本级政府研究处理。村庄规划在报送审批前，应当经村民会议或者村民代表会议讨论同意。第三，论证、听证。城乡规划报送审批前，组织编制机关应当依法将城乡规划草案予以公告，并采取论证会、听证会或者其他方式征求专家和公众的意见。第四，审查。省域城镇体系规划、城市总体规划、镇总体规划批准前，审批机关应当组织专家和有关部门进行审查。第五，审批。全国城镇体系规划由国务院城乡规划主管部门报国务院审批。省、自治区政府组织编制省域城镇体系规划，报国务院审批。直辖市的城市总体规划由直辖市政府报国务院审批。省、自治区政府所在地的城市以及国务院确定的城市的总体规划，由省、自治区政府审查同意后，报国务院审批。其他城市的总体规划，由城市政府报省、自治区政府审批。县政府组织编制县政府所在地镇的总体规划，报上一级政府审批。其他镇的总体规划由镇政府组织编制，报上一级政府审批。城市政府城乡规划主管部门组织编制城市的控制性详细规划，本级政府批准。乡、镇政府组织编制乡规划、村庄规划，报上一级政府审批。镇政府组织编制镇的控制性详细规划，报上一级政府审批。县政府所在地镇的控制性详细规划，由县政府城乡规划主管部门根据镇总体规划的要求组织编制，县政府批准。第六，备案。城市政府城乡规划主管部门组织编制城市的控制性详细规划，经本级政府批准后，报本级人民代表大会常务委员会和上一级政府备案。县政府所在地镇的控制性详细规划，经县政府批准后，报本级人民代表大会常务委员会和上一级政府备案。第七，公布。城乡规划组织编制机关应当及时公布经依法批准的城乡规划，但法律、行政法规规定不得公开的内容除外。第八，修改。城乡规划组织编制机关在符合一定要求的前提下，按照规定的权限和程序修改规划。此外，《城市规划编制办法》提出了组织编制城市总体规划纲要的前置性要求。

正如法律有善恶优劣之分一样，法定程序也存在正当与非正当之别，这涉及法定程序的“价值”或“内在道德”问题。在我国，许多程序法律规范往往由行政机关自行设定，而由全国人大及其常委会以法律形式设置的程序法律规范则较少。立法体制的不合理难以确保程序法律规范的正当性。“当立法权和行政权集中在同一个人或同一机关之手，自由便不复存在了；因为人们将要害怕这个国王或议会制定暴虐的法律，并暴虐地执行这些法律。”① 在“管理论”的支配和影响下，现有程序法律规范往往本末倒置，过多地强调行政主体的程序性权力和相对人的程序性义务，而弱化甚至否定行政主体的程序性义务和相对人的程序性权利。“我们在主张加强程序法建设、重视程序法作用的同时，也出现了另一种更为恶性循环化的情形——某些地方和机关在强调程序的借口下，通过制定法律、法规来增设办事关卡，不仅不考虑便民原则，还给公民带来麻烦，甚至在每一个新关卡上附加收费，美其名曰‘程序化’。”② 程序通过参与者的不同角色的识别来分配程序权利（权力）义务，在“交涉”与“反思”中将规则的控制转化为相对人的直接监督，进而形成分工上的制

①［法］孟德斯鸠：《论法的精神》，张雁深译，商务印书馆1963年版，第156页。
② 孙笑侠：《法的现象与观念》，山东人民出版社2001年版，第156页。

约与平衡。[①] 因此，程序至少包含五个方面的要求：充分且公开的信息、竞争的对立面、平等的对话、中立的决定者、终局性的结果。

以上关于土地规划管理法定程序的规定，虽然基本上具备了程序的形式要求，但深入观之不难发现其流露出强烈的管理法色彩。[②] 规划程序几乎等同于审批程序或者是传统意义上的手续（只是上下级之间的纵向程式，表现为下级向上级汇报审批，上级监督下级的单向手续），与程序的实质内蕴相差甚远。“整个计划的制定过程没有向社会公开的程序，没有相对人的参与，受计划影响的相对人和社会公众，没有发表意见的机会和权利，计划的出台无需听取利害关系人的意见，只要内部程序走完，即标志着计划的完成。这样的计划制定程序是无民主性可言的，这种经济计划是典型的‘审批计划’、‘官场计划’，这样的立法仍带着浓厚的计划经济时代的特征。”[③] 并且，程序不能简单地还原为决定过程，还具有相当的民主特征：出于平等地位的个人参加决定过程，发挥各自的角色作用，具有充分而对等的自由发言机会，从而使决定更加集思广益，更容易获得人们的共鸣、支持等。[④] 民主性不足是我国土地规划管理的程序规范的重要问题，当然这也与公开性不够密切关联，未能有效地公开，导致利害关系人很难实质性参与规划制定。

第三节　土地规划管理的正当程序构建

综观其他国家和地区关于规划程序的立法，大体存在三种模式：第一，在行政程序法典中详细规定规划的确定程序，例如德国；第二，在行政程序法典中明确规划的定义条款和概括说明，不规定具体程序，例如我国台湾地区；第三，未将规划纳入行政程序法，仅在众多单行法中规定具体规

① 骆梅英：《行政计划的法律控制研究》，《重庆大学学报》（社会科学版）2005 年第 1 期。
② 金伟峰：《从“法定程序”走向“正当程序”》，《河南省政法管理干部学院学报》2003 年第 5 期。
③ 王克稳：《经济行政基本论》，北京大学出版社 2004 年版，第 266 页。
④ 季卫东：《法律程序的意义——对中国法制建设的另一种思考》，载季卫东《法治秩序的建构》，中国政法大学出版社 1999 年版，第 12 页。

划，例如日本。结合我国现实，土地规划管理如何实现程序法制化是亟须解决的。虽然我国没有制定统一的行政程序法，但各个版本的行政程序法拟试稿均有对规划的相关规定。土地规划建立在人类对土地利用变化发展规律的深刻认识、把握的基础之上，也是对自身活动做出预期并严密设计的行为，行政程序法将其纳入显示了行政法为将来服务的“积极”功能。[①] 因此，行政程序法应当规定规划程序的基本原理和共性内容。当然，土地规划毕竟与其他领域的规划存在众多差异，由于单行法律的针对性更强，规定更为具体，因此，除了行政程序法中的规定以外，我们也应予以保留并不断完善单行法律对于土地规划的程序规定。就行政程序法与单行法律的关系来看，行政程序法属于一般法，单行法律属于特别法，根据“特别优于一般原则”，优先适用单行法律中的规定，行政程序法具有补充意义。这样既可以增加行政效率，又可以发挥一般法与单行法的不同功效，适应各种不同的需求，还可以避免过多地修订现行法律。由于土地规划的种类繁多，形态各异，法律效果也各不相同，既包括具有指导意义的非拘束性规划，也包括某些影响公民权利的拘束性规划，因此，并不能强求整齐划一的程序。对于非拘束性规划而言，我们可以适用一般程序，比较宽松、灵活。拘束性规划则需要引入确定程序，适用确定程序的至少包括：涉及特定空间的利用并直接影响公民权益的详细计划、专项规划和重大基础设施、重大公共工程的兴建规划等。程序规范的目的在于“提供一个最低程度的程序保障，故如果行政单行法中规定的行政计划，其程序规定若较行政程序法为严格者，优先适用之固无疑义，唯若其程序要件较宽者，此时即不能谓仍适用各该特别程序规定，而忽略了行政计划正当程序的要求”。[②]

一、非拘束性土地规划的一般程序

鉴于土地规划是否具有确定的拘束力，以及制定主体、规划事项各异，彼此之间较其他行为存在更多的差异性，不宜单一使用完全统一的程序进行规制。不同的单行法律因非拘束性土地利用规划的侵害或影响公民的合法权益的程度、复杂程度等不同，而予以不同程度的约束。但出于程

① 杨海坤：《中国行政程序法典化构想》，《法学评论》2003 年第 1 期。

② 台湾行政法学会：《行政法争议问题研究》，五南图书出版股份有限公司 2000 年版，第 546 页。

序正义的起码要求，对那些涉及多数人权益的非拘束性土地利用规划，应该规定一个最起码的程序标准，以供衡量。北京大学公法研究中心课题组拟定的行政程序法规定了行政规划的具体程序，① 由于内容规定具有原则性、一般性和广泛适应性等特点，能够适用于“整体规划、局部规划和具体运作规划以及长期规划、中期规划和短期规划”，因此基本属于规划程序的一般模式。1997 年《土地利用总体规划编制审批规定》第 10 条规定：“编制土地利用总体规划的程序是：（一）编制规划的准备工作；（二）编制规划方案；（三）规划的协调论证；（四）规划的评审；（五）规划的报批。”虽然该规章已经废止，但迄今为止，其是最完整规定土地规划管理的程序法律文件。非拘束性土地规划的一般程序为：制定前的准备、规划草案拟定、规划确定、规划公布、规划变更。

第一，制定前的准备。“没有调查就没有发言权”，对于规划的制定同样如此。科学、合理的规划目标必须建立在对客观事实进行充分了解的基础之上。《土地利用总体规划编制审查办法》第 8 条规定：“土地利用总体规划编制前，国土资源行政主管部门应当对现行规划的实施情况进行评估，开展基础调查、重大问题研究等前期工作。”《城市规划编制办法》第 12 条规定：“城市人民政府提出编制城市总体规划前，应当对现行城市总体规划以及各专项规划的实施情况进行总结，对基础设施的支撑能力和建设条件做出评价；针对存在问题和出现的新情况，从土地、水、能源和环境等城市长期的发展保障出发，依据全国城镇体系规划和省域城镇体系规划，着眼于区域统筹和城乡统筹，对城市的定位、发展目标、城市功能和空间布局等战略问题进行前瞻性研究，作为城市总体规划编制的工作基础。”对于土地及其利用状况的调查、掌握应当全面、准确，并且运用科学的方法、手段对资料分析、研究，为制定规划提供充分条件。对土地利用客观事实的调查研究，可以最大限度地避免“拍脑门”制定规划，而造成国家在经济、社会、生态等方面与土地利用存在重大脱节。在前两轮土地利用总体规划中，一个突出问题就是前期土地资料准备不翔实而导致规划失效。因此，加强土地规划相关资料的调查工作，并广泛运用高科技手段分析。需要强调，在土地规划的前期调查中，关于生态环境的分析

①《行政程序法（试拟稿）》第 72-76 条。参见罗豪才《行政法论丛》（第 6 卷），法律出版社 2003 年版，第 497 页。

是不可缺少，尤其注意土壤、水的污染；废弃物、危险物的堆积；野生生物及其栖息地的破坏；景观、自然资源的毁损、破坏等。这些均是前两轮土地利用总体规划所忽略的。

第二，规划草案拟定。在调查研究和科学分析的基础上，及时拟定规划草案。规划草拟首先需要确定目标，无目标即无规划，规划拟定主体依据实事求是的精神，结合区域经济、社会、环境的发展情况，确定科学合理的土地利用目标。[①] 明确土地规划目标之后，即进入规划草案的具体拟定阶段，草案质量的好坏直接影响规划能否成功。为了保证规划草案的质量，必须对实际拟定者的素质进行严格筛选。一般来说，规划草案的拟定通过公开征集或者邀请征集规划方案等方式，择优选定具备相应资质的单位承担。规划草案拟定不能忽略的环节在于专家论证以及必要的公众参与。虽然拟定阶段的公众参与，在形式上具有多样性，例如征求意见、调查问卷等。一方面，由于规划方案尚未最终成型，编制主体主导规划工作，为保证规划草案不引起社会的普遍抵制，应设置基本的参与机制。另一方面，集思广益，多拟定一些草案（规划替代方案），然后根据实际需要、专家和公众的意见等进行取舍，确保规划草案的最优化。美国原野生态保护规划在“草案准备好之后，和环境说明的草案一起提交给公众，公众可以对草案中涉及的各种可供选择的价值进行争论”。[②]《深圳城市规划条例》第 13 条规定：“全市总体规划由市政府组织编制，市规划委员会在审议全市总体规划草案前，应将规划草案内容公开展览 30 日，征集社会各界和公众的意见”。这是我国关于公众参与规划草案的、为数不多的法律规定。规划草案拟定不仅需要编制主体运用专业知识对土地利用进行科学安排，还将政府、建设单位的意愿贯彻于设计中，更重要的是对公民意见进行收集处理，协调各方利益从而形成合理的规划草案。我国一般

---

① 土地规划的目标分为过程性目标、保护性目标和开发性目标。过程性目标，即通过建立相应的机制，确保市民有机会参与规划过程的所有阶段。保护性目标，是指实现对重要自然环境和资源的保护，包括保护环境敏感区，保护开敞空间、风景区和城市历史遗产，保护大气、水和土壤免受污染。开发性目标，是指经济发展、土地开发需要达到的目标，包括三方面内容：必须在大气、水和土地等的生态承载力的弹性范围内进行；满足居民对基础设施的基本要求；规划与建设必须与资源保护统一起来。

② Cutler，“Statutory Designation and Administrative Planning：Complementary Approaches to Achieving Wilderness Objectives”，*Idaho Law Review*，No. 16，1980，pp. 476–477.

是在规划草案形成后才公开征求意见，而非从规划着手拟定之日起就吸收公众建议。这样导致的后果是公众容易受规划草案的引导，而无法提出创造性的意见。德国《建设法典》规定，公众应在尽可能早的阶段参与规划，并在第一时间得到如下消息：有关规划措施的总体目标和意图；地区重新设计或者开发的主要备选方案；规划方案可能造成的影响。① 由于参与规划的时间较晚，公众很难对规划草案提出根本性建议，并且仅公布一个规划草案，而没有其他可供选择的替代方案，因而内容选择受到极大限制。在德国，编制者同与规划相关的公众代表共同编制几种规划草案，②而绝对不允许出现一个规划没有多种方案进行比较的情况。

第三，规划确定（此处规划确定与后文的确定程序不同，主要是一种审批程序）。规划确定是指在规划草案经过同意、审议的基础上，按照权限和法定程序对其进行认定而使规划草案最终获得法律效力。《城乡规划法》第16、22条分别规定："省、自治区人民政府组织编制的省域城镇体系规划，城市、县人民政府组织编制的总体规划，在报上一级人民政府审批前，应当先经本级人民代表大会常务委员会审议，常务委员会组成人员的审议意见交由本级人民政府研究处理。镇人民政府组织编制的镇总体规划，在报上一级人民政府审批前，应当先经镇人民代表大会审议，代表的审议意见交由本级人民政府研究处理"；"村庄规划在报送审批前，应当经村民会议或者村民代表会议讨论同意"。土地规划经过人大常委会、村民会议的审议或者同意能够获取更大的民意基础，具有更大的正当性，制度设计的初衷良好，但违背了关于权力机关与行政机关之间关系的宪政构架（前文已经述及）。编制主体申请批准规划一般需要提交规划编制说明、征求意见情况说明、专家论证报告等相关材料。例如，《土地利用总体规划编制审查办法》第27条规定："土地利用总体规划审查报批，应当提交下列材料：（一）规划文本及说明；（二）规划图件；（三）专题研究报告；（四）规划成果数据库；（五）其他材料，包括征求意见及论证情况、土地利用总体规划大纲审查意见及修改落实情况、公众听证材料等。"在审批之后，某些法律规定了规划备案制度，例如，《城乡规划法》第19条规定："城市人民政府城乡规划主管部门根据城市总体规划

① 成媛媛：《德国城市规划体系及规划中的公众参与》，《江苏城市规划》2006年第8期。
② 王晓川：《德国：城市规划公众参与制度陈述及案例》，《北京规划建设》2005年第6期。

的要求，组织编制城市的控制性详细规划，经本级人民政府批准后，报本级人民代表大会常务委员会和上一级人民政府备案。”立法目的在于加强权力机关或者上级机关对规划内容的监督，但实际操作中的备案程序却常常流于形式。

第四，规划公布。规划在获得有关机关的批准之后，应当由该机关及时向社会公布，以便规划效力所及的利害关系人能够根据规划内容调整自己的行为或者为规划实施进行准备工作等。现行法律较少详细规定规划公布的具体形式，即使存在某些规定也不尽统一，甚至规定十分模糊。例如，《北京市城市规划条例》第21条规定：“本市城市总体规划批准后，市人民政府应当采取适当方式予以公布。”虽然条文属于义务性条款，但“适当方式”并不明确，而交由政府自己进行裁量，使对政府的约束基本空白。《深圳市城市规划条例》第13条规定：“全市总体规划经国务院批准后，市政府应于30日内在本市主要新闻媒体加公布其摘要”，除了涉及国家秘密、商业秘密之外，仅对摘要进行公布，范围较为狭窄，并不符合行政公开和公民知情的基本要求。因此，法律应当统一明确规划的公布形式、内容、时间等。

第五，规划变更。① 土地规划的变更并非必经程序。由于规划是对未来目标的设定，随着时间推移以及社会变迁，规划预测可能不准确，而不得不根据情势变化来调整原先的设定。并且，规划变更对利害关系人影响重大，基于信赖利益保护以及安定性的要求，法律一般明确规定规划未经严格程序不得随意变更。一般来说，规划变更程序主要有两种：首先，规划一经确定，任何修改都必须经过原审批机关的批准。例如，《土地管理法》第26条规定：“经批准的土地利用总体规划的修改，须经原批准机关

① 除法律法规明确规定必须对规划进行修改之外，规划审批机关在两种情况下可以提出修改建议：其一，国务院或者省级政府因重大公共利益需要而批准的；其二，个人利益因拘束性规划的影响而遭受重大不合理损害而向规划审批机关提出变更申请，得到审批机关批准的。在美国，城市土地利用分区规划具有法令性质，土地所有权人若对已经议会通过的分区规划内容有不同意见，在有正当理由情况下可以向制定该规划的委员会申请变更。有权主张变更一般需要同时具备以下条件：一是严格按照规划的用途使用土地不可能产生合理的收益；二是所有者的困境属某类独特情况，而不是由可能的反映规划本身不合理之处的周围的一般条件造成的；三是变更了的分区规划必须与综合规划保持一致性。参见马新彦：《美国财产法与判例研究》，法律出版社2001年版，第324页。

批准；未经批准，不得改变土地利用总体规划确定的土地用途。”其次，规划局部或者较小变更，可以由规划编制主体决定，报同级人大常委会和原审批机关备案。例如，《北京市城市规划条例》第20条规定：“市人民政府根据城市经济和社会发展需要，可以对城市总体规划进行局部调整，报市人民代表大会常务委员会和国务院备案。”相比较而言，第二种方式不进行实质审查，备案制度的实质意义不大。第一种最能保证公正的实现，但任何变更都需要经过原审批机关批准，显然过于烦琐，不利于土地规划的适时调整。当然，就我国土地规划频繁调整的状况来说，刚性的制度要求似乎更加符合需要。除此之外，规划变更仍需要遵循规划制定的其他程序，甚至对于公众参与的要求更加严格。例如，《城乡规划法》第48条规定：“修改控制性详细规划的，组织编制机关应当对修改的必要性进行论证，征求规划地段内利害关系人的意见，并向原审批机关提出专题报告，经原审批机关同意后，方可编制修改方案。”这也是土地规划正当程序的内在要求。

二、拘束性土地规划的确定程序

目前，我国正在着手行政程序法草案的起草、论证工作，是否将规划程序纳入到法律中，或者以什么样的形式进行规范，成为学界争论的焦点。对于前者，由于规划具有多样性的特点，如果行政程序法仅规定小部分的规划程序，难免以偏赅全，从而与之作为一般行政程序，而非特别行政程序基准法的本质相违背。① 但如果将规划这种现代社会中非常重要的行为排除在行政程序法的大门之外，也与之作为行政程序基本法典的性质不符，并与规划程序应当尽快纳入法律轨道的现实需求相悖。② 对于后者，在行政程序法专家建议稿中，行政立法研究组引入德国规划确定程序，③ 程序规定比较具体、严格，操作性较强：在适用范围上主要用于具体的拘束性规划，即“行政机关为了实现国土或者城乡规划、兴办公共事业公共设施等行政目标，对将来一定期限之内拟采取的方法、步骤、措

① 陈新民：《中国行政法学原理》，中国政法大学出版社2002年版，第242页。

② 姜明安：《行政程序研究》，北京大学出版社2006年版，第109页。

③《行政程序法（试拟稿）》（专家建议稿第11稿）第142-150条。参见中国人民大学宪政与行政法治研究中心：《宪政与行政法治评论》，中国人民大学出版社2004年版，第274-276页。

施而对外作出具有法律约束力的规划”；在确定程序的内容方面，分别规定了规划草案的拟定主体、公告和陈列、利害关系人异议的提出和听证、听取专家意见、规划确定裁决及其送达、规划的变更及废止等内容；详细规定规划裁决的集中效力，即裁决应当记明有关行政主体的意见要点，而不必再经过有关主体的同意，相当于取代了他们的管辖权，具备规划确定裁决的精神实质。

我国没有确立类似于德国和我国台湾地区的规划确定程序，主要在于没有明确审判式听证制度以及没有明确规划程序的集中效力。虽然我国引进、确立规划确定程序是必要的，但我们同样会遭遇日本曾经面临规划理论不成熟的窘况。况且，由于行政体制、法律文化的差异，法律制度的引入与移植并不能完全照搬，而必须依据我国实际情况进行必要的改进，例如，为了尽可能避免规划确定裁决出现可能的错误，行政立法研究组建议，“涉及重大事项的行政规划应当报请同级人民代表大会或其常务委员会批准。规划裁决依法需要经上级行政机关批准的，行政机关应当办理批准手续”。为了便于规划执行，确定程序将所有需要在其他主体权限范围内核准的事项都赋予规划执行主体。基于“谁制定，谁执行”的原则，规划制定主体获取其他原本可以牵制规划执行的主体权力，同时也造成了规划滥权的风险。因此，在规划确定程序中，要求将拟定的规划送至需要配合执行的其他主体，由其对拟定规划进行审查、集中事权论证。如果其认为拟定规划存在失当或者具有潜在滥权风险，则建议修改；修改之后仍存在上述状况，则该主体可以拒绝参与集中事权。

可以想象，借鉴国外成功经验构建符合我国法制发展的规划确定程序，土地规划能够确保土地可持续利用，以及保障利用者的土地权利。引入确定程序的拘束性土地规划，与非拘束性土地规划具有较大差异，在法律效力方面尤为突出，除具有普通权力的先定力、公定力、确定力、执行力和存续力之外，还具备以下特殊效力：第一，核准效力，或称“许可效果”。德国《行政程序法》第 75 条第 1 款规定，“考虑到所有与规划相关的公共利益，规划的确定，将确立规划的合理性以及与其他设施有关的不可缺少的后续措施”，即意味着规划确定主体不仅同意规划追求的特定目的以及采取的方式方法，同时也肯定了规划拟制主体为防止规划侵犯他人权益而采取的防护措施，以及规划侵害他人权益时所作的赔偿措施。第二，形成效力。德国《行政程序法》第 75 条第 1 款规定，“……通过规划确定，所有在规划承担者与相对人之间的公法关系都以创设权利方式得到规范”，即规划确定裁决形成之后，规划拟制机关和权益受规划影响的利害关系人之间的法律关系受到确定规划内容的决定。[①] 对于规划拟定主体来说，实施规划采取的措施如果已经得到确定裁决的核准合法，即使对第三人的权利造成危害，仍然适当可行。但如果规划可能对公共利益或者他人利益有不利影响时，确定裁决规划拟定机关负有采取必要措施或者保持、设置有关设施的义务，那么如果规划拟定机关未履行此项义务，受到不利影响的人员可以请求规划拟定机关履行义务。[②] 第三，事权集中效力。德国《行政程序法》第75条第1款规定：“……在规划确定之外，无需其他行政机关的裁决，尤其公法许可、授权、同意、批准、付署及规划确定”。经确定机关裁决批准的规划或应采取的相关必要措施，在规划实施过程中或采取相应必要措施时，即使应当得到其他机关的批准或许可，也可以免除。进一步说，规划的事权集中效力表现在：“a. 管辖权的集中。如果法律规定计划确定裁决应当取代其他行政机关的许可、批准、同意等，则意味着其他行政机关决定权限向计划机关集中。b. 程序的集中。这不仅意味着决定的集中，而且意味着各种程序都统一为做出一个决定的程序。c. 平行的实体集中。即计划确定裁决对所有关系人来说都是一个统一的决定。d. 垂直的实体集中。即各单行法和其他法律规定的权利通过计划确定程序得以协调。”[③] 实际上，在服务型政府理念的推动下，事权集中效力极大地提高了规划效率，成为规划确定程序与规划一般程序的核心区别之一。

第四节　土地规划管理正当程序的制度配合

“我们确曾又一次到达过一个阶段，当时更重要的是清除那些因人类的愚蠢而加诸我们前进道路上的障碍，解放个人的创造力，而不是设计更

---

① 郭庆珠：《行政规划及其法律控制研究》，中国社会科学出版社2009年版，第162页。

② 廖义男：《论行政计划之确定程序》，载廖义男《公共建设与行政法理》，自刊行，1994年版，第16页。

③［德］沃尔夫等：《行政法》（第2卷），高家伟译，商务印书馆2002年版，第251-252页。

多的机构去‘指引’和‘指挥’他们——也就是说，要创造有利于进步的条件，而不是去‘计划进步’。现在首要的是，要把我们自己从那种最坏形式的当代蒙昧主义中解放出来，这种蒙昧主义试图使我们相信，不久以前我们所做的一切不是做得明智，就是非做不可的。在还没有领悟到我们做过了许多蠢事这一点之前，我们将不会变得更为明智。”① 无论制定何种类型的土地规划，程序设计都必须满足“最低限度的公正”。② 这种“最低限度的公正”立足于尊重个人的尊严，满足了人们对公平、正义的基本要求。土地规划管理程序的“最低限度”公正至少应当包含能够维护公众知情权、参与权的制度安排。

一、信息公开

1. 规划信息公开的一般规定

现代社会处于一个信息爆炸的时代，信息与物质、能量并行成为人类生产、生活不可或缺的部分。作为国家事务的管理者和社会公益的代表者，政府在获取信息方面具有无可比拟的优势，据测算，政府部门掌握着全社会信息资源的80%以上。③ 如果一个政府真正地追求民有、民治、民享，则公民能够详细地知道政府的每项活动，因为没有任何东西比秘密更会损害民主。如果公众不能了解情况，所谓自治，所谓公民最大限度地参与国家治理都只能是一席空谈。如果我们不知道我们怎样接受管理，我们怎么能够管理自己呢？在当前社会时代背景下，当政府在很多方面影响每个人的时候，保障人民了解政府活动的权利，比任何其他时代更为重要。④ 土地规划管理的信息公开属于政府公开的一种，即与公民权利义务关系密切的政府行为，除涉及国家机密、个人隐私和商业秘密之外，行政机关必须向公民与社会公开有关行政职权的事项。科学、合理的土地规划

---

①［英］哈耶克：《通往奴役之路》，王明毅等译，中国社会科学出版社1997年版，第226页。

②“最低限度的公正”要领在于：某些程序要素对于一个法律过程来说是最基本的、不可缺少、不可放弃的，否则不论该程序的其他方面如何，人们都可以感受到程序是不公正和不可接受的，从这一意义上讲，效率很难作为牺牲“最低限度公正”的正当化理由。参见王锡锌：《正当法律程序与“最低限度的公正”——基于行政程序角度之考察》，《法学评论》2002年第2期。

③ 越正群：《得知权理念及其在我国的初步实践》，《中国法学》2001年第3期。

④ 王名扬：《美国行政法》（下册），中国法制出版社1995年版，第959-960页。

不是"屁股决定脑袋"的随心所欲，而是在阳光下诞生的，"没有公开则无所谓正义"，① 公开是制定、实施土地规划的前提和基础。信息公开源于公民知情权，即公民有权获得政治权力在决策过程中的最充分的、可以使用的情报，有权获得国家政府的充分知情。② 并且，当政府权力可能影响公民权利时，告知相关信息以体现程序对个人尊严的承认，这意味着程序将个人当作值得尊重的主体来对待。知情权与信息公开乃同一事物的两个方面：从公民权利的角度讲，属于公民的知情权问题，而从政府保障公民知情权的角度来讲，则属于公开信息资料的问题。③

《政府信息公开条例》于 2008 年正式实施，在建设透明政府、保障公民知情权方面具有里程碑意义。但总体来看，现有法律对规划信息公开的重要性认识不足，很大程度上还留有神秘主义和高权时代的痕迹。例如，北京市顺义区关于土地利用规划的调查数据显示，在被访问的 526 位个体中，有 39 人"比较了解"土地利用总体规划的内容、作用等，占 7.41%；"了解"的有 202 人，占 38.21%；"听说过，但不了解"的有 286 人，占 54.37%。可见，公众对土地利用总体规划认知程度并不高，这与规划信息公开的不完善密切相关。

目前，我国关于土地规划的信息公开至少存在以下问题：第一，注重公布规划确定之后的方案，较少公布草案内容，公众基本丧失对规划草案的发言权，无法提出有针对性的见解。仅少量地方性法规规定了公布草案的内容，例如，《山西省城乡规划条例》第 21 条规定："城乡规划报送审批前，组织编制机关应当依法将规划草案通过媒体、展览、张贴等方式予以公告，并采取论证会、听证会或者其他方式征求专家和公众的意见。公告的时间不得少于 30 日。"第二，公开规划内容较多，而关于规划制定的相关资料和其他信息较少，专业性、技术性的壁垒使公众难以对规划提出有效见解。《水法》在这方面提供了有益借鉴，第 16 条规定："制定规划，必须进行水资源综合科学考察和调查评价。水资源综合科学考察和调查评价，由县级以上人民政府水行政主管部门会同同级有关部门组织进行……基本水文资料应当按照国家有关规定予以公开。"第三，规划公开

---

①［美］伯尔曼：《法律与宗教》，梁治平译，三联书店 1991 年版，第 48 页。

② 李步云：《信息公开制度研究》，湖南大学出版社 2002 年版，第 43 页。

③ 李艳芳：《公众参与环境影响评价制度研究》，中国人民大学出版社 2004 年版，第 25 页。

的范围不够，这一点在土地利用总体规划中体现得非常明显，《土地管理法》及其实施条例仅规定了乡（镇）土地利用总体规划经依法批准后予以公告，却没有明确规定其他层级土地利用总体规划的公布问题，须知全国、省级土地利用总体规划的影响范围更加广泛。第四，公开方式缺乏统一规定。例如，《苏州城市规划条例》第15条规定："经依法批准的城乡规划，组织编制机关应当自批准后三十日内，在政府网站、报纸等新闻媒体和规划展示固定场所向社会公布"；《深圳市城市规划条例》第13条规定："全市总体规划经国务院批准后，市政府应于30日内在本市主要新闻媒体上公布其摘要。"

许多国家与地区对规划制定的公开程序进行了有益尝试。德国《行政程序法》规定"听证机关可以决定将规划展示于预计受规划影响的乡镇一个月，以供人查阅"。我国台湾地区"行政程序法（草案）"也曾规定，拟定规划机关或主体之直接上级机关应该将规划的内容在政府公报或报纸上登载，特别是规划的内容涉及地方土地的开发利用或限制使用，或涉及地方的开发或发展，应将规划送地方政府公开展示30日，地方政府应将公开展示的场所和日期公告民众。因而，土地规划信息公开至少包括依据公开、资讯公开及决定公开三个方面：第一，公开制定规划依据，表明身份。法治国家奉行"行政在法"，法无授权即禁止，规划主体欲制定影响各方利益的土地规划，应有法律上的明确依据，并应让民众知情。第二，公开规划的草案，包括草案的具体内容及背景资料。公开草案有利于公众了解规划主体的意见，明确双方的争议焦点，以便为规划不服者提出意见作准备。阐述背景资料，有利于公众了解规划主体行使规划裁量权是否合理，有无考虑相关因素，有无受到不相关因素的干扰，是否遗漏足以影响规划裁量的重要事项。第三，公开确定的规划，并解释争议焦点。利益受影响的公民应当依据确定规划安排自己的活动。解释争议焦点有利于维护土地规划制定的正当性，尤其是对听证中争议的说明，不仅可以防止听证流于形式，也确保裁量权力的正确行使。

2. 对环境信息的特殊要求

除了一般意义上的信息公开，如果期望土地规划在生态环境保护方面发挥重要作用，那么相应的环境信息公开必不可少。德国《环境信息法》有关环境的信息"涉及以下方面：水域、空气、土壤、动植物群落及自然栖息物的现状；活动对环境的压力（如噪声），需要采取哪些措施控制对环境的危害；保护环境的行动及举措，包括环境保护行政措施及计划”。[①] 欧洲《关于在环境问题上获得信息、公众参与决策和诉诸法律的公约》将环境信息覆盖至受到或可能受到环境条件或作用于环境的因子、行为或方法的影响而言的人类健康与安全、人类生活条件、文化景观和建筑物的状况。[②] 联合国《环境与发展宣言》表述环境资料公开的意义："环境问题最好是在全体有关市民在有关阶层的参与下加以处理，在国家一级，每一个人都应适当地获得公共当局所持有的关于环境的资料，包括关于在其社会内的危险物质和活动资料，并应有机会参与各项决策过程。各国应通过广泛提供资料来便利及鼓励公众参与。”土地规划与环境保护密不可分，有关土地规划的环境信息公开是一项必不可少的内容，并且能够引导土地规划信息公开制度的完善。

2008 年，《环境信息公开办法（试行）》（以下简称《办法》）首次全面地明确了环境信息公开的主体和范围，规定了公开的方式，强化了公开的责任，成为第一部有关环境信息公开的综合性法律文件。在《办法》运行期间，各级政府环保部门通过各种方式公布环境信息，基本满足了公众需求，但其仍然存在信息公开方式单一，公众仅能通过申请而知悉获取环境信息；信息公开限制过于严格，将“社会稳定”作为公开环境信息限制条款；信息公开的范围不全面，没有包括现实生活中与居民生活环境有关的工程建设、各类产品的环境信息等。2009 年《污染源监管信息公开指数（PITI）》，作为第一个针对污染源监管信息公开进行的全国性评价，范围涉及全国的 113 个城市。结果显示，2008 年作为我国环境信息公开元年，环境信息公开取得了重要进展，但仍处于初级水平。例如，一些排放强度较大、污染较重的城市污染源信息公开程度较低；依申请公开的环境信息屡屡被拒绝、环境信息公开的完整性十分薄弱、政府关于主动公开信息范围的理解不一等。

---

① 赵国青：《外国环境法选编》（第 1 辑下册），中国政法大学出版社 2000 年版，第 772 页。

② 具体包括：①各种环境要素的状况，诸如大气、水、土壤、土地、地形地貌和自然景观生物多样性及其组成部分，包括基因改变的有机体以及这些要素的相互作用；②正在影响或可能影响以上①项范围内环境要素的各种因素，诸如物质能源、噪声和辐射及包括行政措施、环境协定、政策立法计划和方案在内的各种活动或措施，以及环境决策中所使用的成本效益分析和其他经济分析及假设；③正在或可能受环境要素状况影响或通过这些要素受以上②项所指因素活动或措施影响的人类健康和安全状况、人类生活条件、文化遗址和建筑结构。

“环境信息的收集和交流不仅仅是一个一般的知识积累和交流问题，更重要的是一个涉及国家重大经济利益和其他方面重大利益的问题。”① 针对环境信息公开的法律实践，对于土地规划管理的环境信息公开需要在以下方面思考：第一，提升环境信息公开的法律位阶。《办法》确实暂时起到了制定“速度较快，能及时满足我国实践对立法的需求”，② 但其本质仍属于部门规章，效力范围局限于环境保护部，无法对其他部门产生广泛影响，且与其他位阶高的法律发生冲突时，效力无法得到保障。尽管《办法》规定得比较全面、仔细，但仍处于试行阶段，而非真正意义上的实施，说明其有待进一步“成熟”。所以，提高《办法》法律位阶势在必行，并使试行之法变成实行之法。第二，扩展环境信息公开的实际内容。国外立法采取“以公开为原则，以不公开为例外”，立法不再关注什么可以公开，而是什么不可以公开，对环境信息公开的限制越来越少，充分体现对环境信息重要性的认可。《办法》第 11 条明确规定环保部门应当向社会主动公开 17 项环境信息，而第 10、12 条进行信息公开的限制规定，相当于《办法》在正反两个方面对环境信息公开进行约束，与环境信息公开范围逐步扩大的趋势不符。扩大我国环境信息公开范围，至少应当从与居民生活、身体健康和生命保障最紧密的领域开始，例如企业周边的居住环境、农村地区的生活环境。第三，扩大环境信息公开的主体范围。《政府信息公开条例》第 10 条规定：“县级以上各级人民政府及其部门应当依照本条例第九条的规定，在各自职责范围内确定主动公开的政府信息的具体内容，并重点公开下列政府信息：（十一）环境保护。”《办法》第 6 条规定：“县级以上地方人民政府环保部门根据实际情况自行确定本部门政府环境信息公开工作的组织机构，负责组织实施本部门的政府环境信息公开工作。”此类规定未体现环境信息资源分布的广泛性，不能充分实现信息在各个部门之间的流动、共享。应当将信息公开的主体范围进行拓展：将乡级政府、各个环境监督管理部门作为政府环境信息公开的义务主体；同时，法律、法规授权某些公共机构公开一定范围的

① 王曦：《国际环境法》，法律出版社 1998 年版，第 136-137 页。

② 周汉华：《起草〈政府信息公开条例〉（专家建议稿）的基本考虑》，载法苑精萃编辑委员会《中国行政法学精粹》（2003 年卷），机械工业出版社 2003 年版，第 253 页。

环境信息。[①]

二、公众参与

20 世纪 90 年代末，西方国家主要通过实现途径研究可持续发展。但菲利普斯认为从长远来看，对环境进行区划并不能确保生物多样性的稳定，环境的可持续发展无法仅仅依靠立法、争论以及惩罚来完全实现，而必须辅之以当地居民具有可以期待的利益而积极参与其中。[②] 可见，公众参与对土地规划的可持续性，以及规划程序的正当性具有非凡的意义。

1. 公众参与规划的意义

"在人类社会的绵延发展中，公民参与是国家走向政治民主和政治文明不可分割的部分，是公民进入公共领域生活、参与治理、对那些关系生活质量的公共政策施加影响的基本途径。"[③] 当代社会瞬息万变，国家对经济的干预引发法制在规模与功能上的扩张，从而给守法与变法的两难境遇更渲染了一层紧张的气氛。对于土地规划管理来说，公众参与既是一项需要认真遵循的基本原则，同时也是不可或缺的基本制度，重要性毋庸置疑，至少能够在以下领域取得实质效果：更有效的明确；获得科学之外的信息和知识；寻找能为社会接受的其他方法；为规划或解决方案创造一种主人翁意识以推动其实施。[④] 土地的可持续利用是一个复杂的系统工程，不仅关系到我们自身的生活、生存问题，还深远地牵涉子孙后代的利益。因此，政府不仅有责任通过土地利用发展经济建设，而且更有义务关注公民基于土地利用的环境需求等幸福指数。"面对转型、变化发展中的社会，行政事务并不是在行政机关与公民相互竞争冲突的境况中作出的，他

---

① 日本特殊法人的信息公开是信息公开法的一个重要领域，特殊法人主要指各种公团、事业团、公库、银行、银团、基金、协会等。参见刘飞宇、王丛虎：《多维视角下的行政信息公开研究》，中国人民大学出版社 2005 年版，第 115 页。

② [英] 菲利普斯：《保护区管理规划指南》，陈红梅、喻惠群译，中国环境科学出版社 2005 年版，第 51 页。

③ [美] 托马斯：《公共决策中的公民参与：公共管理者的新技能与新策略》，孙柏瑛等译，中国人民大学出版社 2005 年版，第 2 页。

④ [加] 米切尔：《资源与环境管理》，蔡运龙等译，商务印书馆 2004 年版，第 284 页。

（它）需要双方的合作，需要公民的参与。没有公民的参与，行政不仅与民主的要求相背离，而且行政任务难以实现，使行政法的实施和行政决定的推行得不到公民的支持与配合，其效力将会大打折扣，甚至于被否定。"① 事实上，在价值目标方面，专家并不比公众具有更多的优势，价值更多是个体的偏好或取向问题。在一个民主社会中，行政计划要获得正当性，在价值取向上首先应当符合计划涉及的多数人的公共常识。② 公众参与不仅进行了价值选择，也提供了事实信息，不仅可以弥补规划主体在制定规划过程中的缺陷，也有助于增加规划的可接受度。

当前，我国城市化进程加快，土地利用在不断地转型，各个层级的土地规划及修编也越来越受到重视，同时公众参与土地规划的必要性也得到了社会的认可，而忽视公众参与往往造成规划难以开展实施。③ 某些行政机关对公众参与采取漠视态度，公众的参与意识和意见难以得到应有尊重，致使其积极性不高，不愿意参与土地管理，或者仅仅是一种被动的参与。规划是规范主体利用土地行为的制度工具，不论是耕地保护还是建设用地控制，以及土地征收等土地问题，在很大程度上都关涉公民的切身利益。现实中由于存在信息不完全、"搭便车"、组织分散等原因，公民对土地规划制度关心程度较差，致使公民利益普遍受到侵害。目前，公民对规划的了解主要源于土地征收、基本农田保护等制度。这些均与现代民主所要求的有效参与相去甚远：参与不只是"参于"（仅仅被卷入某事），更不是非自愿的"被迫参与"，参与是自发的，与由他人意志促动的截然相反。有效的参与具有自主、自我实现和自我教育的品质。④ 当然，参与也并不限于反映意见（民意调查），更重要的在于对话：就反映意见来讲，决策权完全在政府；而对话强调双方的互动与博弈，决策是多方力量共同作用的最终结果。

---

① 张泽想：《论行政法的自由意志——法律下的行政裁量权、参与及合意》，《中国法学》2003年第2期。

② 王锡锌、辛永乐：《专家、大众与知识的运用——行政规则制定过程的一个分框架》，《中国社会科学》2003年第3期。

③ 黄幸婷、张坤：《土地规划中公众参与的行为选择及其影响因素》，《农村经济与科技》2012年第1期。

④［美］萨托利：《民主新论》，冯克利等译，东方出版社1993年版，第121页。

虽然土地规划已经明确了公众参与的法律地位，[①] 并辅之以相关的制度保障，但实践中的运行状态并不理想。土地规划处于土地管理制度体系的龙头地位，在传统上以政府和规划专家作为编制主体，这种精英式的土地规划往往与社会现状脱节，以致新中国成立以来的几十年土地规划仅被看做是“纸上画画，墙上挂挂”。[②] 究其原因，缺乏可操作性——基础资料不足，规划不符合实际情况，本身缺乏科学性，以及必要的监督——利用者和相关部门根本不把规划当做法律来对待。但归根结底，规划缺乏公众参与乃其本源所在：[③] 公众充分了解自己居住的微观情况，完整掌握基本资料，公众参与能提高规划的可操作性，使规划更加符合实际，同时，公众参与促成多种方案的比较，提高规划方案的设计水平，使规划决策者的操作趋于合理；规划权力带有巨大的裁量特征，将公众的权利纳入土地规划中以改善权力结构，才能制约规划权力的急功近利，维护规划土地利用的可持续目标。

2. 公众参与规划的制度完善

作为一项基本制度，公众参与能够通过多种方式表现。公民直接感受土地利用状况的变化和规划决策的优劣，通过切身感受给予公正评价，公众自觉、自愿表达对规划事务的看法，有时甚至采用上访、集会、游行、抗议、请愿等极端方式。当然，更细化的公众参与方式也被提出，例如，基于会议的参与方法有公众听证会、大型公众会议、公众委员会、中心小组、非正式的小型团体会议、顾问团，非会议式公众参与方法有提供信息给公众、从公众获得信息、建立双向交流等。[④] 有效的公众参与机制应当具备如下条件：第一，相关的利益诉求主体在此机制中都可以表达和接受意见；第二，在公众参与的过程中要有严密、完善的组织，公众表达的任何一种意见能够得到有效的回应；第三，在利益表达和参与的过程中所形成的意见，在有效的行动中甚至是在反对（如果有必要的话）主导型的权威体制中，随时可以找到一条“发泄”途径；第四，政府权威机构并不对

① 例如，《土地利用总体规划编制审查办法》第 7 条规定：“编制土地利用总体规划，应当坚持政府组织、专家领衔、部门合作、公众参与、科学决策的工作方针。”《城乡规划法》第 26 条规定：“城乡规划报送审批前，组织编制机关应当依法将城乡规划草案予以公告，并采取论证会、听证会或者其他方式征求专家和公众的意见。公告的时间不得少于 30 日。”

② 欧名豪、湛明：《土地利用规划需要公众参与》，《中国土地》2001 年第 11 期。

③ 唐文玉：《土地利用规划中公众参与之探讨》，《国土资源导刊》2005 年第 1 期。

④［美］奥托兰诺：《环境管理与影响评价》，郭怀成等译，化学工业出版社 2004 年版，第 368–369 页。

公众进行过分的干预和渗透，因此，公众在行动中或多或少地具有自主性。[①] 据此，我们选取对专家意见的听取——专家论证参与，及对普通公众民意的尊重——公众听证参与这两种法定的土地规划参与形式着重分析。

（1）规划专家论证参与。土地规划的覆盖领域十分广泛，涉及众多相关领域的专业技术知识，因此在某些情况下听取有关专家的意见或者邀请其参与论证有关内容，以便从专业技术角度来考量规划的必要性、可行性，从而对规划方案的科学性、合理性进行补益。《土地利用总体规划编制审查办法》第 11 条规定：“在土地利用总体规划编制过程中，对涉及资源保护与可持续发展、区域和城乡协调、土地节约集约利用、土地利用结构布局优化、土地生态环境保护与建设等重大问题，国土资源行政主管部门应当组织相关方面的专家进行专题研究和论证。”《城乡规划法》第 26 条规定：“城乡规划报送审批前，组织编制机关应当依法将城乡规划草案予以公告，并采取论证会、听证会或者其他方式征求专家和公众的意见。”为了使专家论证更具可操作性，某些法律文件规定了专家构成比例。《关于加强国民经济和社会发展规划编制工作的若干意见》规定：“实行编制规划的专家论证制度，为充分发挥专家的作用，提高规划的科学性，国务院发展改革部门和省（区、市）人民政府发展改革部门要组建由不同领域专家组成的规划专家委员会，并在规划编制过程中认真听取专家委员会的意见。规划草案形成后，要组织专家进行深入论证，对国家级、省（区、市）级专项规划组织专家论证时，专项规划领域以外的相关领域专家应当不少于 1/3。”专家论证参与已经成为规划编制的必经程序，应当说是一个可喜的进步。

但令人遗憾的是，专家论证也出现了诸多“失灵”现象，尤其专家与利益诉求相关联，势必影响专家论证理性的最大化实现，其作用受到严重制约。一个典型的例证就是专家被“雇佣”。[②] 例如，某市规划建设堆

① 冯敬尧：《公众参与机制研究——以环境法律调控为视角》，载王树义《环境法系列专题研究》（第 1 辑），科学出版社 2005 年版，第 11 页。

② 专家被“雇佣”主要表现在：一是专家被行政机关雇佣，成为行政机关的“御用工具”，“为论证而论证”，目的是为政府所欲求的决策方案披上一件华丽的外衣；二是专家被某些利益集团所雇佣，成为个别利益的代言人和“喉舌”，目的是通过参加论证，让所代表利益在决策中体现，这种利益有可能是公众的利益，但大部分情况下，是某些利益团体的个别利益，与公众利益无关。参见朱建新：《行政决策专家论证制度研究》，《黑龙江省政法管理干部学院学报》2010 年第 2 期。

肥工艺超前的垃圾处理厂，该市主要官员参加项目专家论证并顺利通过，但工厂建成后没有运行一天即宣布废弃，“专家论证”变成名副其实的“领导论证”。① 另外，专家组成不具有广泛性，往往邀请持赞成意见的专家，而将不同意见拒之门外，使“专家论证”变成“小圈子”论证，专家论证沦为为不切实际的规划方案寻找正当性的幌子。

鉴于此，专家论证参与制度应当从以下方面改进：第一，完善专家遴选制度，保证专家独立。目前，专家的遴选聘请程序形式多样。例如，民政部专家咨询委员会成员由办公厅、政策研究中心向各司局提出建议，报部长办公会议审定后，以民政部名义发给聘书。建设部专家委员会的成员聘用程序要复杂得多，比较严格，需经过社会推荐、部门初审和领导审批三个主要环节。② 虽然遴选专家的程序各异，但相似之处在于，所谓的推荐或提名程序多属行政机关的内部程序，使专家组成结构以及独立性大打折扣。借鉴美国《咨询委员会法》的相关经验，建立完善的专家遴选机制，尤其强调专家构成的平衡性，要求观点和知识的多样性，考虑不同专家的利益立场，通过不同知识、观点的交锋、辩论，相互制约而达到理性的目的。③ 第二，明确专家论证责任，提高论证质量。专家论证不同于资产评估、验资、验证、会计、审计、法律服务，而且专家论证大多具有临时性质，即使专家虚假论证，法律基本上无可奈何。但论证终究是借助于专业知识和科学精神使规划得到技术保证或取得公信的制度性措施，除了需要提高专家的职业道德，还必须强调法律责任对专家论证行为的制约，不仅是维护专业知识的权威，更是对国家、社会就规划土地利用事项的负责。具体来说，法律应当对虚假论证进行惩罚：一方面惩罚组织方为专家提供方便，指使其说假话的行为；另一方面惩罚那些得到好处乱签名或者不认真论证就同意的，最后造成政府决策失误的专家。④

（2）普通公众听证参与。与专家论证参与相较而言，普通公众的参与具有较多的法律支持，总体而言，“在法律上有此规定比没有法律规定

---

①《建立规范专家论证制度“专家论证”不能成“无责论证”》，http：//www. china. com. cn/chinese/zhuanti/2005lh/807716. htm，2005 年 4 月 9 日。

② 参见《民政部专家咨询办法》第 4 条、《建设部专家委员会工作规则》第 4 章等相关内容。

③ 王锡锌：《我国公共决策专家咨询制度的悖论及其克服——以美国〈联邦咨询委员会法〉为借鉴》，《法商研究》2007 年第 2 期。

④《专家不负责的“论证”要承担法律责任》，《工人日报》2005 年 9 月 1 日。

的更接近民主”。[①]“任何参与裁判争端或裁判某人行为的个人或机构，都不应该只听取起诉人一方的说明，而且要听取另一方的陈述；在未听取另一方陈述的情况下，不得对其实施惩罚。”[②]听证作为公众参与土地规划的核心内容，使公众以最直接、最有效的方式参与到规划决策之中。近些年，土地规划管理法律一般都包含关于普通公众听证参与的规定。例如，《土地利用总体规划编制审查办法》第13条规定：“对直接涉及公民、法人和其他组织合法利益的规划内容，应当举行听证会，充分听取公众的意见。采取听证会形式听取意见的，按照《国土资源听证规定》的程序进行。”《环境影响评价法》第11条、《规划环境影响评价条例》第13条分别规定了对可能造成不良环境影响并直接涉及公众环境权益的专项规划，采取调查问卷、座谈会、论证会、听证会等形式，公开征求有关单位、专家和公众对环境影响报告书的意见。《环境影响评价公众参与暂行办法》对涉及环境影响评价活动的公众参与进行了全面规范，成为公众参与土地规划的重大突破。政府主导“自上而下”的参与方式，如果不涉及公众的根本利益，公众很难充分表达自己的独立立场，因而公众参与大多流于形式。广州社情民意研究中心的调查显示，听证会对公民参与政府决策“没有作用”、“作用不大”、“形式主义”的受访者三项合计竟有62.5%，其中15.5%的人认为“形式主义”或“听令”的摆设。[③]虽然这是关于价格听证的调查数据，但多少能够映射出公众参与在公共事务领域的现状。即便如此，土地利用在很大程度上具有公共属性，关乎公众的切身利益，我们不能否认听证存在的必要性，人们的抗辩也必须经过公正的听取。[④]

按照程序的繁简程度，听证分为正式、非正式两种模式。正式听证即“审判式听证”，行政机关仿照法院的审讯程序，提交证据和反询问证人。由于大部分时间花费在证人的相互盘问上，行政机关的活动几乎处于瘫痪状态，影响行政机关为了保护公众而制定新规章的能力。[⑤]除法律有特别规定，行政机关很少运用正式听证。非正式听证即“通告—评论”程序，

---

①［美］科恩：《论民主》，聂崇信等译，商务印书馆1998年版，第22页。

②［英］沃克：《牛津法律大辞典》，北京社会与科技发展研究所译，光明日报出版社1988年版，第69页。

③赵燕华：《听而不证　流于形式——广州市民直言听证会贬值》，《报刊文摘》2002年10月27日。

④季金华：《宪政视角下的听证权初探》，《法学论坛》2005年第11期。

⑤［美］施瓦茨：《行政法》，徐炳译，群众出版社1986年版，第151页。

系对行政立法最低限度的程序要求。非正式听证程序保持了行政机关的主动性和灵活性，同时也赋予相对方部分知情权、抗辩权。我国的听证制度刚刚起步，究竟是以最低限度程序来维护行政机关灵活行政，还是设定比较正式的程序，允许公众就土地规划的事实基础、政策选择提出异议，是一个两难选择。但从听证的原理来说，程序的宽严应与行政行为的性质具有密切关系，越是个人化（对特定个人直接产生重大影响）的行政决定，其行政程序应越趋于司法化（两造争讼式）。① 土地规划听证程序选择是一种情境化的考察，整齐划一的程序总是显得笨拙。对于拘束性土地规划，听证应采用正式听证的方式，并依据听证记录作出规划确定裁决；对于非拘束性土地规划，因涉及较多的立法事实和利益判断，需要规划主体进行更多裁量，发挥自主理性，可以采用非正式听证的方式，但也应为利害关系人提供陈述意见的机会。总之，通过听证程序，使民意能够充分反映到土地规划的内容中去，增强规划的可接受性，是规划得以落实的重要保证。

当然，土地规划管理听证还需要明晰的操作层面问题：第一，听证代表组成具有广泛性。代表组成的合理与否直接决定听证会能否成功。一般来说，居民参与的比例比较大，则比较难达成共识，效率也相对低下；专家、精英的参与则具有较强的针对性。② 目前，代表的数量、结构明显偏向专家，而且代表产生的方式、代表分布及名额确定的依据、代表的代表性标准等问题都不明朗。因此，应当及时向社会公布代表的选取原则、要求、办法及其进展状况，以公开、自愿的原则吸引广大公众的参与。以规划环境影响评价听证为例，吸收规划当地不同利益群体的代表参加，特别考虑居民的参与，明确规定听证代表应当进行调查，以表达代表群体的真正意愿。而且，应当提前公布选取代表，并主动接受社会监督，以消除公众对代表的疑虑。第二，充分回应听证结果。回应参与结果与赋予参与机会同等重要，一个不必有任何回应的参与，仅仅满足形式上的参与要件，对参与者或开发者而言都无实质的意义。③ 在近些年的听证会中，听证结果与规划事项涉及的利害关系人的期望仍存在较大差距。

---

① 翁岳生：《行政法》，中国法制出版社 2002 年版，第 1016 页。

② 耿毓修、黄均德：《城市规划行政与法制》，上海科学技术文献出版社 2002 年版，第 299 页。

③ 叶俊荣：《环境政策与法律》，中国政法大学出版社 2003 年版，第 204 页。

听证意见回应机制要求对于焦点问题和主要分歧意见，决策机关必须指明事实根据并说明理由，必要时在当事人的参与下查明事实真相，使听证结果具备足够的证据支持，并通过书面或者其他形式向社会公布，增强听证在土地规划中的效力。总之，对于土地规划公众参与，我们应始终持有一种价值理想，即人们可以通过积极的参与，有目的地对解释和描述社会世界的方式（语言/话语）、工作方式（工作）和其他相关的方式（权力）中的非理性、无效率、不公平或令人不满的（异化的）现象进行挑战和重构。①

三、环境影响评价

1. 规划环境影响评价的作用

环境影响评价是对人类活动给赖以生存的环境已经或者即将产生的正面或者负面反应和效果进行的综合评判。在法律意义上，环境影响评价是指国家制定规划、政策和法律或从事工程建设、开发行为，应当就其可能造成的环境资源影响进行分析、预测和评估，同时提出相应的预防或者减轻不良影响的对策和措施，并采取跟踪监测的方法与制度。② 1969 年，美国《国家环境政策法》首次将环境影响评价法制化，③ 到 20 世纪 70 年代末，绝大多数州建立了各种形式的环境评价制度。之后，日本、德国、俄罗斯等国相继进行环境影响评价立法。2002 年，我国《环境影响评价法》获得通过，从决策的源头防止环境污染和生态破坏，从项目评价进入到战略评价，标志着我国环境资源立法步入了一个新的历史阶段。④

“环境影响评价的作用不只是识别和描述，如果没有采取环境保护措施的计划工程可能引起的环境危害，更确切地说，环境影响评价需要阐明所需的环境保护措施，并确保这些保护措施纳入可行性研究描述的工程总体计划中。环境保护措施不只是减缓，它应包括：减轻副作用的减缓措施；

---

① [美] 邓津、林肯：《定性研究：策略与艺术》，风笑天等译，重庆大学出版社 2007 年版，第 611 页。

② 蔡守秋：《环境资源法学》，中国人民大学出版社 2003 年版，第 178–179 页。

③ 美国《国家环境政策法》第 4332 条第 2 款。参见赵国青：《外国环境法选编》（第 1 辑上册），中国政法大学出版社 2000 年版，第 6–7 页。

④ 薛继斌：《中国环境影响评价立法与战略环境影响评价制度》，《学术研究》2007 年第 9 期。

不可避免副作用的抵消措施；环境改善措施。”① 环境影响评价具有狭义与广义之分。狭义环境影响评价仅指对于拟议中的建设项目在兴建前可行性研究阶段，对其选址、设计、施工等过程，特别是运营和生产阶段可能带来的环境影响进行预测和分析，提出相应的预防措施，为项目选址、设计及建成投产后的环境管理提供科学依据。广义环境影响评价，是指对拟议中的人为活动（包括建设项目、资源开发、区域开发、政策制定、立法等）可能造成的环境影响（包括环境污染和生态破坏等不利影响，也包括对环境的有利影响）或者环境后果进行分析、论证的全过程，并在此基础上提出采取的防治措施和对策。② 我国《环境影响评价法》并没有拓展到广义范畴而将政策、立法等纳入评价范围，但仍具进步意义的是规划已经明确成为评价对象。③ 在具体实践过程中，《规划环境影响评价技术导则（试行）》（以下简称《导则》）、《规划环境影响评价条例（2009）》（以下简称《条例》）进一步深化、细化了法律关于规划环境影响评价的规定。

土地规划需要借助一系列的行为对土地、林地、建设用地等进行综合整治，在此过程中不可避免地会对规划区域的生态、社会、经济等产生诸多影响，规划区域内土地利用活动相比其他的活动来说产生的环境影响更具全面性、整体性和长期性特点。④ 可以说，我国土地利用中存在土地沙化、荒漠化以及由此伴生的植被退化等一系列环境问题，很大程度上在于前两轮土地利用总体规划着重经济、社会等因素，很少考虑环境承载力。土地利用规划方案调整了各类土地规模结构和空间布局，有必要对规划实施可能造成的环境影响进行预测和评价。⑤ 与普通建设项目比较，环境影响评价对土地规划具有更加深远的意义：从空间维度来看，土地规划往往

① ［印］莫达克、［墨］毕斯瓦斯：《发展中国家的环境影响评价》，吴延熊等译，中国林业出版社2000年版，第16页。

② 汪劲：《中国环境影响评价制度比较研究——环境与开发决策的正当法律程序》，北京大学出版社2006年版，第32页。

③《环境影响评价法》第2条规定：“本法所称环境影响评价，是指对规划和建设项目实施后可能造成的环境影响进行分析、预测和评估，提出预防或者减轻不良环境影响的对策和措施，进行跟踪监测的方法与制度。”第2章第7～15条专门规定“规划环境影响评价”。

④ 周文霞等：《土地利用规划环境影响评价的实例研究——以贵州省毕节地区为例》，《长江流域资源与环境》2009年第12期。

⑤ 孙艾青等：《基于粮食安全、经济发展和生态友好的土地规划环境影响评价——以太原市为例》，《国土与自然资源研究》2012年第1期。

是关于国家或者某个区域的土地利用结构、布局的安排，产生的作用更加广泛；从时间维度来看，土地规划跨度较大，例如土地利用总体规划一般是对未来15年的土地配置，对环境的影响更为久远。环境影响评价可以早期介入土地规划，从生态环境保护与建设发展的角度出发，分析方案可能引发的积极或者消极影响；从规划区域整体角度出发，考虑各个项目的协同、累积效应；从规划角度更全面地考虑替代方案，提出消除、减缓不利环境影响的替代措施。[①] 整合环境影响评价与土地规划能够保证土地利用处于一种和谐、良好的状态，也是实现资源可持续利用的必然趋势，更是协调规划与环境政策之间关系的有效途径。现有的环境影响评价制度主要考虑单个项目的环境影响，不能从根本上认识土地利用可能引致的生态环境问题，是一种低层次的决策，无法克服诸如环境污染的化整为零、滚动发展和累积影响的各类问题。[②] 土地规划环境影响评价恰恰站在土地利用的整体变化对生态环境产生的影响，从源头上控制与土地利用相关生态问题的发生。

规划环境影响评价的不足与缺失，使我国面临的环境风险大多与规划土地利用的结构、强度、布局有关。例如，太湖流域的无锡市每平方公里范围内有10家工业企业，污染物排放总量远远超过当地的环境容量。2005年松花江水污染事件后，原国家环保总局进行全国化工石化项目环境风险大排查，结果显示：在7555个化工石化建设项目中，81%布设在江河水域、人口密集区等环境敏感区域，45%为重大风险源。[③] 75家重点钢铁企业中有26家建在直辖市或省会城市，34家建在百万人口以上的大城市，重工业发展与大城市居民生存质量的矛盾已经凸显。[④] 与此对应，在《环境影响评价法》实施后两年多的时间里，原国家环保总局仅完成了《全国林纸一体化建设“十五”及2010年专项规划》的环境影响评价。[⑤] 2006年2月，国家批准了20多项规划，按照法律规定，这些规划

---

① 潘嫦英、刘卫东：《浅谈土地利用规划的环境影响评价》，《中国人口·资源与环境》2004年第2期。

② 沈清基：《规划环境影响评价及城市规划的应对》，《城市规划》2004年第2期。

③《总投资近10152亿元的7555个建设项目中45%为重大风险源化工石化业存在严重布局性环境风险》，《中国环境报》2006年7月12日。

④ 潘岳：《规划环评阻力来自利益冲突》，《人民日报》2007年11月8日。

⑤《五大因素掣肘规划环评步履维艰》，《法制日报》2006年2月14日。

均应当展开规划环境影响评价，但实际上没有一项进行规划环评。从实践来看，规划环评工作的展开非常不理想：规划未经环境影响评价的前置程序就予以立项、审批，专项规划环境影响报告书审查的主体、内容、程序和效力等不够明确，规划编制、审批与规划环境影响评价审查之间缺乏有效制约。2006 年，国际经济合作与发展组织的环境绩效评估报告指出，我国包括规划环评在内的环境政策、法律的有效性和效率还不够高，其根源在于体制缺陷和环境政策的实施问题。

2. 规划环境影响评价的完善

尽管《环境影响评价法》对规划环评的编制、报批、审查等方面进行了原则性的规定，但关于规划环评的程序、内容、方法等具体细则仍然不甚明确，尤其是监督职能缺失、责任条款软弱等，而成为一部先天不足的法律。《导则》提出了规划环评的早期介入原则和工作程序要求，但并未与决策的具体流程对接，现有的规划环评大多在决策链的末端展开，无法体现规划环评事前约束的重要功能。《条例》对进一步规范规划环境影响评价工作，保障在规划源头预防环境污染、生态破坏具有重要意义。① 但总体来说，关于土地规划的环境影响评价仍需在以下方面改进：

第一，增加替代方案。《环境影响评价法》第 10 条规定："专项规划的环境影响报告书应当包括下列内容：实施该规划对环境可能造成影响的分析、预测和评估；预防或者减轻不良环境影响的对策和措施；环境影响评价的结论。"《条例》第 11 条进一步明确规划环境影响报告书的内容，并对每一项内容的具体范围进行了列举。可见，法律只要求对单一方案可能造成的生态环境后果展开预断、评价，却没有要求提交规划替代方案。而替代方案恰恰是规划环境影响评价的核心内容和重要保障，这不能不成为现行制度的一个重大缺陷。无论是对人类环境具有重大影响的法律草案、建议报告、政策规划等宏观活动，还是即将开始的具体开发建设项目等微观行为，均需要在整体效益最优的前提下，实现人类活动对自然生态环境的不良影响最小化或者生态环境效益的最大化。为此，环境影响评价报告书中必须包括建议行动在内的可供选择的替代方案。② 其实，环境影响评价并不是寻求没有环境影响的建设项目、发展规划，而是旨在找出在

① 龚海珍：《析〈规划环境影响评价条例〉》，《时代法学》2010 年第 1 期。

② 韩广等：《中国环境保护法的基本制度研究》，中国法制出版社 2007 年版，第 26 页。

何种情况下对环境、社会、经济等影响都较低的项目、规划方案。这就意味着所有可能的替代方案必须在对某个具体规划做出承诺之前，对成本、效益进行细致、全面的审议。许多国家、地区都非常重视环境影响评价替代方案的选取，例如，美国在环境影响评价制度法制化之初，替代方案与公众参与就成为环境影响评价制度得以顺利、有效实施的主要保障。联合国环境规划署在工作报告《全球环境展望》也包含了替代方案和政策行动的环境影响。[①] 我们借鉴美国的先进经验，[②] 在土地规划环境影响评价内容中增加替代方案。具体替代方案可以分为两部分，即行动单位提出替代方案与审批主体选择替代方案或者提出可替代方案：前者指编制主体规划用地项目时，明确规划目的，在提出规划草案的同时全面考察，寻找实现目的的其他途径；后者指审批主体对多种方案的经济、社会和环境因素进行理性对比，选则最优方案，使规划达到环境效益最大化，或者针对编制主体的建议行动等，提出以根本不同的方式实现该目的、完全代替建议行动的方案，或者认为实现目的的条件尚不成熟，基于谨慎性原则而推迟建议行动。

第二，强化法律责任。法律责任是“公正自身的保护机制。如果缺乏这种自身保护机制，公正将是不堪一击甚至不攻自破的。公正的对等性和互换性在惩罚性方面同样有效”。[③] 法律责任维护着法律能否有效实施、真正具有威慑力。《环境影响评价法》第 4 章、《条例》第 5 章分别规定了违反环境影响评价的法律责任，但对于弄虚作假造成环境影响评价严重失实，以及违法审批造成对环境有重大影响的，甚至造成严重后果的违法者打击力度显然不够。《条例》对规划的编制机关、审批机关、审查小组召集部门的失职、渎职、违法行为只规定了处分责任，不符合职责相称的法理原则，更没有考虑违法的成本问题。从经济学的角度看，有效抑制违法行为的关键途径之一，是降低守法成本而提高违法成本，当违法收益大于违法成本或者违法成本小于守法成本时，行为主体常常倾向选择违法。

① 鞠美庭、朱坦：《对我国环境影响评价中几个重要问题的思考》，《上海环境科学》2003 年第 12 期。

② 美国《国家环境政策法实施条例》对可替代方案进行了分类，提供了可操作性的规范标准和程序，按照替代方案的性质，替代方案可分为基本替代方案、二等替代方案和推迟行动三类。参见王曦：《美国环境法概论——执行与管理》，汉兴书局有限公司 1999 年版，第 299-300 页。

③ 赵汀阳：《论可能生活》，三联书店 1994 年版，第 145-146 页。

例如，“造成环境影响评价文件严重失实”只是一个通报批评，明显是微不足道的。①《条例》对规划编制机关、审批机关和审查小组召集部门的弄虚作假或有失职行为依法给予处分，但对于这些机构的不作为，既没有将其认定为违法，更没有规定相应的法律责任。《条例》在法律责任规定方面存在诸多疏漏，制约规划环境影响评价的深入实施。因此，强化规划环境影响评价的法律责任规定迫在眉睫。首先，厘清法律责任体系。规划环评主要由编制机关、审批机关、审查小组召集部门主导，处于责任体系的顶端，属于主要责任，而规划环评技术机构只是履行合同义务，处于责任体系的末端，属于协从责任。法律对责任体系顶端的主体采取“软弱”的行政处分，而对责任体系末端的技术机构采取罚款甚至追究刑事责任等手段，简直是一种“本末倒置”的状态。因此，法律应当严厉制裁责任体系顶端主体，从源头上杜绝可能出现的弄虚作假，才能保证规划环评的真实可靠。其次，完善法律责任种类。为了避免政府及职能部门掌握权力却不作为，而出现“懒政”的情形，法律需要增加关于规划环评不作为的法律责任，防止权力与责任的相互脱节，强化“职责本位”的理念。如果规划环境影响评价没有取得相应的实际效果，仍然造成了严重损害后果，相关主体也必须承担相应责任。例如，2001 年重庆武隆县城江北西段发生高切坡垮塌事故，致使一幢楼房被摧毁掩埋，造成 79 人死亡、4 人受伤。事故主要原因在于武隆县政府在制定、实施规划过程中，疏忽地将地质灾害事故发生地段规划确定为建设用地，导致项目的选址错误。②在该案件中，除追究相关主体的行政责任之外，民事赔偿责任应当不可缺少。

第三，衔接程序规范。在理论上，规划环境影响评价可以分为第三方评价（规划编制主体委托具体编制单位以外的单位进行规划环评）和自我评价（规划编制主体自己进行规划环评）两种，各自存在利弊优劣之处。第三方评价虽然可以解决专业性较强的规划环评问题，但由于不能从规划编制的开始阶段就融入对环境因素影响的考虑，因此这种评价模式实

① 王灿发、于文轩：《“圆明园铺膜事件”拷问我国环境影响评价法》，《环境与经济杂志》2005 年第 11 期。

②《国务院通报武隆地质灾害事故人为责任处理情况》，http：//news. sina. com. cn/c/2001-07-24/311085. html，2001 年 7 月 24 日。

际上体现了一种“末端管理”的思想。[①] 第三方评价适用于诸如各类建设项目等较为稳定的评价对象，而自我评价能够较好地体现规划环评的设立初衷。我国现行法律没有明确规定采用“第三方评价”，还是“自我评价”。相比而言，由于对规划提高了环境保护方面的要求，以及规划编制人员环境意识的不断加强，“自我评价”更容易融入规划编制、实施的整个过程。政府在提出编制土地规划之前，应当从保障土地的可持续利用角度出发，依据社会、经济发展状况和土地的自然特性，在时空上对土地利用合理分配、组织等问题进行前瞻性研究。由于政府编制土地规划往往基于经济效益等凸显政绩角度考虑，对于土地退化、土壤污染等生态问题的关注比较薄弱，而一旦提出规划编制的申请并进行报告，则规划目标、范围已经基本确定，在内容、方案的后续编制过程中也难以变动。因此，环评机构应当介入规划编制之前的基础工作，与相关主体展开沟通、交流等互动，使规划编制、实施能够满足生态环境保护的特定需求。在具体的规划编制中，编制机关可以融合对生态环境保护的自我见解，在符合法律规定的前提下，减少可能造成生态风险的环节，并在形成规划草案之后，再由专门的规划环评机构对其进行全面、系统的综合评价，既可以避免不必要的资源浪费，又可以提高规划环评的有效性，进而建立一套规划环评的混合程序。[②]

总而言之，健全、完善土地规划环境影响评价制度，最终目标主要在于以“协调土地利用与生态环境建设”，促成土地利用与经济、社会、生态持续发展之间的友好关系。与之相伴的重要意义还在于：第一，通盘考量土地利用与生态环境的密切关系以及规划可能触及的生态环境问题，提升土地规划的科学性、合理性；第二，以“改善、协调、预防和减缓”生态危机为动力源泉，针对土地利用中可能出现的各种生态问题，提出一系列较为完善的规划建议方案，从源头上减少环境问题的发生。

---

① 赵艳博、林逢春：《中国规划环境影响评价发展现状与存在问题分析》，《能源与环境》2008年第5期。

② 徐美玲、包存宽：《中国规划环境影响评价管理制度剖析》，《中国地质大学学报》（社会科学版）2010年第6期。

第七章　土地规划管理法制实现的生态途径

与传统法律规范的“假定—处理—后果”条件程式不同，规划法律规范一般采用“目标—手段—效果”目标程式构造，[①] 即“传统法律关心的对象，为形式上的合法性，即规范的遵守，而规划关心的对象，乃于一定期间内，特定目的的达成，具有实质上的意义；传统法律常以物理强制为最终的保障，而规划则需依赖科学的权威性，强调规划合理性”。[②]“法制或秩序的真正力量并不在于法学家是否雄辩，是否有理论，而在于它自身的存在，有效的运作和人们接受，这正如维特根斯坦所说的：我不需要论证这种颜色是红色，而仅仅指着它说这就是红色”。[③] 具体到我国当前，一个集中的矛盾并不仅仅在于法律的创制，而在于法律运行，即如何使停留在“纸面上的法”转变成为“生活中的法”，法制的真正意图才能够实现。土地规划管理法制的生态化具有动态、未来导向特征，虽然规划制定重在规范土地可持续利用的目标设定，但规划实施必须寻求达致目标的各种方式，注重具体实施效果。土地规划管理法制实施的覆盖范围十分广博，非能够完全论及，因而选取规划指标、规划许可、规划评估以及规划变更等领域进行探索，以期尽早实现规划法制的生态目标。

① 郭庆珠：《行政规划及其法律控制研究》，中国社会科学出版社 2009 年版，第 179 页。

② 詹启章：《从行政法学观点论日本行政计划制度》，台湾中兴大学硕士学位论文，1986 年，第 132–135 页。

③ 苏力：《法治及其本土资源》，中国政法大学出版社 1996 年版，第 287–288 页。

第一节 规划指标与市场引入

随着我国经济发展、社会改革的持续深入，土地稀缺的矛盾愈加凸显，例如，规划土地指标的区域配置与资源禀赋、经济增长之间的矛盾；规划土地配置低效与农地非农化之间的矛盾；城市持续扩张的用地需求与土地有限供给之间的矛盾，等等。可见，虽然规划管理法制具有强烈的刚性调控特征，但已经明显无法发挥合理配置土地利用的基本功效，因而，引入市场机制以促进规划指标的交易管理、推动土地利用的合理配置也成为法制生态化的必然选择。

一、指标“计划”的弊病

土地究竟应当以什么形式的用途出现，是一个典型的资源配置问题。通常说来，资源配置存在市场调节、政府干预两种方式。从政府干预的角度分析，主要强调以“命令—控制”的方式完成，而市场调节的方法则与其相反，更加注重非强制性、协商性等“非行政化”的方式实现。历史上，“命令—控制”管理方式广泛为西方国家采用，在解决经济困难、维护社会稳定方面发挥了重要作用。但随着市场的日趋成熟和社会需求的变化，传统管理方式的弊端开始暴露，政府部门分工过细、机构臃肿、效率低下、资源得不到有效配置伴随着刚性管理而大量涌现。由此，西方开始反思管理理论，尤其在20世纪90年代之后，在“重塑政府”、“协商主义”的理论推动之下，西方国家的管理方式跳出传统的“命令—控制”模式，而逐步倾向于更具弹性、民主的市场化管理方式。从土地资源的配置角度来看，自20世纪70年代伊始，美国传统的土地分区规划制度越来越向弹性化、市场化的方向发展，大量采用各种浮动分区、激励分区、成组分区等弹性管制工具，以及发展权转移等市场化手段。

在过去相当长的一段时期，我国主要实行计划发展体制，在资源配置的模式上奉行高度集中的“命令—控制”管理方式。当然，“在资金稀缺条件下推行资金密集的重工业优先发展战略，必须要求政府出面压低产品和要素的价格，从而形成扭曲的宏观政策环境。在这种宏观政策环境下的资源配置，不能利用市场机制，而一种高度集中的资源计划配置制度就成为必要的内生制度安排”。[①] 虽然我们在不断调整这种高度集中的计划管理方式，但不可否认，长期的计划发展思维必然大量遗留在新的改革进程中，对管理模式的转变造成一种惯性阻碍。其中，土地资源配置就是典型例证，以计划主导下的管理模式代替土地资源的市场方式。自 20 世纪 80 年代开始，我国开始由计划发展向市场经济转型，各种资源配置的市场化程度提高较大，但就土地配置而言，市场化程度迄今不足 30%，大大低于资本（40%左右）、劳动（65%左右）、技术（75%左右）等生产要素。[②] 尤其土地作为宏观调控的重要领域，政府对土地市场的控制已经达到全面计划的程度。政府不仅通过土地利用总体规划对土地转用实施总量控制，同时发布、实施《土地利用年度计划管理办法》，实行严格的年度计划指标管理，由中央按照经济、社会发展速度和规模的“需求”制定并下达各项严格的用地指标，包括建设用地指标、耕地保有量指标、土地开发整理计划指标等。这些指标由上往下层层分解，并不得突破，特别强调对农用地转用计划实行指令性管理，没有农用地转用计划指标的，不得批准农用地转用。

具体来说，为了保护耕地，首先满足公民生存与经济发展的基本需要，在规划方式上采取的是“控制性规划”，政府每年通过耕地保有量、建设用地量对土地利用设定指标。规划一般采用自上而下的方法，从国家到省、省到市、市到县、县到乡镇的方式层层细化，下级规划只是对上级规划指标的被动分解。虽然各级规划均声称考虑地方特点，采取因地制宜的方式，但由于中央指标分配与地方存在较大的信息空缺，上级政府并不真正了解下级政府区域内有关土地供求的全面信息。中央要求各省（市、自治区）都要实现耕地总量动态平衡，省又要求各地市也要做到耕地总量动态平衡，导致不少地方按“一刀切”的标准或者定额分配指标。例如，国家分配给东部发达地区的农保指标与西部地区的农保指标相同，浙江省给杭州、宁波、温州等沿海城市的农保指标与其他城市也相同，没有真实体现区域之间经济发展、社会状况、资源禀赋等方面的具体差异。僵

---

① 林毅夫等：《中国的奇迹：发展战略与经济改革》，三联书店 1999 年版，第 67 页。

② 郭正模：《土地供给市场化和土地管理模式的转型》，http：//www. sass. cn/news. asp？NewsID=1392，2004 年 11 月 5 日。

化的指标限制了区域的全面发展，并没有真正尊重各地的实际情况。

以建设用地指标的分配为例。各地建设用地指标不得超过上级规划确定的控制指标，必须依据每年的土地利用计划用地，属于计划分配的典型模式，这在某些用地问题突出的地方难以实现预期目标。近年来，国家相继提出城市化、扩大内需、西部大开发、农业结构调整等发展战略，建设用地需求和土地实际供给之间的矛盾变得更加尖锐。平均分配指标的模式没有考虑各地的实际情况，结果却是有的地方指标用不完，有的地方指标却不够用，出现社会利益分配不公平的现象。① 例如，规划确定 1996 ~ 2010 年广东省珠三角九市建设用地增量指标 4.24 万公顷，占全省总增量的 29.4%，但在实际执行过程中（1996 ~ 2005 年）的用地增量却达到了 21.46 万公顷，是原规划指标的近 5 倍，占了全省同期建设用地增量的 74.1%。② 具体到各市差异更加突出，1996 ~ 2005 年，除韶关、河源、梅州、汕尾、茂名、肇庆、潮州、揭阳和云浮 9 市外，其余 12 市实际建设用地增量皆超过了规划控制增量规模（见图 7-1）。地方政府需要发展经济、改善人民生活，而不得不突破用地指标的限制，从而造成土地不合理开发，土地的可持续利用得不到保障，规划从根本上丧失了对土地利用的调控作用。

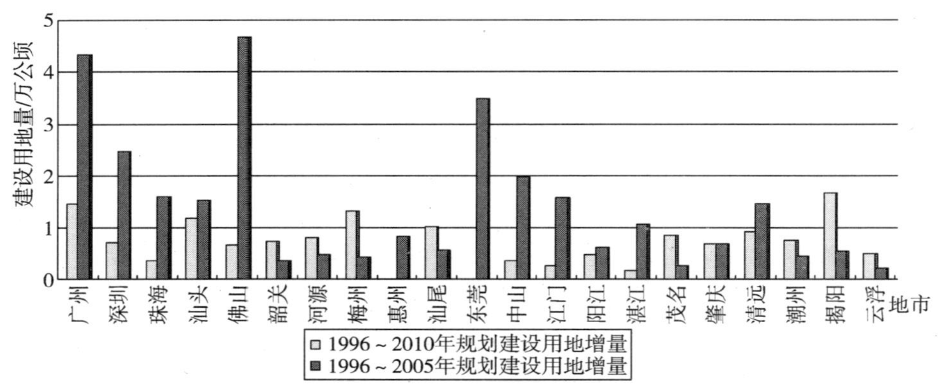

图 7-1 广东省各市规划建设用地增量与实际增量对比

① 施恩民等：《科学发展观与新一轮土地利用总体规划修编思考》，《国土资源科技管理》2008 年第 4 期。

② 数据根据《广东省土地利用总体规划（1997 ~ 2010 年）》及广东省国土资源厅历年土地利用现状调查数据整理而得。

二、指标与市场的结合

在社会领域，机制主要表示“形成这一事物功能的内在工作方式，也即事物内部诸因素的组成方式和运行方式”。[①] 土地利用的调控机制可以分为自行调节机制和强制干预机制。自行调节机制是指土地利用的主体之间自发调整利益关系的一种运行方式，强制干预机制是通过国家的强制手段实现土地利用者之间利益关系调整的一种运行方式。[②] 自行调节主要表现在私法领域，传统私法的自行性调节与简单商品经济社会的交换关系存在表里一致的关系，所以私法的自行调节方式在市场经济社会中显得十分重要。[③] 自行调节土地利用的例证众多，非常著名的乃属猪与火花的例子。[④] 假设农民估计自己能以 50 美元的劳动力和生产资料成本饲养一头市场价值为 100 美元的猪，并且这是唯一可以使他获得最大收益的土地利用方法，如果他将土地用于其他方面，收入可能只有 20 美元，这样他就会选择饲养猪。但他的财产权会受到影响：临近猪圈的铁路机车偶尔抛撒的火花容易引起猪圈火灾，甚至导致饲养的猪过早死亡；或者猪圈散发的臭气给周围居民带来损害，导致他的饲养行为受到限制。为了使双方都有利，农民可以让出土地所有权：铁路通过购买地役权而抛撒火花；周围住户可以与农民订立契约，偿付一定的代价使之不再养猪。在强制干预的方式下，政府通过规划对土地的利用结构、规模、强度进行的布局、安排，尽可能减少土地闲置或者调剂闲置土地，达到有效利用土地的目的。规划作为政府强制干预土地利用的方式之一，出发点主要在于土地对于人类来说是不可缺少的资源，而现实往往只有部分被有效利用，其他却不能够那么有效甚至被肆意荒废，因此，政府强制干预也无法使土地达到完全有效的配置状态。以自行调节为主要方式的市场机制此时能够发挥一定效用。

现代社会处于和平时期，一般应由“社会之力”来解决内部成员的生存照顾问题，而非完全依赖政府力量，政府只有在社会不能凭借自己之

---

① 谢邦宇：《行为法学》，法律出版社 1993 年版，第 375 页。

② 操小娟：《土地利用中利益衡平的法律问题研究》，人民出版社 2006 年版，第 209 页。

③ 张文显：《法理学》，法律出版社 1996 年版，第 274 页。

④［美］波斯纳：《法律的经济分析》，蒋兆康译，中国大百科全书出版社 1997 年版，第 42 页。

力维持稳定时才充当一种辅助角色。因此，在社会、经济运作过程中，原本应由个人、市场发挥主要功能，而政府权力的介入系在个人无能为力、市场无法正常运作之时。在政府与市场的关系上，应当以市场为本位；在公民权利与政府权力的关系上，应当以公民权利为本位。当然，政府角色的转换是一个动态过程，“政府辅助性理论学者所观察的，有起伏性的征兆，由自由主义法治国家时代的谷底，上溯到本世纪中叶之前的最高峰，直到70年代国家上下、全民富庶之乐之际，保守的自由主义又有抬头之势”。[①] 土地规划作为政府管理手段也历经了从萎缩到扩张的过程，而当对土地利用进行新一轮的规划、评价时，针对规划的反思成为必然。

基于对国家干预的审慎思考和对市场力量的重新评估，20世纪70年代开始的新公共管理运动，以及20世纪90年代的“重塑政府”与“治道变革”理念，试图对政府职能进行重新定位。政府职能应当首先是掌舵而非划桨，“与此形成对照的是那些永远忙于提供服务的政府，它们主动放弃了指引航向的功能，那些陷于收税、花钱的困难处境而脱身不得的政府领导人不能不拼命地工作，以保证它们的服务系统不要垮下来，就像在囚犯的踏车上一样，越跑越快却依然在原地不动，它们简直没有时间停下来思考问题”。[②] 因此，政府应当将规则制定与服务提供尽量分开。当然，随着再造政府运动的深入，公共服务开始引入市场机制，行政的范围、作用愈加多样、复杂，传统计划方式显然难以适应社会的快速变化。市场功能的日益完善，政府掌舵能力显得更加突出，而这也考验政府以市场导向为基础，运用规划补充土地市场不足的能力。在该背景之下，土地规划可以在一定程度上，从具有强制性的命令向具有软约束力的引导转变。在与市场的关系上，我们应当跳出“要么政府、要么市场”的绝对界限，毕竟“选择越倾向于市场，其体制就会面临更多导致市场缺陷的危险；选择越倾向于非市场，其体制就会面临更多导致非市场的危险”。[③] 因此，我们需要在不完善的现实政府和不完善的现实市场之间，建立一种

---

① 陈新民：《德国公法学基础理论》（上册），山东人民出版社2001年版，第193页。

②［美］奥斯本、盖布勒：《改革政府：企业精神如何改革着公营部门》，周敦仁等译，上海译文出版社1996年版，第8页。

③［美］沃尔夫：《市场或政府——权衡两种不完善的选择》，谢旭译，中国发展出版社1994年版，第149页。

有效的协调机制，使人们能够根据资源优化配置的效益原则和成本最小原则，寻找政府与市场之间的“黄金分割点”。

三、市场机制的引入设想

我国现有的土地供给和管理模式是计划体制下的产物和延续，理论基础在于突出土地的公有性质和国家对土地供给的集中管制，否定市场在配置土地这种特殊资源方面的能动作用。按照旧有的发展思路，我国人多地少，建设用地供给能力较低，必须加强计划管理，而不可能依靠市场进行自由配置。由于规划必须按上级下达的指标进行，有的用地即使进行了土地利用需求预测，却也不能依照预测结果制订规划方案，致使规划方案未能充分考虑不同区域土地利用之间的差异。[①] 缺乏对区域社会、经济发展情况的客观分析，规划目标与区域土地利用的实际需求结合不紧，甚至相互脱节。因此，规划在实施中难以有效遏制泡沫需求。实际上，土地供给由无市场信号的虚高需求主导。例如，我国土地供给的长期平均供给倾向（APS）大于短期边际供给倾向（MPS），说明建设用地供给多于实际的有效需求，土地资源浪费严重，且利用效率较低。虽然土地规划的特殊性决定了对下级规划进行指标约束的必要性，在某一定程度上确实控制了建设用地的盲目扩张，但从区域综合发展的角度来看，现行制度存在重大疏漏和不科学性。以政府干预作为资源配置的单一手段，不能及时、准确地反映市场客观需求，不仅出现规划与市场相互脱节的危险局面，而且使一部分需要保护的土地得不到应有的保护，在总体上达不到资源的优化配置。[②] 一切稀缺资源优化配置的必要途径首先是能够流动和转让，各项土地控制指标可以视为重要的生产要素，在市场经济模式下，生产要素需要能够自由流动。由于不同地区土地的需求压力在空间层面分布是不均衡的，因而在自愿公平的基础上，土地规划指标可以进行适度的市场化改革。

从地方政府的角度出发，通过引入市场机制，让交易双方均有利可图。市场机制能够使省域范围内的土地资源得到合理配置，进而促进全社

① 刘瑞亮：《土地利用总体规划实施制度创新研究》，《广东土地科学》2009 年第 5 期。
② 弓春芳：《对我国当前土地规划的理性思考》，《山西农业大学学报》2006 年第 6 期。

会资源的优化配置。① 地方政府不仅应当探索易地开发补充耕地、异地代保基本农田、土地利用年度计划交易等市场行为，而且推进“城镇建设用地增加与农村建设用地减少相挂钩”制度，实现省域范围内土地的增减平衡。具体包括：第一，对于耕地、基本农田的保护指标来说。在省域范围内，由于资源禀赋的差别以及耕地、基本农田保有量分配的不均，加之地区经济发展水平的不同，某些市县根本无法完成规定的耕地、基本农田保有量指标。此时，省级政府除根据各市县的具体情况加以调控之外，可以鼓励市县引入市场机制，通过市场交易调节耕地、基本农田保有量指标，② 即有富余指标的市县把多余的指标投入市场，以经济手段通过招标、拍卖、挂牌等方式转让，使不能完成耕地、基本农田保有量指标的市县得到需要的指标，在满足社会、经济、生态发展需要的同时，确保省域范围内的基本农田总量、质量不变。例如，《浙江省基本农田保护条例》第 12 条规定：“因城市总体规划调整或者国家和省重点建设项目建设经依法批准后占用基本农田，有关市、县在本行政区域内无法补充划入数量和质量相当的基本农田的，经省人民政府批准，可以在本土地利用总体规划期内，委托本省其他行政区域在当地划定相应数量和质量的基本农田代为保护。”江苏省也出台了类似规定，为其他地区提供了有益借鉴。第二，对于建设用地的指标来说。推行耕地、基本农田异地代保的目的在于协调耕地保护与建设用地趋增之间的矛盾。目前，一些市县不但存在完不成耕地、基本农田保有量指标的情况，而且也缺乏发展经济、社会所需要的建设用地指标。因此，省级政府也可以鼓励市县把富余的建设用地指标投入市场，让市场这只“看不见的手”进行具体调控，促进区域经济的协调发展。③ 对于出售指标的地方来说，多余指标可以增加地方财政收入，避免指标的浪费，而对于需要指标的地方来说，收购指标可以进一步满足经济发展的需要。2010 年，安徽省马鞍山市与宿州市辖区内泗县向安徽省国土资源厅申请，贫困县泗县将 4000 亩建设用地指标转让给城市化高速发展的马鞍山市。④ 可见，建设用地指标在区域之间通过交易的方

① 虞红兵等：《土地利用总体规划指标管理市场机制引入初探》，《科技经济市场》2008 年第 3 期。

② 陈胜海：《简论江苏省耕地占补平衡潜力及机制》，《资源·产业》2003 年第 2 期。

③ 顾吾浩：《农村集体土地市场化运作研究》，《上海市经济管理干部学院学报》2008 年第 1 期。

④《安徽两地拟买卖建设用地指标》，http：//news. sina. com. cn/c/sd/2010-11-04/015321409567_2. shtml，2010 年 11 月 4 日。

式进行调剂已经开始了试验性工作。当然，这项创新举措也被某些学者称为“城乡和区域统筹发展的突破口”。①例如，重庆在城乡统筹的试点工作中采取“地票”的试验，属于一种跨区域的建设用地指标交易，即将重庆近郊的农业用地转化为建设用地，以充分实现近郊土地的增值收益，由此占用的农业用地由远郊的宅基地或其他形式的建设用地复耕补充，实现总体上的“占补平衡”。

目前，将规划指标引入市场机制还没有统一的法律依据，因此应当制定相关的法律、法规，以法律的权威性方式规定交易初始指标的分配、交易规则、指标价格、交易监控等重要环节，为规划指标市场机制的顺利运行提供法律保障。同时，设立专门的规划指标交易市场，逐步由政府监管下的分散交易（场外交易）的方式向集中交易（场内交易）转变，承接规划指标初始分配的登记、交易，并提供交易需求的相关信息。相应地，交易市场应当建立规划指标交易动态档案，对规划指标交易合同进行登记，并报告相关部门作为跟踪监督规划指标交易状况的基本依据。作为一种新鲜事物，规划指标交易机制若想在调控土地利用、保障规划实施等方面取得卓有成效的结果，政府必须加强对规划指标交易过程的监管，并适时调整相关制度、措施。

第二节　规划许可与土地发展权

规划土地利用并非一成不变，除了针对土地现状采取相应的管制措施，对于土地的未来发展前景，规划同样需要予以关注。土地发展权即是应允土地向纵深方向发展的需要、改变土地利用的原有状态而逐步建立起来的。早期的土地发展权，主要关注土地使用性质的变化。受可持续发展思想的影响，土地发展权制度开始延伸至土地的生态保护领域，并与规划土地的持续利用紧密联系。总体来说，土地发展权突破了土地权利的静态传统，与土地规划配合解决因土地使用变更而产生的利益分配问题。

① 陆铭：《建设用地指标可交易：城乡和区域统筹发展的突破口》，《国际经济评论》2010 年第 2 期。

一、土地发展权

土地发展权起源于英国。第二次世界大战以后，英国基于国家重建和人口增加的压力，强化规划与土地利用管理方面的研究以及法律制度的建设。1942 年，《阿斯瓦特报告》认为对于这种复杂的问题，解决的办法是社会采取一种简单而果断的办法，即尚未开发的土地——全国的农村土地——应该实行国有化。① 1947 年，《城乡规划法》吸收《阿斯瓦特报告》的观点，实行土地发展权国有化，以解决国家和土地所有者之间针对土地开发和资源保护而产生的矛盾。由此，英国通过设立开发权控制土地利用，确立因开发而引起的土地自然增值归公的基本制度。②自 20 世纪二三十年代以来，美国经济迅猛发展、人口不断增加，城市不堪重负而急剧向外扩张，周边农地迅速减少，并引发风景资源、野生生物、公共健康等公共话题。美国开始引进土地分区规划制度，强调政府对土地利用的管理，以实现有限土地资源的可持续发展。借鉴英国的经验，美国建立了以转移、征购为核心的土地发展权制度，并由最初的保护耕地扩展到对生态环境、具有历史意义的建筑界标保护等。随后，法国、德国以及我国台湾地区等陆续建立土地发展权制度，或者类似发展权的土地开发管理制度。例如，法国先后公布《改革土地政策的法律》、《城市规划法典》，注重有计划地扩大政府保留地，建立土地开发法定上限密度限制制度，以此消除所有人之间因规划控制而导致的土地发展权不公问题。可以说，发展权制度在西方国家已经成为普遍采用的土地保护措施。

1992 年，原国家土地管理局《各国土地制度研究报告》最早将土地发展权引入我国，将其定义为“土地变更为不同性质使用之权，如农地变为城市建设用地，或对土地原有使用的集约度提高。创设土地发展权后，其他一切土地的财产权或所有权是以目前已经编写的正常使用价值为限，也即土地所有权的范围，是以现在已经依法取得的既有权利为限。至于此后变更土使用类别的决定权则属于发展权”。简单来说，土地发展权

---

① 刘国臻：《论我国土地利用管理制度改革》，人民法院出版社 2006 年版，第 122 页。

② 张弘：《中国土地发展权研究：土地开发与资源保护的新视角》，中国人民大学出版社 2004 年版，第 46 页。

是对土地在利用上进行再发展的权利，即在空间上向纵深方向发展、在使用时变更土地用途之权。[①] 它包括土地开发权、空间（高空、地下）建筑权等，例如将城市的临近农业用地转变为工业、商业用地，或者在原有基础上提高土地使用的集约程度等。当然，由于创设土地发展权的主要目的在于保护农地，因而土地发展权又被称为农地发展权。例如，土地学家沈守愚认为，将农地变更为非农使用的权利称为土地发展权。[②]

我国现行法律并未规定土地发展权，但规划许可征收中的“转权让利”制度隐含土地发展权归属国有的理念。[③]《土地管理法》将土地划分为农用地、建设用地和未利用地。据此，有的学者将土地发展权分为以下三类：农业用地转变为建设用地（商业用地）的权利（即农地发展权），提高建设用地利用度（建筑容积）的权利（即市地发展权），以及对未利用地进行开发的权利（即未利用地发展权）。[④] 如果以可持续发展为原则，以人与自然和谐为目的，规划土地用途类型体系中应当包含规划生态用地，因此，土地发展权也应当涵盖了生态用地发展权之内涵。当然，从我国具体国情出发，土地发展权应当首先从农地发展权展开实践，具体理由如下：非农用地中的绝大部分属于国家所有，能够顺畅地纳入政府统一规划管理，在国家所有权上施加以此种限制不符合发展权创设的本意；耕地流失的严峻形势是我国目前土地资源浪费和不合理利用的最主要形式，故确立农地发展权即更具有现实性和针对性。[⑤]

二、规划许可与土地发展权关联

1. 规划的土地发展权基础

作为一项法律制度，发展权基于调整因土地开发利用中的各种社会关系而形成，例如土地的开发空间与利用秩序、开发主体之间的利益关系等。从财产属性来看，土地发展权是所有权的一项权能，允许所有人在土

---

① 胡兰玲：《土地发展权论》，《河北法学》2002 年第 2 期。

② 沈守愚：《土地法学通论》（下册），中国大地出版社 2002 年版，第 524 页。

③ 郜永昌：《土地用途管制法律制度研究——以土地用途管制权力为中心》，厦门大学出版社 2010 年版，第 153 页。

④ 程信和：《房地产法学》，中国人民公安大学出版社 2003 年版，第 65 页。

⑤ 江平：《中国土地立法研究》，中国政法大学出版社 1999 年版，第 386 页。

地上继续建筑或者发展的权利。财产属性通过计量预期可获得的经济利益或者因限制而受到的经济利益损失，以发挥发展权对土地开发利用的平衡与调控作用。无论是土地发展权归于政府所有（英国模式）还是土地发展权归所有权人所有（美国模式），其创设目的都可以归结于保护土地，保护自然资源，保护生态环境，以至保护社会整体利益。因而，土地发展权体现出与普通权利不同的法理特征，即土地发展权乃规划权力行使的必然结果。从制度设计来看，土地发展权的规范对象是允许或者禁止本应允许对规划土地进行特定用途开发，以及按一定强度进行建设的行为。例如，英国强化公法对私有权的限制，强调土地利用的社会性，将土地发展权收归国有，私人土地所有权不再包含未来的发展权，而由政府规划土地利用的具体方案，私人进行土地开发需向政府购买发展权，并向缴纳开发课征款；法国规定类似土地发展权的法定上限密度限制，超过上限密度限制的建筑权属于政府，建筑开发者若想超过上限实施建设，须支付超过负担款。

可见，土地发展权带有强烈的公权性质。由于土地规划乃用途管制的重要方式，而土地发展权则基于限制土地开发利用而形成的，若无限制，则无土地发展权一说。① 规划作为限制土地开发利用的重要举措，为每一块土地划定了既定用途，这也成为土地发展权的配置方向。事实上，即使土地发展权在美国属于私权的范畴，也与法律赋予政府分区规划的警察权②存在密切关系。如果将发展权放置土地开发利用体系中审视，其无处不渗透着警察权的“限制”，并且是对所有权、使用权、地上权、空间权等权能的多重限制。例如，政府通过区划条令管理土地用途，防止在居民区进行某些工业、商业设施建设；通过在特定区域限制或者禁止不动产开发以保护、改善环境；设立地方建筑准则，限制建筑物高度以免街道陷于永久阴影。如果土地利用类型、密度、规模、时间和其他方面的开发与规划相一致，并且满足规划目标、政策、土地利用类型、密集度等要求，符

---

① 黄祖辉、汪晖：《非公共利益性质的征地行为与土地发展权的补偿》，《经济研究》2002 年第 5 期。

② 警察权是政府为维护公共安全、公共福祉、社会秩序及道德而限制公民财产权（土地使用和开发）的权力。在美国，警察权是分区规划存在的法律依据，联邦宪法将警察权赋予各个州，各个州又将其授权于地方政府以实施分区规划。参见 Cullingworth, *Planning in the USA: Policies, Issues, and Processes*, Routledge, 1997, p. 65.

合当地的所有其他标准，那么地方政府赞助或者从事的开发就与规划一致。[①] 从这个意义上讲，土地发展权已经具有警察权的社会作用与价值取向。例如，在“欧几里得区划案”[②] 中，法院认为土地分区使用的区划规定——不准在住宅区内兴建工厂及商业大楼，不准在家庭住宅区内兴建高层公寓，虽然对私人财产造成损失，但属于警察权的理智行使，有助于公共健康和安全的维护。该案虽然强调规划作为警察权的行使，但已然显现出土地发展权的身影。

2. 土地发展权的规划保障

规划建立在人们对土地利用的认识与能动反映的基础之上，通过明确土地用途以及在各个部门之间的分配，实现对未来土地利用的统筹安排。规划通过对土地利用结构、分区、布局和强度的控制，实际确定了土地发展权的具体空间格局。当一定区域内的土地开发存在相互影响的关系时，规划的技术规范为土地发展权设定具体规模、范围，促使相邻土地之间用途相容、开发强度协调、建筑间距合理等。因此，土地发展权构成的科学性、合理性，与规划的环境、体制、过程具有内在关联。只有规划科学、合理，土地发展权才会实现公平、效益并重。经济手段对土地发展权配置的调整、弥补，最终仍需要落实到规划上，应以规划的准许为前提，规划划定的允许发展区、限制发展区的范围，以及限定的高度、密度、容积率的具体数据，成为土地发展权量化、货币化的基础，即土地发展权计量、分配以预期可获得的经济效益，以及因限制而受到的经济损失为依据。可以说，“规划条件”是影响土地价格的重要因素。[③] 例如，有学者为确定容积率对土地市场住宅交易价格的影响，利用南京市区 2005 ~2007 年以公开出让方式成交的 132 幅住宅用地数据，就成交住宅用地单位地价、楼面地价与容积率的关系进行深入分析，结果显示住宅用地到市中为距离每

① Mandelker, *Land Use Law*, The Michie Company, 1988, p. 2, p. 85.

②“欧几里得区划案”起因于欧几里得市区划委员会不允许地主将其在区划法中规定为居住用地的地产改为商业用地。为争夺使用土地的自由权以增加土地价值，地主控告市政府执行区划法“事实上是不通过适当的法律程序获得财产、是没收、是使土地价值贬值，使地主丧失其宪法保证的权利和自由”，并力促法院判决“区划法是违反宪法的、是市政府不合理地行使管理权”。欧几里得市坚持区划法是合法行使宪法授予地方政府的管理权以防止可能造成对城市和公众的危害。1926 年，美国最高法院裁决宣称：只要区划法是合理的、没有不公平，土地不是充公，就是合法地行使政府管理权。

③ 张舰：《土地使用权出让规划管理中“规划条件”问题研究》，《城市规划》2012 年第 3 期。

增加 1 公里，单位地价、楼面地价分别随之下降 235.29 元/平方米、120.45 元/平方米。[①]

其实，规划是对土地财产权利的配置，能够为权利人带来正面[②]或者负面的影响，而不合理规划将使权利人的财产蒙受损失。禁止农用地转变为住宅、商业等建设用地，意味着攫取了部分土地财产权，而分区划定的农业区、保护区等开发区，也意味着剥夺了权利人的财产权，而对被划定限制发展的土地，应当予以相应的补偿。当土地发展受限时，如果没有得到相应补偿，会激发土地权利人的"寻租"行为以及不正当动机的产生，造成土地利用的低效。[③] 在发达国家，土地发展受限得到相应经济补偿已成明文规定。例如，在美国南卡罗来地区，当地最高法院明文规定土地发展权被长期限制，必须给予相应补偿。相比之下，未给予基本农田的严格限制以足够的经济补偿，也是我国基本农田保护制度实施不力的深层原因。[④] 例如，自 2001 年以来，全国因城镇村非农建设用地调整基本农田面积 28.36 万公顷，各类非农建设违法占用基本农田面积 7.75 万公顷。[⑤] 采取禁止性或限制性强的规划管制，严格限制或者剥夺区域内相关群体使用资源和空间的权利，如果未能提供相应的补偿和经济援助，给予相关侵害群体的发展机会以及利益，导致不同分区利益群体福利的非均衡性，是违背环境公平理念的。[⑥]

---

① 王婵婵等：《容积率对城市住宅用地交易价格影响的定量研究——以南京市为例》，《资源科学》2009 年第 1 期。

② 1973 年，联合国研究报告指出："土地利用规划是用来限制开发进程，以保护农业用地、公共活动空地和自然保护区。有时规划鼓励高密度建设，以减少交通运输开支，为此规划常采取限制可供开发的土地数量的做法，这自然会使地价上升。"在英国，一般符合规划、获取规划许可的土地开发，土地价值都会大幅升高。例如，Peer 集团在规划、开发"安格尔公园项目"中，不仅为当地居民提供了一个良好的社区环境，也使土地价格上升了几百倍。参见 Richard Deakin：《土地规划体制提升英国土地价值》，《资源与人居环境》2009 年第 7 期。

③ Takings, "Compensation and Equal Treatment for Owners of Developed and Undeveloped Property", *Journal of Law and Economics*, No. 2, 1997, pp. 403–432.

④ 王群、王万茂：《土地发展权与土地利用规划》，《国土资源》2005 年第 10 期。

⑤ 张晓松：《解读 2006 年度全国土地利用变更调查结果报告》，《资源与人居环境》2007 年第 9 期。

⑥ 蔡银莺、张安录：《规划管制下基本农田保护的经济补偿研究综述》，《中国人口·资源与环境》2010 年第 7 期。

三、土地发展权例证：农用地转用改革

无论如何定义土地发展权，土地用途的性质变更均是应有之义。土地用途变更是指土地用途法定形态的变化，即农用地、建设用地和未利用地之间的转变，还包括同一法定形态上的某些用途变化，例如在农用地上进行再投入、建设用地上进行再建设等。虽然某些用途变化未导致土地用途法定形态的根本变更，但同样引发土地用途的适宜性、限制性等因素发生重大改变。在土地用途变更过程中，市场通过价格机制、需求机制发挥一定作用，但总体来看，市场更着眼于土地的经济利益、局部利益，而漠视土地的生态利益、整体利益，带有极大的局限性。相比政府而言，市场仅是调整土地用途变更的一种补充机制。政府干预土地用途变主要通过强制许可，对农业用地和非农业用地实行严格的用途管制，以切实保护耕地，实现土地安全的监护作用。我们选取农用地转用作为切入点，窥探在规划许可制度下的土地发展权运行状况。

1. 农用地转用的困境

《土地管理法》第44条规定："建设占用土地，涉及农用地转为建设用地的，应当办理农用地转用审批手续。省、自治区、直辖市人民政府批准的道路、管线工程和大型基础设施建设项目、国务院批准的建设项目占用土地，涉及农用地转为建设用地的，由国务院批准。在土地利用总体规划确定的城市和村庄、集镇建设用地规模范围内，为实施该规划而将农用地转为建设用地的，按土地利用年度计划分批次由原批准土地利用总体规划的机关批准。在已批准的农用地转用范围内，具体建设项目用地可以由市、县人民政府批准。本条第二款、第三款规定以外的建设项目占用土地，涉及农用地转为建设用地的，由省、自治区、直辖市人民政府批准。"从法律规定看，农用地转用审批是指当农用地转用时，政府根据申请，在一定条件下解除农用地转用禁止，准许其转为某一特定用途的行政行为。农用地转用审批权属于规划许可权，转用审批与否的依据在于用地申请是否符合土地利用总体规划，农用地转用审批权主要集中在中央、省级政府。由于土地规划实行分级审批，除国务院和省级政府享有审批权外，乡（镇）土地利用总体规划可以由省级政府授权的设区的市、自治州政府批准。因此，设区的市、自治州政府可以在经省级政府授权后，审

批乡（镇）土地利用总体规划中所确定的农用地转为建设用地。

土地具有稀缺、用途多样、收益差异的特性，这些均能导致土地在不同用途之间的竞争，同一块土地作为建设用地的收益往往数倍于作为农业用地的收益。① 随着我国城市化进程的加快，城市建设必不可少的占用农用地，农用地的原有用途随之发生变更，将农用地在农业用途范围内使用的权利和变更农用地为建设用地的权利分开设立，并将变更土地使用性质的权利收归国有，但建设用地需求的急剧增长使大量农民失去了赖以生存的土地。我国农用地转用主要通过规划征收实现，政府在支付补偿费或者由用地者先行垫付之后，强制性地取得农地并将之转为国有，然后依据建设用地规划许可的土地用途予以统一供应。农民作为土地的“主人”，在土地被征收的过程中，本应成为最主要的受益者，但事实上，农民的土地被征收后，收益大部分被剥夺。据调查，如果成本价（征地价加各级政府收取的各类税费）为100，农民只得到5% ~10%，农村集体经济组织得到25% ~30%，60% ~70%为政府以及各级部门所得。② 改革开放多年，各级政府通过低价征收，高价出让土地的形式，从农民手中拿走土地收益高达2万亿元。③ 土地征收使得农民生活陷入贫困，变成了种田无地、社保无份、就业无岗的“三无”农民。当然，农民土地权利的缺失是导致失地农民贫困化的重要原因之一，即农民使用、处分、收益的权利被排斥或者剥夺。土地发展权能够变更土地用途或者提高土地利用的集约程度，如果赋予农民土地发展权，土地征收补偿以市场价格为标准，而不是现行的以农用地年产值为标准，农民可以更好地分享城市化带来的增值利益。

2. 农用地转用的改革

从理论上讲，如果保留我国现行土地征收制度，通过提高农民的土地补偿费用，改革土地增值收益的分配、使用办法，将农用地转用过程中的

① 尽管针对土地的各种投资都能够增加土地价值，但农用地与建设用地，在投资之后的增值方式、增值过程是不同的。农用地上的肥力投资只能改善土地本身的肥力价值；而建设用地的投资则具有强烈的外部效应，周围土地工商业建设投资的增加，会大大提升所在土地的价值，所在土地的投资也会大大提升周围土地的价值。参见《建设用地的经济学分析》，http://www.tdzyw.com/2010/0804/2764.html，2010年8月4日。

② 付景远：《农民失地“补钱”不如“给权”——基于农民失地后的社会性问题分析》，《农业与技术》2006年第4期。

③ 沈守愚：《论设立农地发展权的理论基础和重要意义》，《中国土地科学》1998年第1期。

增值收益更多地投向农民，保障农民权益，进而缓解农用地转用中的诸多矛盾。并且，在实践中许多地方颁布了本区域关于征收集体土地补偿的法律文件，例如《安庆市集体土地征收及房屋拆迁补偿安置办法（2005）》、《银川市征收集体土地及房屋拆迁安置补偿办法（2006）》、《攀枝花市征收集体土地补偿安置办法（2009）》等，这些法律文件对规范土地征收起到了一定的积极作用。但由于政府既是规则制定者（立法者），又是规则执行人（土地征收者），基于自身利益最大化的考虑，往往仍难以避免出现补偿范围狭窄、补偿标准低下的问题。显然，在既定的思维模式、制度框架以及利益格局之下，期望政府能够在本质上改变农民丧失土地之后的窘况是值得怀疑的。与其对现有制度进行小修小补，维持不合理制度的苟延残喘，还不如进行一场“短痛优于长痛”的革命，彻底打破现行农用地统一征收的制度体系，以“公共利益”作为划分标准，对公益性农月地转用实行土地征收，而对经营性农用地转用则应另辟蹊径——在设立土地发展权并合理配置具体内容的基础上，建立规划待转农用地直接入市的制度，毕竟“今后的城市化扩展，对集体土地应该以流转为主，基于公共利益的征收为辅”。①

（1）公益性农用地转用中的“公共利益”。一般来说，公益性农用地转用可以通过土地征收实现。由于“公共利益”在市场中无法自动实现，而政府恰是“公共利益”的典型代表。政府动用土地征收权，“公共利益”是征收权力的启动依据，也是运行的明确界限。“公共利益”成为防止权力无限扩大而损害私人权益的一种关键措施，也是世界主要国家土地征收制度有效运行的基本要件之一。在世界范围内，“公共利益”涉及范畴十分广泛，具有极大的抽象性和不确定性，也没有完全统一的标准，例如，道路、军事设施、学校、医院等设施的建设都可以视为“公共利益”。由于其涉及对价值要素的权衡，即使在法制健全的美国，法庭对“公共利益”的界定也非常困难，时常争论不休。由于社会制度、历史背景不同，不同国家对“公共利益”形成了不同的意见。

关于“公共利益”的立法模式，大致可分两类：第一类概括规定“公共利益”，即在土地征收相关法律中，仅明确“只有出于公共利益方可动用土地征收权”，而并不界定哪些属于“公共利益”范围，包括美

①《新拆迁条例难产揭困局：集体土地流转何时放开》，http：//news. sznews. com/content/2011-01/06/content_ 5234332_ 2. htm，2011 年 1 月 6 日。

国、英国、加拿大、澳大利亚等国家。此类国家一般对私人财产采取了充分的保护措施，排除政府干预、神圣不可侵犯的理念深入人心。[①] 美国对“公共利益”的解释，排除了政府利用征收权力损害某人利益使另一人获利，但并不意味着政府征收财产只能用以公用或给一般公众使用。政府征收财产转给其他多数私人使用，同样能够构成“公共使用”。例如，“海尔斯敦丹 V. 维尔铁路公司案”，景德路公司为修建一条通向私人工厂的铁路而请求征用私人土地。由于这条铁路支线又被用来停放车辆，从而减轻了影响货主和车主的运输拥挤压力，法院认为这条铁路支线不仅使景德路公司受益，也使一定范围的第三人受益，因而准许该铁路支线占用土地从私人用地变为公共土地，征地请求合法。[②] 只要法院推断政府法案先天具有为“公共使用”的目的，即可动用征收权。美国于 1984 年确立了“米德基夫标准”，[③] 明确征收的“公用”含义：只要征收权的形式与可见的公共目的理性相关，法院必须判决征收符合公用目的。另外，澳大利亚《土地征用法》也没有明确限定“公共利益”的范畴，仅规定“公共目的”是指议会有权力制定法律来限定与国家土地有关的任何目的。第二类详尽地列举了哪些属于“公共利益”的情况，即在土地征收的相关法律中严格限定“公共利益”具体范畴，约束政府征收土地的权力，包括德国、日本、韩国、我国台湾地区等。德国《基本法》第 14 条第 2 款规定所有权负有义务，使用同时应当服务公众福祉，第 3 款明确地表明所有权可以被国家合法地侵犯，即可以被征收，而最重要的征收条件是符合公共利益的要求。[④] 德国“公共利益”范畴主要涵盖公共福利事业、为实现地区详细规划所进行的事业、合理利用空闲地、用于补偿调配地、文物保护用地等。日本《土地征用法》第 3 条严格界定“公共利益”的范畴，只有符合列举事项方可进行征收，具体包括关系国家和民众利益的 35 种公益项目。例如，国家、地方团体进行的农地改造与综合开发所建的道路、水渠等设施；以治水或水利为目的在江河上设置的防堤、护岸、蓄水池及

---

① 姚佐莲：《公用征收中的公共利益标准——美国判例的发展演变》，《环球法律评论》2006 年第 1 期。

② 江平：《中国土地立法研究》，中国政法大学出版社 1999 年版，第 400 页。

③ 张千帆：《“公共利益”的困境与出路——美国公用征收条款的宪法解释及其对中国的启示》，《中国法学》2005 年第 5 期。

④ 袁治杰：《德国土地征收中的公共利益》，《行政法学研究》2010 年第 2 期。

其他设施；博物馆、医院、公园、机场、铁路、港口、广播、电力电信等。

确实，农用地征收可以推进经济发展或者其他公共价值的实现，但也会使现有的所有者、使用者感到极大不安。判断公共利益一般应当考虑国家发展目标、事业的公益性、受益对象的数量、效益与损害的比较、正当法律程序等因素。① 综观各国法律规定，一般都是从财产利用目的解释，即除了"公共使用"之外，还包括具有"公共利益"用途。所谓"公共使用"，指代表公共利益的主体的直接使用行为，如政府建筑物、国防设施等；具有"公共利益"用途，则指征收行为能够增进全体社会成员的福利，如教育、卫生、慈善等。基于我国法治现状，如果采用第一类国家对"公共利益"进行概括解释的方法，势必因操作的模糊性而造成混乱局面，为防止土地征收中权力滥用，借鉴第二类国家实践是比较理想的选择，即明确限定"公共利益"范围。大致来看，符合"公共利益"的征收项目可以覆盖：军事用地；文教卫体、环保、城市绿化、文物保护等事业；能源、交通、供电、供水、供暖、电信等公共事业和其他市政建设项目；政府机关用地；旧城改造。② 因上述目的需要进行农用地转用的，可以进行土地征收。依据法理，"公共利益"可以作为征收土地的正当理由，即农地所有权作为集体权利应当服从于更广泛的"公共利益"，使土地权益得以社会化。虽然政府征收农用地构成对农民集体土地增值收益的限制，但"公共利益"可以作为抗辩私人权利的公认理由。因而，为促进城乡公益事业发展，政府能够以适当的成本取得建设用地，在征地补偿中可不包括土地增值③收益补偿的成分。

（2）经营性农用地转用"增值收益"。事实上，土地规划涵盖了经由人的劳动而改变土地的过程，这不仅意味着价值形成，更在于价值增长。尤其土地规划促使新的价值形成，考虑到相关利益之分配，法律面临着必

---

① 熊文钊：《试论行政补偿》，《行政法学研究》2005 年第 2 期。

② 其实，《城市房地产管理法》中关于土地使用权划拨的规定，在某种程度上具有公益用地的性质，但范围相对狭窄。第 24 条规定："列建设用地的土地使用权，确属必需的，可以由县级以上人民政府依法批准划拨：（一）国家机关用地和军事用地；（二）城市基础设施用地和公益事业用地；（三）国家重点扶持的能源、交通、水利等项目用地；（四）法律、行政法规规定的其他用地。"

③ 农用地转用使土地用途性质发生转变，土地出现涨价状况——土地增值收益，从农用地的价格水平上涨至建设用地水平。

须解决的矛盾：价值增长过程中形成的价值增量归谁所有，即土地的涨价应当归为土地权利人所有，还是归于社会所有。[①]“溢价归公”具有一定合理性：土地增值主要依赖于人口增加、经济发展、社会进步等因素，是社会发展而非个人劳动所造就的结果；如果不限制土地增值，将导致土地的过度投机，进而可能引发经济危机。[②]但土地增值是否应当完全归公？由于土地权利人具有“收益”的权能，不但拥有物的增值，而且拥有物的孳息，因此权利人应当拥有土地增值收益。并且，规划以限定农民的土地利用方向、利益为代价，追求当代人的粮食安全、代际公平以及可持续发展，没有理由让农民承担眼前和远期公共利益的全部代价。可见，农民集体作为农地权利人也应当享有土地发展权带来增值收益。

以营利为目的的企业需要转用农用地的，不能依靠政府征收，而应当通过市场取得土地使用权。如果具有经营性质的建设项目占用农用地，则需要由用地单位办理相关的申请手续，由土地主管部门依据规划进行条件审查，并适当地调整土地用途性质，由此农用地获得了明确的土地发展权。在此基础上，用地单位可以就农用地转用的相关事宜与农民集体通过谈判进而达成交易。这就要求建立规划待转集体农用地直接入市制度和农民集体获取土地增值收益制度。首先结合市场发展需要，政府依照规划授予待转农用地发展权，允许规划待转农用地依照的土地供应计划直接进入建设用地市场。同时，确定国家与农民集体之间的土地增值收益分配比例，由独立的评估机构参照同样用途、同样年限、同样条件的国有建设用地市场价格，测算与农用地市场价格之间的差价——土地增值收益，并由用地单位直接向拥有规划待转农用地的集体组织支付一定比例的增值收益，按照农地价格由用地单位向承包待转农用地的农民购买土地承包经营

---

① 1848 年，穆勒抨击地主阶级不劳而获，并主张把国家的土地予以估价，土地的现有价值仍归地主所有，而由于社会进步所增加的价值以赋税形式交给国家（参见［英］穆勒：《政治经济学原理及其在社会哲学上的若干应用》，胡企林、朱泱译，商务印书馆 1991 年版，第 318 页）。1882 年，乔治首次主张“溢价归公”，土地价值不表示生产的报酬……它表示垄断的交换价值。它在任何情况下都不是占有土地者个人创造的，而是由社会发展创造的。因此，社会可以完全把它全部拿过来（参见［美］乔治：《进步与贫困》，吴良健、王翼龙译，商务印书馆 1995 年版，第 347 页）。

② 沈开举、程雪阳：《中国土地管理制度的改革与法治化》，http：//www. civillaw. com. cn/Article/default. asp? id=49800，2010 年 6 月 23 日。

权并支付相关的劳动就业补偿费用，从而以农民集体获取土地增值收益的方式实现经营性农用地转用。

由此，不仅可以运用市场机制直接补偿农民的土地承包经营权和劳动就业权，确保城市建设用地价格不因农用地转用制度改革而不合理上涨；而且，有利于稳定土地承包关系，并保证将增值收益的一部分留归集体，实现土地增值收益的公共分享。① 当然，“农民集体”属于抽象范畴的概念，实际中并不存在“乡（镇）农民集体”、“村农民集体”的组织体，因而“农民集体”并不适宜作为享有土地增值收益的具体主体，为便于统一规定享有土地增值收益的实际主体，可以选定由“当地全体居民选定的机关依法行使”。②

第三节　规划评估与理性提升

作为一项社会活动，土地规划系政府为了引导、规范以及弥补市场在配置土地方面的不足，以改善土地利用结构、数量、布局、强度，进而协调土地利用中的各种社会关系。因此，土地规划明显带有的政府气质，却削弱了科学技术的特征。尤其自 20 世纪 60 年代以来，多元文化的涌现阐发了土地利用现象背后的一系列政治、经济、环境制度，在规划历史中占据核心位置的科学理性受到来自各个方面的挑战，甚至“规划中的技术性因素往往受控于经济、社会、政治等非技术性因素”。③

一、规划理性有限

理性包含两个方面的意蕴：第一，对行为系统进行本质性的认识，并形成知识、掌握规律；第二，依据掌握的有关知识和规律指导实践。土地

① 王小映：《全面保护农民的土地财产权益》，《中国农村经济》2003 年第 10 期。

② 梁慧星：《中国物权法草案建议稿——条文、说明、理由与参考立法例》，社会科学文献出版社 2000 年版，第 271 页。

③ 张庭伟：《城市发展决策及规划实施问题》，《城市规划汇刊》2000 年第 3 期。

规划理性是指规划过程中人们能够选择最恰当的手段或备选方案以实现目标，并使规划目标及其实现过程的结果的综合利益最优化。① 一般认为，增强理性程度可以提高规划的有效性。②

自“后现代主义思潮”的蔓延开始，加之规划过程中的部分或者全部环节都以规划的制度环境为背景，规划被普遍认为是一个充满价值判断甚至利益博弈的行政过程，对规划的任何考虑都需要回归于行政现实本身。土地规划起源于社会和环境问题，对土地资源的配置属于利益的调整和分配，将规划过程看作行政过程不无道理，但片面强调“行政性”而忽视“科学性”并不符合规划本质。毕竟，规划是一种在专门理论知识基础上的调查、分析、指定活动，只不过它的现实存在被安插在了行政过程之中，③ 使科学技术的步骤环节具有了更深的行政功能和社会含义。因此，土地规划既需要保持“行政特色”——体现社会公正和效益追求，将各类土地匹配给适当的利用者，又需要遵循基本的“科学理性”——尊重规律、高度理性、科学严谨，通过理性过程将各种用地需要以适宜的用途、适宜的规模匹配到适宜的空间位置。归根结底，规划的“行政特色”必须建立在“科学理性”的基础之上，一旦偏离，规划就不可避免地会陷入武断、迷乱甚至盲从之中，因缺乏客观评估标准而导致随意、虚置甚至混乱，期望其能够降低规划腐败、建设风险或者发展代价更是不可能的。④

当然，我们推崇备至的“科学理性”其实更大程度上也是一种“有限理性”。规划有限理性首先表现在规划问题识别和目标确定方面。规划目标是为了解决未来土地利用中的各种矛盾，例如经济、社会与生态之间的，以及公众与私人之间的。问题识别和目标确定是“政治”和其他“非理性的东西”进入土地规划编制过程的一个口子。⑤ 对于目标确认来

---

① 柳意云等：《转型时期我国城市规划运作过程中的规划理性问题》，《城市规划学刊》2008 年第 5 期。

② Richard, Marianne, Ellen, “Does Discussion Enhance Rationality? A Reporter from Transportation Planning Practice”, *Journal of the American Planning Association*, No. 4, 2003, pp. 354-367.

③ 从表面看来，规划的科学理性受到行政制约，例如，规划需不需要编制或调整是由政府决定的；要使规划真正成为政府行为，规划成果首先需要被政府认可和接纳，才会成为具有法律效力的规范文件。但实际上，规划并不能完全等同于行政过程。

④ 邓伟志、董祚继：《土地规划的三大核心理念》，《中国土地》2010 年第 4 期。

⑤［美］林德布洛姆：《决策过程》，祝乾威、胡君芳译，上海译文出版社 1998 年版，第 21-22 页。

说，除了与需要解决的问题有关之外，还应当在土地规划所处的内外环境基础上，了解各个部门未来用地的发展变化。毕竟受人类认识能力的限制，规划过程中存在着众多不确定因素，是一个信息不完全的灰色系统，[①] 因而未来的诸多事宜对现实的规划来说都是不确定的，[②] 科学的规划预测也只能尽量引导期望结果的发生。就规划确定的目标来说，已掌握的信息确是完全理性的，但如果将其放置于整个信息系统的参照系中，对于它所要面对的全部信息显然不尽如人意。其次，规划有限理性在规划方案的产生过程中也表现得相当明显。即使存在最优方案可供选择，其评价标准、方法的客观性、综合性也同样会受到质疑。在理想状态下，规划草案进入审批程序，成为能够影响区域土地利用的法律文件之前，需要对规划草案的各个版本进行事先论证，包括土地利用可能产生的影响、规划实施之后的有效性问题等。土地规划必须统筹兼顾经济、社会、生态效益的融合，但社会效益、生态效益往往难以量化具体，因而给经济指标遗留了发挥作用的更大空间。即使这种量化方法不具有合理性，但在目前体制的约束之下也只能作为一种权变方式，这对于规划审批主体尤其是政府领导来说，无疑最具有吸引力，而常常以此选择自己最满意的方案。可见，规划草案的产生以及最终审批也夹杂着各种因素的身影而使理性具有有限性。为了确保规划能够一步一步地接近既定目标，我们必须允许授予规划方案一定的弹性空间，用于包容规划实施过程的变更情形，而且这种变更恰好能够弥合实施现实路径和预设目标之间的偏离，最大限度地支持规划对土地利用的导向作用。

因此，无论是追求规划的科学理性，还是克服理性的各种限制，建立土地规划评估机制均是一种良好选择。基于规划自身或者外部环境变化而出现的非科学、非理性问题，必须通过评估机制及时、有效地识别，并进行相应的调整变更，以适应土地利用过程中的新变化、新要求。此外，在规划实施的不同阶段，重点、方向、任务也并不完全一致，评估机制能够促使规划实施进一步厘清思路、目标，使下一阶段的规划措施更具有针对性。

---

① 王万茂：《规划的本质与土地利用规划多维思考》，《中国土地科学》2002 年第 2 期。

② 不确定性不仅存在于规划制定过程，同样也存在于规划实施过程，这是规划在内部、外部对不确定性的双层体现。参见吴次芳、邵霞珍：《土地利用规划的非理性、不确定性和弹性理论研究》，《浙江大学学报》（人文社会科学版）2005 年第 4 期。

二、规划评估的逻辑展开

自20世纪80年代我国土地规划的首次制定开始，无论是规划内容、方法还是规划的实施措施，虽然有所提升但并没有取得实质效果。并且，对规划制定与规划实施相互脱节的状况已经充分认识却无力改变，一个悲哀局面发生了：不管土地规划的实施效果究竟如何，新一轮规划总是源源不断地被制定出来。但由于缺少规范化、制度化乃至法制化的评估机制，规划只能依据对自身社会处境的自我反应和普遍性的情绪来断定规划的有效或者失效，成功抑或失败。[①] 正是缺少有效的评估机制，土地规划常常处于被横加指责的困境之中，这也成为阻碍其良好发展的痼疾：往往经济、社会制度的其他失误导致土地利用中的某种非预期结果，最终却将矛盾强加于土地规划的身上。例如，各级政府依法征收、收回土地后，由于地理位置、规划用途、基础设施配套、土地限制条件或者土地出让底价过高等因素，部分土地与土地开发利用计划脱节，加之没有政策支持，缺乏有效的制约机制，导致土地利用率较低。[②]

评估作为衡量土地规划理性的运转机制，涉及被评价对象效能的优劣，首先需要克服评估的主观性、随意性，凸显规范化的运作方式。然而，土地规划评估属于制度安排的一种，即需要常态化、制度化的建设，进一步来说，制度安排需要法律施以强有力的保障，否则制度功能将大打折扣，因此必须具有一致认可并符合合法性的要求，即土地规划评估的法制化。土地规划评估的规范化、制度化以及法制化相互促进、不可分离：规范化需要以制度化为载体，制度化的实践需要法制化的“保驾护航”，而法制化进程又在推动规范化运作，形成了“规范化—制度化—法制化—规范化”的良性循环结构。[③] 其中，由规范与制度的内在特性决定了法制化成为循环的关键结点：一旦缺乏法制化的保障，规范化将难以为继地长效、有序

---

① 张兵：《城市规划实效论》，中国人民大学出版社1998年版，第30-39页。

②《关于整治土地闲置问题的调研报告》，http：//jngtzy. gov. cn/html/gtjb/201010239637791. html，2010年10月23日。

③ 章群、牛忠江：《政府绩效评估法治化的制度逻辑——基于美国经验与本土资源整合的考察》，http：//www. chinaelections. org/NewsInfo. asp？NewsID=171535，2010年3月13日。

运作，制度化也将变得苍白无力而徒具其表。虽然“无需法律的秩序”在某种程度上确实有效，但在无政府状态下，人类弱肉强食的本性将必然出现。因此，土地规划评估的制度安排上升为法治诉求，借助法律途径来敦促土地规划评估的规范化与制度化。纵然，近代以来，法律成为社会控制的主要手段，但我们并非期望将社会引入“法律帝国主义”的模式而对各个领域横加解释、规制：法律存在自身的功能边界而不能过度扩张，强力不可能使社会任何控制都能最终实现，并且将对象纳入法律规范范畴需要满足某些时机、条件。每一个权威系统都必须取得和建立一种合法性的信任，没有这种合法性，任何组织都不可能达到自己的目标。因此，土地规划评估不仅需要符合科学性、系统性等技术标准，更要遵循规范性、合法性的法制要求，使土地规划评估的制度框架彰显法治精神。

三、评估机制的构建要点

2004 年，国土资源部发布《关于开展土地利用总体规划实施评价和修编前期调研工作的通知》（以下简称《通知》），要求报国务院审批的省级和城市土地利用总体规划必须先对规划实施情况进行全面评估，报部审查同意后，才能开展规划修编工作。这标志着我国土地利用总体规划实施评价制度的初步建立。2005 年，国务院颁布《关于做好土地利用总体规划修编前期工作意见的通知》（以下简称《意见》），进一步明确了土地利用总体规划实施评价的基本内容和预期目标，提出要研究建立规划实施的动态监测、评价和管理的保障体系。虽然《通知》、《意见》① 构建土地规

① 2004 年《通知》将规划实施评价的主要任务概括为：一是规划的执行情况，包括规划目标以及主要用地指标、用地布局调整的实现程度，违反规划和调整、修改规划的情况，规划项目和实施政策、措施的落实情况。二是规划实施的效益，包括土地利用的经济效益、社会效益和生态效益，土地集约利用程度等。三是规划的社会影响，包括公众对规划的认知和接受程度等。但《通知》仅对土地利用总体规划实施评价做出了原则性要求，难以指导具体评价实践。2005 年《意见》要求通过对规划实施情况的系统评价，做到“四查清、四对照”，即查清规划期内新增建设用地总量，与国民经济和社会发展规划确定的发展目标对照检查；查清闲置土地和低效用地数量，与规划确定的节约用地挖潜目标对照检查；查清耕地和基本农田保有量，与规划保护目标对照检查；查清违法用地数量和处理情况，与违法用地的处理要求对照检查。这是国务院对土地利用总体规划实施评价内容的进一步具体界定，体现了国家试图通过对规划结果与规划目标的一致性检验来评价规划实施情况的工作思路。

划评估制度的基本框架，但没有明确界定规划实施评价的内涵、方法、内容和标准等关键问题。我国土地规划评估的开展更多依据政府“红头文件”进行实际操作，缺乏上位法律的权威规定。如此重要的制度安排，许多政府尚未形成统一、稳定、规范的地方性法规。由于未将土地规划评估上升到法律层面，未将土地规划评估进行常规化、法制化，没有形成一种持久的、互动的良性机制，导致规划评估不断发生“病灶”：评估的直接后果表现为随意性、短期性、间断性，甚至有些地方政府将其视为形象工程，急功近利、流于形式，并没有将评估结果及时反馈到土地规划的调整、变更过程中。例如，某些规划评价行为基于已经发生的现实问题，而采用一种偶发性、被动性应对措施，政府只能根据普遍存在的社会现象或者已经出现的社会问题来判断规划的有效性、适应性，因此偶发的评价行为往往无法在“事前”或者“事中”发现真实问题，规划变更自然滞后于问题的实际发生。[①] 另外，评估作为规划变更的一项必经程序，规划主体往往将规划变更通过审查作为首要目标，着重关注规划成果的本身，将规划评估作为支撑规划变更合法化的手段，而非规划变更的基本依据，“本末倒置”状态往往误导规划评估的出发点和影响规划评估的科学性，甚至使规划评估沦为“走过场”的形式主义——虽然规划经过调整或者修改，但原先暴露的问题并没有得到真正纠正，而一些仍然有效的规划策略却被推翻。因此，建立长期、稳定的评估机制成为土地规划法制化的基本选择。

第一，评估主体的独立性、多元化。有研究认为，只有国家、政党等政治实体才能充当规划实施评价的主体，并将评价主体分为内部评价者和外部评价者。[②] 就现行法律来看，土地规划评估机制的主体一般是具体编制主体，即各级政府。虽然编制主体熟悉土地规划的全貌，了解规划的价值取向、执行程序、执行情况以及执行中遇到的问题等，这使得编制主体具有评估的天然优势。但其可能从自身利益出发，在评估时有所倾向，甚至采用各种手段操纵公众偏好，使最终的评估结果失去客观性。然而，“那些受委托的评估者，往往在评估经费、评估资料等方面受到委托人的控制，有时会造成评估者只对委托人负责，而不对评估对象或者公众利益负责的现象。在这种情况下，评估者很可能为了迎合委托人的要求而放弃

---

① 吕晓蓓、伍炜：《城市规划实施评价机制初探》，《城市规划》2006 年第 11 期。

② 赵小敏、郭熙：《土地利用总体规划实施评价》，《中国土地科学》2003 年第 5 期。

科学公正的评估结论”。[①] 这种“自己评估自己”的内部评估模式，难以真正发现在规划实施过程中的实际问题。因此，发挥规划评估制度的应有作用，需要限制评估的主体资格。首先，评估主体的法定性，即评估主体的资格由法律明确赋予；其次，评估主体的权威性，即主体的评估活动能够得到国家认可和社会支持，评估结论是客观的、公正的；最后，评估主体构成的广泛性，即评估组织的成员构成应当体现角色的多元化，兼收并蓄。因此，我国可以以专门规划委员会为主和社会中介组织评估为辅的双层评估机制。专门规划委员拥有专业评估人员，掌握评估方法，熟悉评估工作，因此，评估结论具有更强的专业性、权威性，既利于保证评估行为的公正性、客观性，又利于提高评估工作的专业化、规范化。同时，为使规划评估具有更强的科学性、广泛性，还应注重社会中介组织对规划进行多方位的评估，使评估结论具有更强的说服力，增加社会基础。

第二，评估内容完整性、约束性。评估内容的确定在评估中发挥着导向作用。评估过程本身是一种主观活动，确定评估内容也属于主观活动的体现。因此，评估内容不能随意确定，以免影响人员构成、方法选择及程序展开，而应当符合实际需要并具有可行性，否则会导致评估结论与现实情况之间的偏差，导致无法真实反映规划实施过程中的各种瑕疵。“与外部秩序相对应的外部规则尽管是人类社会所不能或缺的治理工具，但是它却不能因此而侵扰甚或替代内部秩序的生成，并得以维续的内部规则，否则内部秩序和植根于其间的个人行动自由就会蒙受侵犯，并遭到扼杀。”[②] 因此，评估内容的确定必须能够在整体上反映规划实施的状态，反映规划土地利用与经济、社会、生态发展之间的密切关系，并为经济效益、社会治理和生态影响提供综合评价的参照系。如果对评价认识不一致，评估内容的设计也会差异较大，例如，规划执行评估，规划影响评估等。[③] 按照结果分析、过程监控、影响评估与原因分析的思路，将土地规划实施评估的内容划分为规划目标实现程度评估、规划实施过程与措施评估、规划实施影响评估和规划实施问题总结与建议四个方面。[④] 规划目标实现程度评

① 赵勇、李敏：《试析公共政策评估主体的多元性》，《上海行政学院学报》2005年第6期。

② 邓正来：《法律与立法的二元论——哈耶克法律理论的研究》，三联书店2000年版，第85页。

③ 陈银蓉等：《城市土地利用总体规划实施评价研究》，《中国人口·资源与环境》2006年第6期。

④ 杜金锋、冯长春：《当前中国土地利用总体规划实施评价中主要问题研究》，《中国土地科学》2008年第10期。

估是当前多数规划实施评估的重点，通过对比规划指标在评估期日的数值与规划目标值、基期值之间的增减变化，评估规划目标的实现程度。规划实施过程与措施评估是分析各个相关规划主体在规划实施过程中，为促进规划目标的实现而提出的措施及其有效性、协调性。规划实施影响评估包括认可与遵守程度评估和效益评估：认可与遵守程度评估是考察政府与社会对规划的认可、遵守及满意程度；效益评估包括社会、经济与生态环境效益评估，即由规划实施而引起的区域社会、经济与生态环境效益变化情况。在实施上述评估过程之后，对问题进行总结并探究其产生根源，进而提出针对性的具体建议。通过建立良性评估机制，完善土地规划编制方法，提高规划实施的理性效力。

第四节　规划变更与信赖保护

当下绩效考评标准引发的区域经济利益追求，地方政府为了追求政绩而肆意修改已经确定了的土地规划，而全然不顾土地利用在社会、生态等方面的实际需要。土地规划本身的原则性、模糊性以及较弱的强制性，使得“不断修改既定规划就成了地方政府常有的事情。一任新领导一个新规划，有的规划甚至是天天在修改，有的工程今天建明天拆，造成很大的浪费”。[①] 然而，规划变更并不仅是政府的单方行为，同样影响着利用者的土地权利。信赖保护与规划之间的重要关联，我们似乎并不需要进行过多的论证，生活在这块土地上的人们对此不会陌生，而是用实际行动和朴实语言期待并要求着政府。

一、信赖保护

诚信原则以公平、正义为根本宗旨而成为私法领域的“帝王条款”，后来溢入公法领域并逐渐得到认可，演变形成信赖保护原则。信赖保护最

① 冯蕾：《城乡规划法将改变“一任领导一个规划”》，《光明日报》2007 年 5 月 9 日。

初由法院判例确立，后被明文规定于法律条文中，德国的《行政程序法》、《建设法典》，我国台湾地区的“行政程序法”、“都市计划法”等法律均有相关规定。2004 年，我国《行政许可法》首次以法律形式确立了信赖保护原则，即“行政许可所依据的法律、法规、规章修改或者废止，或者准予行政许可所依据的客观情况发生重大变化的，为了公共利益的需要，行政机关可以依法变更或者撤回已经生效的行政许可。由此给公民、法人或者其他组织造成财产损失的，行政机关应当依法给予补偿”。尽管条文仅适用于许可领域，并未涉及规划内容，但无疑也为政府信用的发展奠定基础，成为法治政府建设历程的重大进步。2008 年《城乡规划法》第 50 条规定：“在选址意见书、建设用地规划许可证、建设工程规划许可证或者乡村建设规划许可证发放后，因依法修改城乡规划给被许可人合法权益造成损失的，应当依法给予补偿。经依法审定的修建性详细规划、建设工程设计方案的总平面图不得随意修改；确需修改的，城乡规划主管部门应当采取听证会等形式，听取利害关系人的意见；因修改给利害关系人合法权益造成损失的，应当依法给予补偿。”该条文标志着在土地规划领域正式确立了信赖保护原则。

现代国家建立在“固有秩序”① 基础之上，在这种秩序的引导下，法律基于合意产生，而又依靠信赖得以维系。人们通过理性的计算参与社会活动，除寻找个人利益的最大化之外，还基于非理性的“惯性信赖”而参与某种社会活动，形成一种“自发社交”，② 即信赖、效忠与组织上的连属。社会秩序的良性发展维系于公民对政府的信赖，而政府为了获取这种信赖而从“神坛”走下。如果公民容忍政府违背最初承诺，从个案上说并不能从整体上影响公民对政府的信任，但当一个人的信任被漠视，社会其他成员也同样会遭受如此下场，此时，整个社会的信赖体系面临崩溃，社会秩序随即付之东流。信赖保护实际上体现了秩序的最低标准：政府违约也需要承担责任。恰好，这种信赖契约也属于社会关系存在的一种样式——社会契约，凝聚着人与人之间的公平交涉、对话、协商、磨合过

---

① Misztal, *Trust in Modern Societies: The Search for the Bases of Social Order*, Polity Press, 1996, pp. 63-64.

② [美] 福山：《诚信：社会德性与繁荣的创造》，立绪文化事业出版有限公司 1998 年版，第 35 页。

程，“包含一种公平的程序理论”,① 而“具有平等、自愿、互利、相互制约的特点，它能减少交换过程中的不确定、不安全因素，增加交换”。② 社会契约理论要求处于自然状态的人们在自然法的指引下，基于自由、平等而就某些自然权利的交换达成协议，并依据协议建立国家，从而得到一种确定的社会秩序以保护自身权利。因此，社会契约意识乃法律最为深厚的观念基石，同时也是信赖保护的理论源泉。在宪政理论上，近现代政府无疑为公民实现国家目的的工具，而政府与公民的关系在整体上也是属于宪法委托关系。在这种委托关系中，公民通过宪法授予政府以管理国家的概括权力，政府则根据公民授权履行职责、实施治理，政府在成立之际皆作出遵守宪法、维护社会公益及公民权益的基本承诺，因而信赖保护当然是调整与维系这种委托关系存续的根本规范。从现实角度来看，现代国家特别是政府成为一种给付、服务主体以后，开发社会文化、增进公民福祉已经成为责无旁贷的职责，在公民与国家之间产生了越来越多的类似于私人契约性质的法律关系。为了维护这种新型法律关系，国家必须致力于增强自身公信力，保护公民基于信赖所产生的合法、合理权益，以确保法律秩序的安定性，进而实现提高全民福利的职能追求。

二、规划变更的信赖保护必要

尽管土地规划具有先天的“生理现象”,③ 即规划从制定到实施的过程往往经历较长时间，其间不可避免因政治、经济形势等发生变化，而使当初的规划进行修改或者中止。但必须强调，我们应当站在何种立场上，以何种标准审视、变更规划。实际上，许多地方政府调整规划往往遵循的标准极不明确：在某些地方，土地规划会因领导调整而不断变更，即“规划跟着领导走”；在某些地方，规划实际上被招商引资项目操控，政府为引进投资而竭尽全力满足资本对土地的要求，即“规划跟着项目走”。④ 规划不得擅自修改，需要经过专家论证，需要上级主管部门批准

---

①［美］庞德：《通过法律的社会控制——法律的任务》，沈宗灵、董世忠译，商务印书馆 1984 年版，第 59 页。

② 王雨本：《法制·法治》，中国人民公安大学出版社 1998 年版，第 61 页。

③［日］盐野宏：《行政法》，杨建顺译，法律出版社 1999 年版，第 156 页。

④《“规划跟着领导走”：“圈地”热潮之惊人背后》，《人民日报》2004 年 4 月 23 日。

的法律规定在经济利益面前显得羸弱无力。于是，由规划变更引发的土地征收、房屋拆迁矛盾逐渐成为当下社会最主要的不稳定因素。

但不可忽略的是，基于对政府的信任和对其特殊地位的考虑，土地规划对公民的重要意义是不可能不加理会的。通常，公民按照规划确定的方案调整自己的行为。例如，当政府将城市的某个区域规划为开发区之后，许多投资者便会一哄而上到该区域投资建设。然而，如果在一个较短的时期内，政府便废止了原来规划或者调整规划，即使存在各种各样的充分理由来证明规划变更是合理、必要的，那么公民按照规划进行的投资、建设，消耗的财力、物力是否就应当随着规划的变更而付诸东流?① 此时，规划本身具有的确定力、公信力、约束力、执行力都荡然无存，甚至规划的基本尊严也被奚落为“不如领导一句话”。随着民主意识的增强以及法治政府的建设，这种需要由公民单独承担因规划变更引发的风险、损失的局面必须变革，信赖保护成为约束政府规划权力的适当选择。2002 年，温州发生了一起因规划引起的行政诉讼。事情起因是被告既北镇人民政府从 1990 年起在 12 年间对建设规划作了 5 次大变动，平均两年就变动一次。在 2002 年 7 月，该村的交通干道破土动工，村民们发现即将盖起的大楼，将把双塔路上的控制红线完全占据，把聋坊巷通往双塔路的出口完全堵塞。居住在巷子里的近百户村民，要想到双塔路就必须绕很远的路。永嘉县既北镇浦西村百余位村民遂状告既北镇人民政府和永嘉县规划建设局违反《城市规划法》，侵犯了他们的通行权。② 在日本也发生过类似的案例，“市政府制定了公营住宅建设计划，企业对市政府的计划予以协作，按照了该计划进行了公共浴场的建设。可是，之后由于市长的交替变换等，住宅建设计划被中止，公共浴场的建设也成为不必要。……在另一案件中，业主因响应村政府的工厂招徕措施而进行了工厂建设的准备，之后由于该措施的变更（计划的变更）而不得不放弃工厂建设”。③ 引发我们思考的是：对已经制定的规划是否允许变更或者废除？又如何为公民因信赖既定土地规划而蒙受的损害提供保护，以及提供怎样程度上的保护？

---

①《中国刹车“开发区热”逾七成开发区被清理撤销》，http：//founder. china. cn/human/human/2007-04/19/content_ 1554195. htm，2007 年 4 月 19 日。

② 李丰、崔丽：《温州“民告官”讨要通行权》，《中国青年报》2003 年 1 月 8 日。

③［日］盐野宏：《行政法》，杨建顺译，法律出版社 1999 年版，第 156-157 页。

三、规划变更的信赖保护达成

土地规划表现形式多样，并不是所有规划的变更或者废止都需要补偿相对人的信赖利益，援引该原则需具备以下条件：第一，存在信赖基础。土地规划已经生效或者至少应具有权力行为的外在表现，并且被相对人获知，此乃产生信赖保护的基础，至于是否合法则无关紧要，除非因重大明显道德瑕疵而无效。① 第二，具备信赖行为。相对人基于对土地规划的信赖已经实施了具体行为，而不只具有信赖的意思表示，且行为不可逆转。② 第三，信赖值得保护。相对人的信赖必须是正当的、具备生活经验上的根据的。③ 具体来说，信赖保护主要有存续和财产两种保护方式：存续保护，即当土地规划没有发生变更时，由于信赖基础未发生变化，相对人因规划获取的信赖利益一律处于稳定状态，而不论现存的法律状态是否合法；财产保护，即当土地规划发生变更，既有信赖基础随之发生变化，如果该变化造成相对人的利益损失，需要对这种损失提供财产补偿，当然如果该变化未造成相对人的利益损失，则仍适用存续保护方式。

---

① 台湾地区大法官会议认为："主管机关变更都市计划，系公法上之单方行政行为，如直接限制一定区域内人民之权利、利益或增加其负担，即具有行政处分之性质，其因致特定人或可得确定之多数人之权益遭受不当或违法之损害者，自应许其提起诉原或行政诉讼救济。"也就是说，对都市计划的个别变更属于具体行为，相对人可以对其提起行政诉讼，例如因规划变更，土地使用性质改变，原居住地块改为商业用途而影响居民安宁和卫生；或者原绿化地块变更为公用交通地，使得地价大跌，则可以认为是具备处分性，而应施以救济。对类似已颁发许可证的在建工程用地，因规划变更成为交通路道的，规划实施过程的变更损害，应施以救济补偿。参见苏苗罕：《行政计划诉讼问题研究》，《行政法学研究》2004 年第 3 期。

② 例如，某法人向规划机关申请建设用地许可证并得到了许可，其因信赖许可的有效性而投资建设房屋。在这一过程中，其投资行为和规划机关许可存在因果关系，且已投资建设行为不可逆转。这种情况就认为是存在信赖表现。

③"所谓'正当'，是指私人对行政机关的行为或其创造的法律状态深信不疑，并且对信赖基础的成立为善意且无过失；如果信赖的成立是因可归责于私人的事由所导致的，则此信赖不值得保护。"例如，在下列情况下，对城市规划相对人的信赖不予保护：一是规划机关做出有效成立的具体行政行为是由于相对人使用欺骗、贿赂等不正当手段促成的；二是相对人对重要事项进行了不正确或不完全的说明，如在申请建设用地规划许可证时提供了虚假信息；三是相对人明知信赖基础违法，如果在申请建设工程规划许可证时，明知规划机关的许可证不符合相关法规规定；四是相对人事先知道信赖基础在未来将会变更。参见金勇：《城市规划行政信赖保护制度的建立》，《城市规划》2005 年第 10 期。

与两种保护方式相对应，相对人在维护自身信赖利益过程中，具有以下权利：第一，规划存续请求权,[①] 即公民享有维持现有规划效力、反对规划变更的权利。由于相对人因土地规划而享有的合法信赖权益应当得到有效保障，即使现有规划发生变更，因信赖规划而利益受损的相对人也能够请求继续实施规划，根本目的在于维持原规划确定的权利义务关系。但土地规划的稳定是相对的，变动是绝对的，如果承认私人信赖利益始终优于变更规划的公共利益，当权利得不到满足而常常诉诸法院时，规划存续请求权的赋予更应当谨慎。第二，规划实施请求权，即公民有权要求执行机关及时、有效地遵守和实施土地规划的规定，而不得消极不作为或者没有法定原因拒绝实施甚至违法变更规划。至于哪些公民可以申请规划具体实施，我们并不赞同将其限定为“执行请求权的主体是与规划执行具有直接利害关系的人”,[②] 只要认为土地规划应当实施却没有实施或者违法实施的主体都可以享有该项权利。[③] 需要明确的是，公民享有实施请求权。主要是一种监督的方式，至于何时实施、如何实施则需要执行部门斟酌经济、社会、生态环境等各个方面的具体情况。第三，过渡措施请求权。通常情况下，基于对政府的信任，人们会按照土地规划执行的方向来安排生活、工作、经营等。如果公民已经采取了相应的处置行为，那么政府决定土地规划的变更时必须提前通知受规划影响的相对人，并尽可能地按照相对人的要求采取过渡性措施以减少其损失。当然，土地规划本身可能无法对具体过渡措施予以全面规定，大致包括对规划的变更进行分阶段实施，给予相对人以适当的政策税收优惠，或者进行对应性的业务帮助等。[④] 第四，补偿请求权。补偿是基于合法行为对其他主体造成的特别牺牲而给予的填补与回复。土地规划变更本身受到法律保护，因此给相对人带来的利益损失应当予以补偿。例如，德国《建设法典》第 39 条规定公民对具体建造规划的变更享有补偿请求权。补偿范围主要包括先决成本与

---

① 德国法律一般不承认规划存续的请求权，但存在三个例外：规划作为法律作出或者通过法律确认；规划作为行政行为作出；行政机关受特殊许诺或者合同协议约束。

②［德］毛雷尔：《行政法学总论》，高家伟译，法律出版社 2000 年版，第 415 页。

③ 这项权利可以视为公民行使监督权的方式。例如，《城乡规划法》第 9 条规定，“任何单位和个人都有权向城乡规划主管部门或者其他有关部门举报或者控告违反城乡规划的行为”。当然，与此项权利相匹配的制度，除了行政救济之外，还需要在司法救济中设置公益诉讼制度。

④ 宋雅芳：《行政规划的法治化：理念与制度》，法律出版社 2009 年版，第 137 页。

信赖利益。先决成本是相对人为了获取信赖利益付出的直接代价，例如开发商申请建设用地而付出的“一书二证”有关成本。信赖利益可以分为既得利益和期待利益，既得利益是规划变更对相对人基于信赖已经获取的利益造成的损失；期待利益是规划变更对相对人基于信赖可能获取的利益所造成的损失。[①] 例如，开发商信赖规划机关颁发的“一书二证”，投资建设商品房，但规划变更导致土地用途性质发生变化，在建房屋无法继续甚至需要拆除，开发商投入的资本损失就是既得利益损失，预期出售商品房所得的利益损失就是期待利益损失。

① 期待利益一经纳入法律体系规范，就具有合法权益的属性，应当受到法律保护，因而有可能成为补偿客体。参见沈开举：《行政补偿法研究》，法律出版社 2004 年版，第 109 页。

参考文献

一、中文文献

1. 中文论著

毕宝德:《土地经济学》，中国人民大学出版社2006年版。
边泰明:《土地使用规划与财产权：理念与实务》，詹氏书局2003年版。
蔡守秋:《调整论——对主流法理学的反思与补充》，高等教育出版社2003年版。
蔡守秋:《环境资源法教程》，高等教育出版社2004年版。
蔡守秋:《环境资源法学教程》，武汉大学出版社2000年版。
蔡守秋:《环境资源法学》，中国人民大学出版社2003年版。
操小娟:《土地利用中利益衡平的法律问题研究》，人民出版社2006年版。
曹明德:《生态法新探》，人民出版社2007年版。
陈慈阳:《环境法总论》，中国政法大学出版社2003年版。
陈慈阳:《宪法学》，元照出版公司2003年版。
陈端洪:《宪政与主权》，法律出版社2007年版。
陈端洪:《中国行政法》，法律出版社1998年版。
陈纪安:《美国法律》，中国科学技术大学出版社2002年版。
陈泉生、张梓太:《宪法与行政法的生态化》，法律出版社2001年版。
陈新民:《德国公法学基础理论》（上册），山东人民出版社2001年版。
陈新民:《公法学札记》，三民书局1993年版。
陈新民:《中国行政法学原理》，中国政法大学出版社2002年版。
城仲模:《行政法之一般法律原则》，三民书局1994年版。
程信和:《房地产法学》，中国人民公安大学出版社2003年版。
程烨等:《土地用途分区管制研究》，地质出版社2003年版。

辞海编辑委员会：《辞海》，上海辞书出版社 1989 年版。

邓正来：《法律与立法的二元论——哈耶克法律理论的研究》，三联书店 2000 年版。

董黎明、林坚：《土地利用总体规划的思考与探索》，中国建筑工业出版社 2010 年版。

冯亚东：《平等、自由与中西文明》，法律出版社 2002 年版。

甘藏春：《土地宏观调控创新理论与实践》，中国财政经济出版社 2009 年版。

高兆明：《制度公正论——变革时期道德失范研究》，上海文艺出版社 2001 年版。

高中华：《环境问题抉择论》，社会科学文献出版社 2004 年版。

郜永昌：《土地用途管制法律制度研究——以土地用途管制权力为中心》，厦门大学出版社 2010 年版。

耿毓修、黄均德：《城市规划行政与法制》，上海科学技术文献出版社 2002 年版。

郭洁：《土地资源保护与民事立法研究》，法律出版社 2002 年版。

郭庆珠：《行政规划及其法律控制研究》，中国社会科学出版社 2009 年版。

韩德培：《环境保护法教程》，法律出版社 1998 年第 3 版。

韩广等：《中国环境保护法的基本制度研究》，中国法制出版社 2007 年版。

何怀宏：《生态伦理》，河北大学出版社 2002 年版。

侯文蕙：《征服的挽歌——美国环境意识的变迁》，东方出版社 1995 年版。

黄小虎：《中国土地管理研究》，当代中国出版社 2006 年版。

黄祖辉、汪晖：《城市发展中的土地制度研究》，中国社会科学出版社 2002 年版。

江平：《中国土地立法研究》，中国政法大学出版社 1999 年版。

姜明安：《行政程序研究》，北京大学出版社 2006 年版。

姜明安：《行政法与行政诉讼法》，北京大学出版社、高等教育出版社 1999 年版。

金瑞林：《环境法学》，北京大学出版社 1990 年版。

金瑞林：《环境与资源保护法学》，北京大学出版社 2006 年版。

金瑞林、汪劲：《中国环境与自然资源立法若干问题研究》，北京大学出版社 1999 年版。

荆月新：《城市土地立法研究》，中国检察出版社 2006 年版。
李步云：《信息公开制度研究》，湖南大学出版社 2002 年版。
李峻：《建筑法概论》，中国建筑工业出版社 1999 年版。
李可：《马克思恩格斯环境法哲学初探》，法律出版社 2006 年版。
李培超：《伦理拓展主义的颠覆：西方环境伦理思潮研究》，湖南师范大学出版社 2004 年版。
李先民：《都市规划学》，中正书局 1978 年版。
李亚虹等：《美国财产法》，法律出版社 1999 年版。
李艳芳：《公众参与环境影响评价制度研究》，中国人民大学出版社 2004 年版。
李煜兴：《区域行政规划研究》，法律出版社 2009 年版。
梁慧星：《中国物权法草案建议稿——条文、说明、理由与参考立法例》，社会科学文献出版社 2000 年版。
林明锵：《国土计划法学研究》，元照出版公司 2006 年版。
林毅夫等：《中国的奇迹：发展战略与经济改革》，三联书店 1999 年版。
刘飞宇、王丛虎：《多维视角下的行政信息公开研究》，中国人民大学出版社 2005 年版。
刘国金、舒国滢：《法理学教科书》，中国政法大学出版社 1999 年版。
刘国臻：《论我国土地利用管理制度改革》，人民法院出版社 2006 年版。
刘俊：《土地所有权国家独占研究》，法律出版社 2008 年版。
刘小枫：《现代性社会理论绪论》，三联书店 1998 年版。
吕忠梅：《超越与保守——可持续发展视野下的环境法创新》，法律出版社 2002 年版。
吕忠梅等：《环境资源法学》，科学出版社 2004 年版。
罗传贤：《行政程序法论》，五南图书出版股份有限公司 2000 年版。
罗豪才：《行政法论丛》（第 6 卷），法律出版社 2003 年版。
马怀德：《行政程序法研究——〈行政程序法〉草案建议稿及理由说明》，法律出版社 2005 年版。
《马克思恩格斯全集》（第 1 卷），人民出版社 1972 年版。
马新福：《法理学》，科学出版社 2004 年版。
马新彦：《美国财产法与判例研究》，法律出版社 2001 年版。
梅夏英：《财产权构造的基础分析》，人民法院出版社 2002 年版。

裴广川：《环境伦理学》，高等教育出版社 2002 年版。
皮纯协：《新土地管理法的理论和适用》，法律出版社 2000 年版。
秦明周：《美国的土地利用与管制》，科学出版社 2004 年版。
秦鹏：《资源循环利用法律制度研究》，光明日报出版社 2010 年版。
全国人大常委会法制工作委员会经济法室等：《中华人民共和国城乡规划法解说》，知识产权出版社 2008 年版。
沈开举：《行政补偿法研究》，法律出版社 2004 年版。
沈守愚：《土地法学通论》，中国大地出版社 2002 年版。
沈宗灵：《法理学》，高等教育出版社 1994 年版。
史际春、邓峰：《经济法总论》，法律出版社 1998 年版。
世界环境与发展委员会：《我们共同的未来》，吉林人民出版社 1997 年版。
宋雅芳：《行政规划的法治化：理念与制度》，法律出版社 2009 年版。
苏力：《法治及其本土资源》，中国政法大学出版社 1996 年版。
孙宪忠：《德国当代物权法》，法律出版社 1997 年版。
孙笑侠：《法的现象与观念》，山东人民出版社 2001 年版。
台湾行政法学会：《行政法争议问题研究》，五南图书出版股份有限公司 2000 年版。
唐华俊等：《中国土地资源可持续利用的理论与实践》，中国农业科技出版社 2000 年版。
童明：《政府视角的城市规划》，中国建筑工业出版社 2005 年版。
汪劲：《环境法的理念与价值追求》，法律出版社 2000 年版。
汪劲：《环境法律的解释：问题与方法》，人民法院出版社 2006 年版。
汪劲：《中国环境影响评价制度比较研究——环境与开发决策的正当法律程序》，北京大学出版社 2006 年版。
汪秀莲、王静：《日本韩国土地管理法律制度与土地利用规划制度及其借鉴》，中国大地出版社 2004 年版。
汪振江：《农村土地产权与征收补偿问题研究》，中国人民大学出版社 2008 年版。
王克稳：《经济行政基本论》，北京大学出版社 2004 年版。
王名扬：《美国行政法》（下册），中国法制出版社 1995 年版。
王树义：《俄罗斯生态法》，武汉大学出版社 2001 年版。
王万茂：《土地利用规划学》，科学出版社 2006 年版。

王卫国：《中国土地权利研究》，中国政法大学出版社 1997 年版。
王文革：《城市土地配置利益博弈及其法律调整》，法律出版社 2008 年版。
王文革：《城市土地市场供应法律问题》，法律出版社 2005 年版。
王曦：《国际环境法》，法律出版社 1998 年版。
王曦：《美国环境法概论——执行与管理》，汉兴书局有限公司 1999 年版。
王雨本：《法制·法治》，中国人民公安大学出版社 1998 年版。
魏一鸣等：《中国可持续发展管理理论与实践》，科学出版社 2005 年版。
翁岳生：《行政法》，中国法制出版社 2002 年版。
邬沧萍、侯东民：《人口、资源、环境关系史》，中国人民大学出版社 2005 年版。
肖国兴、肖乾刚：《自然资源法》，法律出版社 1999 年版。
谢邦宇：《行为法学》，法律出版社 1993 年版。
谢哲胜：《财产法专题研究（三）》，中国人民大学出版社 2004 年版。
杨国荣：《伦理与存在——道德哲学研究》，上海人民出版社 2002 年版。
杨惠：《土地用途管制法律制度研究》，法律出版社 2010 年版。
杨建顺：《日本行政法通论》，中国法制出版社 1998 年版。
杨奕华：《法律人本主义——法理学研究诠释》，汉兴书局有限公司 1997 年版。
叶俊荣：《环境行政的正当法律程序》，三民书局 1997 年版。
叶俊荣：《环境政策与法律》，中国政法大学出版社 2003 年版。
张兵：《城市规划实效论》，中国人民大学出版社 1998 年版。
张弘：《中国土地发展权研究：土地开发与资源保护的新视角》，中国人民大学出版社 2004 年版。
张宏生、谷春德：《西方法律思想史》，北京大学出版社 1999 年版。
张康之：《寻求公共行政的伦理视角》，中国人民大学出版社 2002 年版。
张坤民：《可持续发展论》，中国环境科学出版社 1997 年版。
张文显：《二十世纪西方法哲学思潮研究》，法律出版社 1998 年版。
张文显：《法理学》，法律出版社 1996 年版。
张文显：《法学基本范畴研究》，中国政法大学出版社 1993 年版。
张文显：《法哲学范畴研究》，中国政法大学出版社 2001 年版。
张占录、张正锋：《土地利用规划学》，中国人民大学出版社 2006 年版。
赵国青：《外国环境法选编》（第 1 辑上册），中国政法大学出版社 2000 年版。

赵汀阳：《论可能生活》，三联书店 1994 年版。

赵烨等：《面向环境友好的土地资源管理模式研究》，中国环境科学出版社 2006 年版。

中国人民大学宪政与行政法治研究中心：《宪政与行政法治评论》，中国人民大学出版社 2004 年版。

中国社会科学院环境与发展研究中心：《中国环境与发展评论》（第 2 卷），社会科学文献出版社 2004 年版。

周永坤：《法理学》，法律出版社 2004 年版。

卓泽渊：《法的价值论》，法律出版社 2006 年版。

卓泽渊：《法理学》，法律出版社 1998 年版。

2. 中文译著

[奥] 凯尔森：《法与国家的一般理论》，沈宗灵译，中国大百科全书出版社 1996 年版。

[奥] 米瑟斯：《自由与繁荣的国度》，韩光明等译，中国社会科学出版社 1995 年版。

[澳] 辛格：《动物解放》，孟祥森等译，光明日报出版社 1999 年版。

[德] 贝克：《风险社会》，何博闻译，译林出版社 2004 年版。

[德] 贝克：《世界风险社会》，吴英姿、孙淑敏译，南京大学出版社 2004 年版。

[德] 哈贝马斯：《在事实与规范之间》，童世骏译，三联书店 2003 年版。

[德] 洪堡：《论国家的作用》，林荣远等译，中国社会科学出版社 1998 年版。

[德] 考夫曼：《法律哲学》，刘幸义等译，法律出版社 2004 年版。

[德] 柯武刚、史漫飞：《制度经济学》，韩朝华译，商务印书馆 2004 年版。

[德] 拉伦茨：《法学方法论》，陈爱娥译，商务印书馆 2003 年版。

[德] 毛雷尔：《行政法学总论》，高家伟译，法律出版社 2000 年版。

[德] 平纳特：《德国普通行政法》，朱林译，中国政法大学出版社 1999 年版。

[德] 韦伯：《经济·诸社会领域及权力》，李强译，三联书店 1998 年版。

[德] 魏德士：《法理学》，丁小春、吴越译，法律出版社 2003 年版。

[德] 沃尔夫等：《行政法》（第 2 卷），高家伟译，商务印书馆 2002 年版。

[德] 沃尔夫：《物权法》，吴越、李大雪译，法律出版社 2002 年版。

［法］巴斯夏：《财产、法律与政府——巴斯夏政治经济学文萃》，秋风译，贵州人民出版社 2002 年版。

［法］狄骥：《公法的变迁》，郑戈、冷静译，辽海出版社 1999 年版。

［法］狄骥：《宪法学教程》，王文利等译，辽海出版社版、春风文艺出版社 1999 年版。

［法］卢梭：《社会契约论》，何兆武译，商务印书馆 1980 年版。

［法］孟德斯鸠：《论法的精神》，张雁深译，商务印书馆 1963 年版。

［法］史怀泽：《敬畏生命》，陈泽环译，上海社会科学出版社 1996 年版。

［古希腊］亚里士多德：《尼各马可伦理学》，廖申白译，商务印书馆 2005 年版。

［韩］金东熙：《行政法（I）》，赵峰译，中国人民大学出版社 2008 年版。

［荷］斯宾诺莎：《伦理学》，贺麟译，商务印书馆 1983 年版。

［加］米切尔：《资源与环境管理》，蔡运龙等译，商务印书馆 2004 年版。

［美］奥斯本、盖布勒：《改革政府：企业精神如何改革著公营部门》，周敦仁等译，上海译文出版社 1996 年版。

［美］奥托兰诺：《环境管理与影响评价》，郭怀成等译，化学工业出版社 2004 年版。

［美］巴洛维：《土地资源经济学——不动产经济学》，谷树忠等译，北京农业大学出版社 1989 年版。

［美］贝勒斯：《法律的原则——一个规范的分析》，张文显等译，中国大百科全书出版社 1996 年版。

［美］彼彻姆：《哲学的伦理学》，雷克勤译，中国社会科学出版社 1990 年版。

［美］波斯纳：《法律的经济分析》，蒋兆康译，中国大百科全书出版社 1997 年版。

［美］伯尔曼：《法律与宗教》，梁治平译，三联书店 1991 年版。

［美］博登海默：《法理学——法律哲学与法律方法》，邓正来译，中国政法大学出版社 2004 年版。

［美］博恩斯坦：《东西方的经济计划》，朱泱等译，商务印书馆 1980 年版。

［美］布坎南：《自由、市场和国家》，吴良健译，北京经济学院出版社 1988 年版。

［美］德沃金：《认真对待权利》，信春鹰等译，中国大百科全书出版社

1998 年版。

［美］邓津、林肯：《定性研究：策略与艺术》，风笑天等译，重庆大学出版社 2007 年版。

［美］杜博斯、沃德：《只有一个地球》，《国外公害丛书》编委会译，吉林人民出版社 1997 年版。

［美］弗兰克纳：《伦理学》，关键译，三联书店 1987 年版。

［美］弗里德曼：《法律制度——从社会科学角度观察》，李琼英等译，中国政法大学出版社 1994 年版。

［美］福山：《诚信：社会德性与繁荣的创造》，立绪文化事业出版有限公司 1998 年版。

［美］盖尔霍恩、利文：《行政法和行政程序概要》，黄列译，中国社会科学出版社 1996 年版。

［美］哈威：《都市土地经济学》，韩乾译，五南图书出版股份有限公司 2004 年版。

［美］汉考克：《环境人权：权力、伦理与法律》，李隼译，重庆出版社 2007 年版。

［美］亨金、罗森塔尔：《宪政与权利》，郑戈等译，三联书店 1996 年版。

［美］卡拉布雷西、罗比特：《悲剧性选择——对稀缺性资源进行悲剧性分配时社会所遭遇到的冲突》，徐品飞等译，北京大学出版社 2005 年版。

［美］科恩：《论民主》，聂崇信等译，商务印书馆 1998 年版。

［美］兰德尔：《资源经济学》，施以正译，商务印书馆 1989 年版。

［美］利奥波德：《沙乡年鉴》，侯文蕙译，吉林人民出版社 1997 年版。

［美］林德布洛姆：《决策过程》，祝乾威、胡君芳译，上海译文出版社 1998 年版。

［美］罗尔斯：《正义论》，何怀宏等译，中国社会科学出版社 1988 年版。

［美］马瑟：《土地利用》，国家土地管理局土地利用规划司译，中国财政经济出版社 1991 年版。

［美］梅萨罗维克、［德］佩斯特尔：《人类处于转折点：给罗马俱乐部的第二个报告》，梅艳译，三联书店 1987 年版。

［美］米都斯：《增长的极限》，李宝恒译，吉林人民出版社 1997 年版。

［美］纳什：《大自然的权利》，杨通进译，青岛出版社 1999 年版。

［美］诺内特、塞尔兹尼克：《转变中的法律与社会》，张志铭译，中国政法大学出版社 1994 年版。

［美］诺齐克：《无政府、国家与乌托邦》，王建凯译，中国社会科学出版社 1991 年版。

［美］诺斯：《制度、制度变迁与经济绩效》，刘守英译，三联书店 1994 年版。

［美］庞德：《通过法律的社会控制——法律的任务》，沈宗灵、董世忠译，商务印书馆 1984 年版。

［美］乔治：《进步与贫困》，吴良健、王翼龙译，商务印书馆 1995 年版。

［美］萨缪尔森、诺德豪斯：《经济学》，萧琛等译，华夏出版社 1999 年第 16 版。

［美］萨托利：《民主新论》，冯克利等译，东方出版社 1993 年版。

［美］施瓦茨：《行政法》，徐炳译，群众出版社 1986 年版。

［美］泰坦伯格：《环境与自然资源经济学》，严旭阳译，经济科学出版社 2003 年版。

［美］托马斯：《公共决策中的公民参与：公共管理者的新技能与新策略》，孙柏瑛等译，中国人民大学出版社 2005 年版。

［美］韦灵克：《何时干预—为何干预—如何干预—干预多少：取决于各自国情与文化传统的差异》，载［美］斯蒂格利茨《政府为什么干预经济——政府在市场经济中的角色》，郑秉文译，中国物资出版社 1998 年版。

［美］魏伊丝：《公平的对待未来人类》，汪劲等译，法律出版社 2000 年版。

［美］沃尔夫：《市场或政府——权衡两种不完善的选择》，谢旭译，中国发展出版社 1994 年版。

［美］沃森：《民法法系的演变及形成》，中国政法大学出版社 1992 年版。

［美］珍妮特、罗伯特：《新公共服务：服务，而不是掌舵》，丁煌译，中国人民大学出版社 2004 年版。

［日］出云谕明：《毁灭的繁衍》，中国环境科学出版社 2002 年版。

［日］川岛武宜：《现代化与法》，林荣远译，华夏出版社 2002 年版。

［日］大须贺明：《生存权论》，林浩译，法律出版社 2001 年版。

［日］千叶正士：《法律多元：从日本法律文化迈向一般理论》，强世功等译，中国政法大学出版社 1997 年版。

[日] 室井力:《日本现代行政法》,吴微译,中国政法大学出版社 1995 年版。

[日] 岩佐茂:《环境的思想与伦理》,冯雷等译,中央编译出版社 2006 年版。

[日] 盐野宏:《行政法》,杨建顺译,法律出版社 1999 年版。

[印] 莫达克、[墨] 毕斯瓦斯:《发展中国家的环境影响评价》,吴延熊等译,中国林业出版社 2000 年版。

[英] 鲍曼:《立法者与阐释者——论现代性、后现代性与知识分子》,洪涛译,上海人民出版社 2000 年版。

[英] 菲利普斯:《保护区管理规划指南》,陈红梅、喻惠群译,中国环境科学出版社 2005 年版。

[英] 哈耶克:《法律、立法与自由》(第 1 卷),邓正来等译,中国大百科全书出版社 2000 年版。

[英] 哈耶克:《通往奴役之路》,王明毅等译,中国社会科学出版社 1997 年版。

[英] 哈耶克:《自由秩序原理》,邓正来译,三联书店 1997 年版。

[英] 霍布豪斯:《自由主义》,朱曾汶译,商务印书馆 1986 年版。

[英] 劳森、拉登:《财产法》,施天涛等译,中国大百科全书出版社 1998 年版。

[英] 洛克:《政府论》,叶启芳等译,商务印书馆 1964 年版。

[英] 麦考密克、[奥] 魏因伯格:《制度法论》,周叶谦译,中国政法大学出版社 1994 年版。

[英] 莫法特:《可持续发展——原则、分析和政策》,宋国君译,经济科学出版社 2002 年版。

[英] 穆勒:《政治经济学原理及其在社会哲学上的若干应用》,胡企林、朱泱译,商务印书馆 1991 年版。

[英] 韦德:《行政法》,徐炳译,中国大百科全书出版社 1997 年版。

[英] 沃克:《牛津法律大辞典》,北京社会与科技发展研究所译,光明日报出版社 1988 年版。

3. 中文论文

Lonsdale:《东西方环境观的追溯与比较》,张范译,《世界环境》2001 年第 4 期。

Richard Deakin：《土地规划体制提升英国土地价值》，《资源与人居环境》2009 年第 7 期。

《2005 年中国荒漠化和沙化状况公报》，http：//www. china. com. cn/policy/txt/2005-06/14/content_ 5889215. htm，2005 年 6 月 14 日。

《2008 年国土资源公报》，http：//www. mlr. gov. cn/wszb/20090331bzzbhxdzzk/beijingziliao/200903/t20090331_ 117345. htm，2009 年 3 月 31 日。

《“规划跟着领导走”：“圈地”热潮之惊人背后》，《人民日报》2004 年 4 月 23 日。

《安徽两地拟买卖建设用地指标》，http：//news. sina. com. cn/c/sd/2010-11-04/015321409567_ 2. shtml，2010 年 11 月 4 日。

《地方政府“土地财政”不可持续》，《人民日报》2010 年 12 月 27 日。

《公众参与城市规划困难重重需要法律保障》，《中国青年报》2009 年 8 月 20 日。

《关于整治土地闲置问题的调研报告》，http：//jngtzy. gov. cn/html/gtjb/201010239637791. html，2010 年 10 月 23 日。

《国内两月飙 10 个“地王”楼市形成新一轮泡沫》，http：//house. focus. cn/news/2009-07-02/704927. html，2009 年 7 月 2 日。

《国土资源部强调：“小产权房”不受法律保护》，http：//news. sohu. com/20081113/n260622695. shtml，2008 年 11 月 13 日。

《国务院通报武隆地质灾害事故人为责任处理情况》，http：//news. sina. com. cn/c/2001-07-24/311085. html，2001 年 7 月 24 日。

《湖南十五年建成岳麓山大学城》，《中国教育报》2001 年 3 月 22 日。

《基本农田“易地代保”紧急叫停》，http：//money. 163. com/economy2003/editor_ 2003/040618/040618_ 211636. html，2004 年 6 月 18 日。

《建立规范专家论证制度“专家论证”不能成“无责论证”》，http：//www. china. com. cn/chinese/zhuanti/2005lh/807716. htm，2005 年 4 月 9 日。

《建设用地的经济学分析》，http：//www. tdzyw. com/2010/0804/2764. html，2010 年 8 月 4 日。

《全国尽是“国际化大都市”》，http：//www. chinadaily. com. cn/hqpl/zggc/2010-06-23/content_ 488534. html，2010 年 6 月 23 日。

《全国土地利用总体规划纲要（2006-2020 年）》，http：//www. mlr. gov. cn/xwdt/jrxw/200810/t20081024_ 111040. htm，2008 年 10 月 24 日。

《陕西将建西部大学城》，《南方日报》1999 年 12 月 13 日。
《土地多头管理弊端显现 开始进“国标时代”》，http：//www. ce. cn/cy-sc/fdc/fc/200709/05/t20070905_ 12792435. shtml，2007 年 9 月 5 日。
《土地规划法立法提速 据称将于明年递交审议》，http：//www. china. com. cn/law/txt/2008-09/09/content_ 16415644. htm，2008 年 9 月 9 日。
《我国土壤重金属污染防治成难题 资金投入有限》，http：//news. xhby. net/system/2011/03/02/010884193. shtml，2011 年 3 月 2 日。
《我省进一步规范土地用途分类管理》，http：//www. fuzhou. gov. cn/zfb/xxgk/fzdt/bmdt/200911/t20091112_ 61919. htm，2009 年 11 月 12 日。
《五大因素掣肘规划环评步履维艰》，《法制日报》2006 年 2 月 14 日。
《厦门投资千万元车站成摆设 专家称前期论证不足》，《中国青年报》2010 年 12 月 09 日。
《先要查清家底——全国土壤现状调查情况综述》，《中国环境报》2006 年 12 月 28 日。
《新拆迁条例难产揭困局：集体土地流转何时放开》，http：//news. sznews. com/content/2011-01/06/content_ 5234332_ 2. htm，2011 年 1 月 6 日。
《沂水县招商引资优惠政策》，http：//www. fuguanzhuang. gov. cn/Read-News. asp？NewsID=747，2008 年 4 月 1 日。
《中国刹车“开发区热” 逾七成开发区被清理撤消》，http：//founder. china. cn/human/human/2007-04/19/content_ 1554195. htm，2007 年 4 月 19 日。
《专家不负责的“论证”要承担法律责任》，《工人日报》2005 年 9 月 1 日。
《总投资近 10152 亿元的 7555 个建设项目中 45% 为重大风险源 化工石化业存在严重布局性环境风险》，《中国环境报》2006 年 7 月 12 日。
安徽省人民政府法制办公室：《土地征收行政复议实务研究》，http：//www. chinalaw. gov. cn/article/dfxx/zffzdt/201006/20100600255126. shtml，2010 年 6 月 2 日。
毕凌岚、黄光宇：《对现行城市土地利用规划的生态反思》，《城市规划汇刊》2003 年第 5 期。
蔡银莺、张安录：《规划管制下基本农田保护的经济补偿研究综述》，《中国人口·资源与环境》2010 年第 7 期。
蔡玉梅等：《FAO 土地利用规划研究进展述评》，《地理科学进展》2005

年第1期。

操小娟：《浅谈土地使用的法律控制》，《中国环境管理》2001年第1期。

曹建海：《中国的土地制度解析及改革建议》，《中国地产市场》2004年第5期。

曹明德：《法律生态化趋势初探》，《现代法学》2002年第2期。

陈斌等：《土地利用规划管理体制建设的城乡比较——以重庆市为例》，《华中农业大学学报》（社会科学版）2009年第6期。

陈春生：《行政裁量之研究》，载陈春生《行政法之学理与体系（一）——行政行为形式论》，三民书局1996年版。

陈德敏、王华兵：《中国资源安全法律保障与现行关联法律配合协调的现实性》，《中国人口·资源与环境》2007年第1期。

陈和平等：《浙江突发性山地水土灾害与土地利用类型的相关性研究》，《浙江大学学报》（农业与生命科学版）2002年第1期。

陈江龙等：《农地非农化效率的空间差异及其对土地利用政策调整的启示》，《管理世界》2004年第8期。

陈美球等：《澳大利亚维多利亚土地利用规划模式及其启示》，《江西农业大学学报》（社会科学版）2008年第1期。

陈美球等：《试论土地伦理及其实践途径》，《中州学刊》2006年第5期。

陈清秀：《行政计划制定之手续与行政救济》，《行政诉讼之理论与实务》，三民书局1994年版。

陈泉生：《论科学发展观与法律的生态化》，《法学杂志》2005年第5期。

陈胜海：《简论江苏省耕地占补平衡潜力及机制》，《资源·产业》，2003年第2期。

陈希勇：《农村土地社会保障功能：困境及其对策分析》，《农村经济》2008年第8期。

陈秀芝等：《农地非农化与可持续土地利用规划——基于农地非农化调控机制的分析》，《西北农林科技大学学报》（社会科学版）2004年第5期。

陈银蓉等：《城市化过程中土地利用总体规划与城市规划协调的思考》，《中国人口·资源与环境》2006年第1期。

陈银蓉等：《城市土地利用总体规划实施评价研究》，《中国人口·资源与环境》2006年第6期。

成媛媛：《德国城市规划体系及规划中的公众参与》，《江苏城市规划》

2006 年第 8 期。
程效东、李瑞华：《城市化进程中的可持续土地利用研究》，《江西农业大学学报》（社会科学版）2004 年第 1 期。
仇保兴：《从法治的原则来看〈城市规划法〉的缺陷》，《城市规划》2002 年第 4 期。
储亚平：《制定〈土地规划法〉促进土地合法利用》，《中国房地产报》2007 年 3 月 15 日。
戴小平、陈红春：《城市规划的制度作用与制度创新》，《城市规划》2001 年第 2 期。
但承龙：《代际公平原则与可持续土地利用规划——南京市的事例研究》，《中国人口·资源与环境》2004 年第 2 期。
党国英：《让土地规划管理真正实现法制化》，《中国国土资源报》2010 年 5 月 11 日。
邓伟志、董祚继：《土地规划的三大核心理念》，《中国土地》2010 年第 4 期。
邓伟志、李叔君：《土地的生态价值与制度安排——论人与土地的和谐共处》，《社会科学战线》2008 年第 4 期。
杜金锋、冯长春：《当前中国土地利用总体规划实施评价中主要问题研究》，《中国土地科学》2008 年第 10 期。
杜宇：《再论刑法上之类型化思维——一种基于“方法论”的扩展性思考》，《法制与社会发展》2005 年第 6 期。
冯敬尧：《公众参与机制研究——以环境法律调控为视角》，载王树义《环境法系列专题研究》（第 1 辑），科学出版社 2005 年版。
冯蕾：《城乡规划法将改变“一任领导一个规划”》，《光明日报》2007 年 5 月 9 日。
付健、权大国：《我国土地利用规划法律制度探析》，《广西教育学院学报》2006 年第 4 期。
付景远：《农民失地“补钱”不如“给权”——基于农民失地后的社会性问题分析》，《农业与技术》2006 年第 4 期。
甘臧春：《〈土地管理法〉的修订与自然资源立法的发展趋势》，《中国法学》1999 年第 1 期。
高秦伟：《正当行政程序的判断模式》，《法商研究》2004 年第 4 期。
高思大：《行政计划与行政诉讼》，载中国台湾地区司法院《司法研究年报·第十三辑（下）》，1992年印行。

高毅存：《美国的规划法制体系》，《北京规划建设》2008年第2期。

弓春芳：《对我国当前土地规划的理性思考》，《山西农业大学学报》2006年第6期。

龚海珍：《析〈规划环境影响评价条例〉》，《时代法学》2010年第1期。

谷树忠：《试论中国资源安全问题》，《中国科学报》1998年12月2日。

顾吾浩：《农村集体土地市场化运作研究》，《上海市经济管理干部学院学报》2008年第1期。

郭洁：《土地关系宏观调控规范若干问题探讨》，《政法论坛》2004年第2期。

郭庆珠：《行政规划变更的正当性及其法律规制》，《河北法学》2009年第4期。

郭旭东、陈利顶：《土地利用/土地覆盖变化对区域生态环境的影响》，《环境科学进展》1999年第6期。

郭勇：《土地利用总体规划与城市总体规划协调的问题与对策研究》，《广东土地科学》2009年第5期。

郭勇、马兵：《对可持续土地利用规划的理性思考》，《广东土地科学》2009年第6期。

郭正模：《土地供给市场化和土地管理模式的转型》，http：//www. sass. cn/news. asp？NewsID=1392，2004年11月5日。

郝铁川：《寻求权利与权力的合作互助》，《法制日报》2004年12月23日。

胡兰玲：《土地发展权论》，《河北法学》2002年第2期。

黄宏胜等：《土地利用规划体系探讨》，《江西农业大学学扱》（社会科学版）2003年第3期。

黄锦堂：《德国计划裁决程序引进我国之研究》，载翁岳生教授六秩诞辰祝寿论文集编委会《当代公法理论：翁岳生教授六秩诞辰祝寿论文集》，月旦出版社股份有限公司1993年版。

黄小虎：《土地财政问题出路何在?》，http：//www. zhgpl. com/crn-webapp/doc/docDetailCNML. jsp？docid=101470821，2010年10月11日。

黄幸婷、张坤：《土地规划中公众参与的行为选择及其影响因素》，《农村经济与科技》2012年第1期。

黄学贤：《行政计划比较研究》，《东吴法学》1999年号。

黄祖辉、汪晖：《非公共利益性质的征地行为与土地发展权的补偿》，《经济研究》2002 年第 5 期。

惠建利、李叶宏：《论土地利用规划的法律效力》，《华中农业大学学报》（社会科学版）2007 年第 6 期。

季金华：《宪政视角下的听证权初探》，《法学论坛》2005 年第 11 期。

季卫东：《法律程序的意义——对中国法制建设的另一种思考》，载季卫东《法治秩序的建构》，中国政法大学出版社 1999 年版。

姜志德：《土地资源可持续利用概念的理性思考》，《西北农林科技大学学报》（社会科学版）2001 年第 4 期。

揭南永、楼润苗：《废物倾倒场时刻威胁群众安全》，http：//www. lybs. com. cn/gb/node2/node802/node324504/node400967/node400969/user-object15ai5376428. html，2007 年 12 月 14 日。

金伟峰：《从"法定程序"走向"正当程序"》，《河南省政法管理干部学院学报》2003 年第 5 期。

金勇：《城市规划行政信赖保护制度的建立》，《城市规划》2005 年第 10 期。

鞠美庭、朱坦：《对我国环境影响评价中几个重要问题的思考》，《上海环境科学》2003 年第 12 期。

赖力、黄贤金：《全国土地利用总体规划目标与生态足迹评价研究》，《农业工程学报》2005 年第 2 期。

李昌麒、应飞虎：《论经济法的独立性——基于对市场失灵最佳克服的视角》，《山西大学学报》（哲学社会科学版）2001 年第 3 期。

李丰、崔丽：《温州"民告官"讨要通行权》，《中国青年报》2003 年 1 月 8 日。

李建良：《环境议题的形成与国家任务的变迁——"环境国家"理念的初步研究》，载城仲模教授祝寿论文集编辑委员会《宪法体制与法治行政：城仲模教授六秩华诞祝寿论文集》（第 1 册），三民书局 1998 年版。

李建良：《论环境保护与人权保障之关系》，http：//lw. china-b. com/fxzx/20090219/228138_ 1. html，2009 年 2 月 19 日。

李景刚等：《基于资源价值重构的土地可持续利用规划研究》，《中国人口·资源与环境》2006 年第 1 期。

李可：《类型思维及其法学方法论意义——以传统抽象思维作为参照》，《金陵法律评论》2003 年第 2 期。

李凌波：《行政规划基本范畴研究》，载罗豪才《行政法论丛》（第 8 卷），法律出版社2005年版。
李名扬、孙翔：《对我国控制性详细规划工作的若干思考——通过对美、德、日、中法定层面规划比较研究》，《中国建设信息》2005年第9期。
李树国、马仁会：《对我国土地利用分类体系的探讨》，《中国土地科学》2000年第1期。
李涛：《小产权房：中国城市化进程中的难解必解之题》，http://bj.house.sina.com.cn/other/2009-07-28/1432321720.html，2009年7月28日。
廖兴勇等：《关于上一轮县级土地利用总体规划中土地变化及生态环境效应的思考》，《中国农学通报》2006年第6期。
廖义男：《论行政计划之确定程序》，载廖义男《公共建设与行政法理》，自刊行，1994年。
林爱文等：《对我国新的土地分类体系问题的探讨》，《国土资源科技管理》2002年第3期。
林来梵：《针对国家享有的财产权——从比较法角度的一个考察》，《法商研究》2003年第1期。
林明锵：《行政计划法论》，《台大法学论丛》1996年第3期。
刘洪玉：《杭州土地收入占财政收入比重达202.4%》，http://www.caijing.com.cn/2010-11-10/110564274.html，2010年11月10日。
刘家海、蒋明杰：《对城市规划法若干问题的反思》，《学术论坛》2005年第7期。
刘瑞亮：《土地利用总体规划实施制度创新研究》，《广东土地科学》2009年第5期。
刘旭：《美国土地利用规划立法和编制的主要特点及其启示》，《国土资源导刊》2007年第3期。
刘艺等：《我国农村土地规划与管理中存在的问题及解决对策》，《农村经济与科技》2011年第12期。
刘宗德：《现代行政与计划法制》，载刘宗德《行政法基本原理》，学林文化事业有限公司1998年版。
柳意云等：《转型时期我国城市规划运作过程中的规划理性问题》，《城市规划学刊》2008年第5期。
陆冠尧等：《国外及中国台湾地区土地用途管制制度研究比较》，《中国农学通报》2005年第8期。

陆铭：《建设用地指标可交易：城乡和区域统筹发展的突破口》，《国际经济评论》2010 年第 2 期。

吕晓蓓、伍炜：《城市规划实施评价机制初探》，《城市规划》2006 年第 11 期。

罗丽丽：《国土规划的法律体系建构》，《西北工业大学学报》（社会科学版）2006 年第 3 期。

骆梅英：《行政计划的法律控制研究》，《重庆大学学报》（社会科学版）2005 年第 1 期。

马骧聪：《俄罗斯联邦的生态法学研究》，《外国法译评》1997 年第 2 期。

马晓萱：《德国奥地利规划体制及对空间规划的启示》，http：//www. tjcityplan. com/kcjl/gwkc/145849. htm，2006 年 5 月 19 日。

民盟中央：《关于加快我国土地规划立法提案》，《中国国土资源报》2007 年 3 月 6 日。

牛慧恩：《国土规划、区域规划、城市规划——论三者关系及其协调发展》，《城市规划》2004 年第 11 期。

欧名豪：《论土地利用规划控制的内容与特性》，《南京农业大学学报》（社会科学版）2001 年第 3 期。

欧名豪、湛明：《土地利用规划需要公众参与》，《中国土地》2001 年第 11 期。

欧名豪等：《试论土地伦理利用的基本原则》，《中国土地科学》2000 年第 5 期。

潘嫦英、刘卫东：《浅谈土地利用规划的环境影响评价》，《中国人口·资源与环境》2004 年第 2 期。

潘岳：《规划环评阻力来自利益冲突》，《人民日报》2007 年 11 月 8 日。

钱水苗：《循环经济的法理分析》，《2005 年中国法学会环境资源法年会论文集》。

秦明周：《土地利用分类及其用途管制研究》，《河南大学学报》（自然科学版）2000 年第 4 期。

曲福田等：《江苏省土地生态安全问题及对策研究》，《环境保护》2005 年第 2 期。

屈振辉：《人性与法域的断想》，《伦理学研究》2008 年第 3 期。

沈兵明等：《浅议土地利用与土地资源安全保护》，载谢俊奇、吴次芳

《中国土地资源安全问题研究》，中国大地出版社2004年版。

沈开举、程雪阳：《中国土地管理制度的改革与法治化》，http：//www.civillaw.com.cn/Article/default.asp？id=49800，2010年6月23日。

沈岿等：《传统行政法控权理念及其现代意义》，《中外法学》1999年第1期。

沈清基：《规划环境影响评价及城市规划的应对》，《城市规划》2004年第2期。

沈守愚：《论设立农地发展权的理论基础和重要意义》，《中国土地科学》1998年第1期。

生青杰：《论我国城市规划法的理论基础》，《郑州大学学报》（哲学社会科学版）2006年第4期。

施恩民等：《科学发展观与新一轮土地利用总体规划修编思考》，《国土资源科技管理》2008年第4期。

史育龙：《主体功能区规划与城乡规划、土地利用总体规划相互关系研究》，《宏观经济研究》2008年第8期。

宋国臣：《在农村集体土地承包中不可忽视用途管制——农村集体土地承包中相关法律适用问题探讨之三》，http：//www.caein.com/index.asp？xAction=xReadNews&NewsID=7436，2010年12月8日。

苏力：《法律活动专门化的法律社会学思考》，《中国社会科学》1994年第6期。

苏苗罕：《行政法视野中的规划咨询委员问题研究》，载罗豪才《行政法论丛》（第10卷），法律出版社2007年版。

苏苗罕：《行政计划诉讼问题研究》，《行政法学研究》2004年第3期。

苏腾、曹珊：《英国城乡规划法的历史演变》，《北京规划建设》2008年第2期。

孙艾青等：《基于粮食安全、经济发展和生态友好的土地规划环境影响评价——以太原市为例》，《国土与自然资源研究》2012年第1期。

孙道进：《“非人类中心主义”环境伦理学悖论》，《天府新论》2004年第5期。

孙向阳：《程序法和实体法的关系》，《河北法学》2001年第3期。

孙笑侠：《法律程序剖析》，《法律科学》1993年第6期。

孙笑侠：《论法律与社会利益——对市场经济中公平问题的另一种思考》，《中国法学》1995年第4期。

唐双娥、吴胜亮：《协调发展原则：一个新颖性的界定与阐述》，《社会科学家》2007 年第 6 期。

唐文玉：《土地利用规划中公众参与之探讨》，《国土资源导刊》2005 年第 1 期。

唐忠辉：《我国土地规划制度反思——一种利益衡平观》，《甘肃政法成人教育学院学报》2005 年第 1 期。

汪斌：《土地利用规划法律制度》，载徐祥民、吕忠梅《环境资源法论丛》（第 4 卷），法律出版社 2004 年版。

汪劲：《论现代西方环境权益理论中的若干新理念》，《中外法学》1999 年第 4 期。

王灿发、于文轩：《“圆明园铺膜事件”拷问我国环境影响评价法》，《环境与经济杂志》2005 年第 11 期。

王婵婵等：《容积率对城市住宅用地交易价格影响的定量研究——以南京市为例》，《资源科学》2009 年第 1 期。

王昉：《马克思的土地产权理论与传统中国社会农村地权关系》，《理论前沿》2008 年第 15 期。

王继恒：《法律生态化及其矛盾辨思》，《甘肃政法学院学报》2010 年第 4 期。

王军征：《关于实行耕地占补平衡制度的调查与思考》，《资源与人居环境》2010 年第 24 期。

王群、王万茂：《土地发展权与土地利用规划》，《国土资源》2005 年第 10 期。

王树义、桑东莉：《客观地认识环境法的调整对象》，《法学评论》2003 年第 4 期。

王万茂：《规划的本质与土地利用规划多维思考》，《中国土地科学》2002 年第 2 期。

王万茂：《土地用途管制的实施及其效益理性分析》，《中国土地科学》1999 年第 3 期。

王锡锌：《我国公共决策专家咨询制度的悖论及其克服——以美国〈联邦咨询委员会法〉为借鉴》，《法商研究》2007 年第 2 期。

王锡锌：《正当法律程序与“最低限度的公正”——基于行政程序角度之考察》，《法学评论》2002 年第 2 期。

王锡锌、辛永乐：《专家、大众与知识的运用——行政规则制定过程的一个分框架》，《中国社会科学》2003 年第 3 期。

王小映：《全面保护农民的土地财产权益》，《中国农村经济》2003 年第 10 期。

王晓川：《德国：城市规划公众参与制度陈述及案例》，《北京规划建设》2005 年第 6 期。

王兴平：《城市规划委员会制度研究》，《规划师》2001 年第 4 期。

文锐、吴宇哲：《〈土地利用现状分类〉实施对中国土地管理影响之管见》，《资源科学》2010 年第 4 期。

吴初国、张迪：《俄美印土地利用分类》，载厦门市土地学会《海外国土资源管理介绍》，2005 年印。

吴次芳、邵霞珍：《土地利用规划的非理性、不确定性和弹性理论研究》，《浙江大学学报》（人文社会科学版）2005 年第 4 期。

吴次芳、叶艳妹：《20 世纪国际土地利用规划的发展及其新世纪展望》，《中国土地科学》2000 年第 1 期。

吴惠林：《公共政策产生的理论基础、制定方式及其他》，《经济前瞻》1989 年第 16 期。

吴唯佳：《德国的城市规划法》，《国外城市规划》1996 年第 1 期。

吴卫星：《从协调发展到环境优先——中国环境法制的历史转型》，《河海大学学报》（哲学社会科学版）2008 年第 3 期。

吴卫星：《环境保护：当代国家的宪法任务》，《华东政法学院学报》2005 年第 6 期。

吴新叶：《理顺体制切实加强城市的规划管理——对国内 13 个城市的调查分析》，《城市问题》1998 年第 8 期。

吴郁玲、曲福田：《中国城市土地集约利用影响机理：理论与实证研究》，《资源科学》2007 年第 11 期。

吴志强：《德国城市规划的编制过程》，《国外城市规划》1998 年第 2 期。

吴忠民：《公正的两个基本边界》，《社会学家茶座》2003 年第 3 期。

武庆娟、陈利根：《加快土地规划立法的思考》，《浙江国土资源》2005 年第 11 期。

武庆娟等：《国外土地规划立法特点及对我国的启示》，《国土资源科技管理》2006 年第 3 期。

夏雨：《行政规划裁量论》，《北方法学》2009 年第 5 期。

相重扬：《关于〈中华人民共和国土地法（草案）〉的说明》，http://www.law-lib.com/fzdt/newshtml/20/20050720185651.htm，2005 年 7 月 20 日。

萧昌东：《“两规”关系探讨》，《城市规划汇刊》1998 年第 1 期。

肖力：《基本农田保护中的若干问题及对策》，《经济论坛》2005 年第 14 期。

邢锡芳：《土地规划和政府对私人不动产的侵权——从政府征地和土地管理法规条例谈美国土地规划的法律基础》，《北京规划建设》2006 年第 3 期。

熊文钊：《试论行政补偿》，《行政法学研究》2005 年第 2 期。

徐健等：《基于生态保护对土地利用分类系统未利用地的探讨》，《资源科学》2007 年第 2 期。

徐美玲、包存宽：《中国规划环境影响评价管理制度剖析》，《中国地质大学学报》（社会科学版）2010 年第 6 期。

徐祥民、张红杰：《生态文明时代的法理》，载张仁善《南京大学法律评论》，法律出版社 2010 年版。

许健、周文虎：《生态伦理观与法律本位》，《天津大学学报》（社会科学版）2007 年第 2 期。

许重光、陈贞：《从公共决策角度看规划评审》，http://www.shuigong.com/e/doprint/?classid=58&id=7170，2004 年 12 月 15 日。

薛志伟：《粗放利用浪费大量土地　我国城市建设用地面临总量失控结构失衡》，http://www.gxfdcw.com，2005 年 6 月 29 日。

严金明：《土地规划立法的导向选择与法律框架构建》，《中国土地科学》2008 年第 11 期。

严金明：《土地立法与〈土地管理法〉修订探讨》，《中国土地科学》2004 年第 1 期。

杨钢：《澳大利亚新南威尔士州的规划系统——环境规划》，《国外城市规划》1998 年第 3 期。

杨海坤：《中国行政程序法典化构想》，《法学评论》2003 年第 1 期。

杨建顺：《行政立法过程的民主参与和利益表达》，《法商研究》2004 年第 3 期。

杨述等：《北方农牧交错带土地利用变化及其生态环境效应》，《地理科学进展》2004 年第 6 期。

杨月兰、唐众：《土地利用总体规划的生态反思及启示》，《国土资源科技管理》2007 年第 1 期。

姚佐莲：《公用征收中的公共利益标准——美国判例的发展演变》，《环球法律评论》2006 年第 1 期。

应松年、薛刚凌：《论行政权》，《政法论坛》2001 年第 4 期。

於忠祥等：《论土地利用规划的理念创新》，http：//www. ahau. edu. cn/aistead/20050416pqper/2005041617. htm，2005 年 4 月 12 日。

虞红兵等：《土地利用总体规划指标管理市场机制引入初探》，《科技经济市场》2008 年第 3 期。

喻文莉、陈利根：《土地立法中公法与私法关系的解读》，《学术界》2009 年第 3 期。

袁治杰：《德国土地征收中的公共利益》，《行政法学研究》2010 年第 2 期。

岳健、张雪梅：《关于我国土地利用分类问题的讨论》，《干旱区地理》2003 年第 1 期。

越正群：《得知权理念及其在我国的初步实践》，《中国法学》2001 年第 3 期。

曾华璧：《台湾的环境治理（1950–2000）：基于生态现代化与生态国家理论的分析》，《台湾史研究》2008 年第 4 期。

詹启章：《从行政法学观点论日本行政计划制度》，台湾中兴大学 1986 年硕士学位论文。

张兵：《城市规划编制的技术理性之评析》，《城市规划汇刊》1998 年第 1 期。

张宏伟：《美国地方政府对区划法的修改》，《城市规划学刊》2010 年第 4 期。

张华发、阮存保：《论土地利用规划立法的必要性》，《安徽农业大学学报》2003 年第 5 期。

张舰：《土地使用权出让规划管理中“规划条件”问题研究》，《城市规划》2012 年第 3 期。

张千帆：《“公共利益”的困境与出路——美国公用征收条款的宪法解释及其对中国的启示》，《中国法学》2005 年第 5 期。

张松：《〈城市规划法〉修改的理论问题初探》，《城市规划》2000 年第 3 期。

张庭伟：《城市发展决策及规划实施问题》，《城市规划汇刊》2000 年第 3 期。

张庭伟：《构筑 21 世纪的城市规划法规》，《城市规划》2003 年第 3 期。

张庭伟：《美国规划机构的设置模式：分析与借鉴》，《规划师》1998 年第 3 期。

张晓松：《解读2006年度全国土地利用变更调查结果报告》，《资源与人居环境》2007年第9期。
张颖等：《关于城市总体规划与土地利用总体规划协调问题的探讨》，《南京农业大学学报》（社会科学版）2007年第1期。
张友安、郑伟元：《土地利用总体规划的刚性与弹性》，《中国土地科学》2004年第1期。
张泽想：《论行政法的自由意志——法律下的行政裁量权、参与及合意》，《中国法学》2003年第2期。
张兆福：《土地生态经济系统运行机制及其调控研究》，《生态经济》2006年第6期。
章剑生：《行政规划初论》，《法治研究》2007年第7期。
章群、牛忠江：《政府绩效评估法治化的制度逻辑——基于美国经验与本土资源整合的考察》，http：//www. chinaelections. org/NewsInfo. asp?NewsID=171535，2010年3月13日。
赵海霞等：《城市土地利用对植被特征影响的研究》，《地球科学进展》2002年第2期。
赵坷：《人地关系的伦理思考》，《山西农业大学学报》（社会科学版）2005年第4期。
赵小敏、郭熙：《土地利用总体规划实施评价》，《中国土地科学》2003年第5期。
赵艳博、林逢春：《中国规划环境影响评价发展现状与存在问题分析》，《能源与环境》2008年第5期。
赵燕华：《听而不证　流于形式——广州市民直言听证会贬值》，《报刊文摘》2002年10月27日。
赵勇、李敏：《试析公共政策评估主体的多元性》，《上海行政学院学报》2005年第6期。
郑玲、肖序：《非物质化理念：循环经济的理论基础和逻辑起点》，《求索》2008年第2期。
郑文武：《论深圳市城市规划委员会制度的改进措施》，载中国城市规划协会《城市规划面对面2005年城市规划年会论文集》，中国水利水电出版社2005年版。
周汉华：《起草〈政府信息公开条例〉（专家建议稿）的基本考虑》，载法苑精萃编辑委员会《中国行政法学精粹》（2003 年卷），机械工业出版社 2003 年版。

周珂等：《我国西部生态安全的法制保障》，《中国人民大学学报》2002 年第 4 期。

周文霞等：《土地利用规划环境影响评价的实例研究——以贵州省毕节地区为例》，《长江流域资源与环境》2009 年第 12 期。

朱春玉：《城市规划法律制度变革的趋势》，《河南师范大学》（哲学社会科学版）2007 年第 3 期。

朱建新：《行政决策专家论证制度研究》，《黑龙江省政法管理干部学院学报》2010 年第 2 期。

朱介鸣等：《城市土地规划与土地个体权益的关系——物权法对城市规划的深远影响》，《城市规划汇刊》2007 年第 4 期。

朱谦：《环境权问题：一种新的探讨路径》，《法律科学》2004 年第 5 期。

朱喜钢等：《〈物权法〉氛围中的城市规划》，《城市规划》2002 年第 12 期。

卓勇良：《建设用地的制度困境》，http：//www. chinavalue. net/media/article. aspx? articleid=15931，2007 年 11 月 15 日。

二、外文文献

Alstyne, "Cracks in 'The New Property', Adjudicative Due Process in the Administrative State", *Cornell Law Review*, No. 62, 1977.

Arrow, Fisher, "Environmental Preservation, Uncertainty, and Irreversibility", *Quarterly Journal of Economics*, No. 87, 1974.

Bates, *Environmental Law in Australia*, Butterworth Sydney Adelaide Brisbance Canberra Melbourne Perth, 1995.

Berlin, *Two Concepts of Liberty*, Oxford University Press, 1969.

Brooks, "The Legalization of Planning within the Growth of the Administrative State", *Administrative Law Review*, No. 31, 1979.

Callicot, *The Conceptual Foundations of the Land Ethic*, Environmental Philosophy: From Animal Rights to Radical Ecology, Michael E. Zimmerman, New Jersey: Prentico-Hall, 1993.

Changong, Senmonin, "Impact of Man Upon Local and Regional Weather", *Re-*

views of Geophysics and Space Physics, No. 17, 1979.

Cullingworth, *Planning in the USA: Policies, Issues, and Processes, Routledge*, 1997.

Cutler, "Statutory Designation and Administrative Planning: Complementary Approaches to Achieving Wilderness Objectives", *Idaho Law Review*, No. 16, 1980.

David, Michael, Trevor, *Assessing the Role of Land Use Planning in Natural Resource Management*, FIG Working Week, Greece, 2004.

Dror, "The Planning Process: A Facet Design", *International Review of Administrative Sciences*, No. 1, 1963.

Ellickson: "Alternatives to Zoning: Covenants, Nuisance Rules and Fines as Land Use Controls", *University of Chicago Law Review*, No. 4, 1973.

Engers, Smith, *Environmental Sciences*, Boston: Mc Graw Hill, 2004.

Fallon, "Some Confusions About Due Process, Judicial Review, and Constitutional Remedies", *Columbia Law Review*, No. 93, 1993.

FAO, *An International Framework for Evaluating Sustainable Land Management*, Rome: World Soil Resources Report, 1993.

FAO, *Planning for Sustainable Use Land Resources: Towards a New Approach*, Rome: Land and Water Bulletion, 1995.

Fierdich ed., *Authority, Reason, and Discretion in His Authority*, Harvard University Press, 1958.

Forestet, *Planning in the Face of Power*, University of California Press, 1989.

Harlow, Rawlings, *Law and Administration*, Weidenfeld and Nicolson, 1984.

Higdon, *A Guide to Land Use Classification for Georgia's Counties, Municipalities, and Regional Development Centers*, Georgia Department of Community Affairs Office of Coordinated Planning Executive, 1991.

Huizing, Bronsveld, "Interactive Multiple-Goal Analysis for Land Use Planning", *ITC Journal*, No. 4, 1994.

Jeremy, "Groves-Eric Helland, Zoning and the Distribution of Location Rents", *Land Economic*, No. 1, 2002.

Lord, Strauss, "Toffler. Natural Cities: Urban Ecology and the Restoration of Urban Ecosystems", *Virginia Environmental Law Journal*, No. 1, 2003.

Mandelker, *Land Use Law*, The Michie Company, 1988.

McAuslan, *The Ideologies of Planning Law*, Oxford: Pergamon Press, 1979.

Meadowcroft, "From Welfare State to Ecostate", In *John Barry and Robyn Eckersleyed* , The State and the Global Ecological Crisis, Cambridge: MIT Press, 2005.

Minnery, *Conflict Management in Urban Planning*, USA: Gower, 1985.

Misztal, *Trust in Modern Societies: The Search for the Bases of Social Order*, Polity Press, 1996.

Norton, "Environmental Ethics and Weak Anthropocentrism", *Environmental Ethics*, No. 6, 1984.

Regan, *The Case for Animal Rights*, Routledge, 1988.

Richard, Marianne, Ellen, "Does Discussion Enhance Rationality? A Reporter from Transportation Planning Practice", *Journal of the American Planning Association*, No. 4, 2003.

Riebsame, "Integrated Modeling of Land Use and Cover Changes", *Bioscience*, No. 5, 1994.

Roger, Bristow, *Land Use Planning in Hong Kong: History, Policies and Procedures*, Oxford University Press, 1984.

Spitz, *The Real World of Liberalism*, Chicago: University of Chicago Press, 1982.

Takings, "Compensation and Equal Treatment for Owners of Developed and Undeveloped Property", *Journal of Law and Economics*, No. 2, 1997.

Taylor, *Respect for Nature: A Theory of Environmental Ethics*, Princeton University Press, 1986.

Thomas, "The Public Use of Private Property" at "Taking Property and Just Compensation", *Kluwer Academic Publisher*, 1992.

Vanderziel, "The Hartfield Riders & Environmental Preservation: What Process is Due?" *Boston College Environmental Affiliation Law Review*, No. 431, 1991.

Vanlier, *Sustainable Land Use Planning*, New York: Elsevier, 1994.

William, *Land Use Planning: Techniques of Implementation*, Van No. Strand Reinhold, 1997.

Yandle, *Land Right: The 1990s Property Right Rebellio*, Rowman Littlefield Publisher, 1995.

三、判例

美国联邦最高法院，1992　505U. S. 1003，112S. Ct. 2886，120L. Ed. 2d 798.

美国联邦最高法院，1994　U. S. 114 S. Ct. 2309，129 L. Ed. 2d 304.

索　引

B

C

D

F

G

H

J

K

L

M

N

P

Q

S

T

W

X

Y

Z

后　记

在当前土地资源日渐匮乏、供需矛盾日益突出的中国，确保土地利用与经济、社会、生态之间的良好互动关系，已成为可持续发展战略的必然诉求。本书尤其关注土地利用、生态保护等热点、难点问题，并运用法学、管理学等跨学科研究方法，对土地规划管理、法制与生态问题进行更为深入的认知与发掘，期望为土地保护、规划管理提供些许的生态思路。但我深知这项研究仅仅是一个开端，书稿仍存有诸多不妥之处，这也预示着我将持之以恒地进行相关命题的探索。

回首十多年的求学与工作经历，在美丽的山城——重庆，我度过了人生最美妙的时代，也收获了人生最宝贵的财富。尤其是在西南政法大学、重庆大学的求学经历，让我深刻领悟了学习、研究既需要专一厚重的学科积淀，也需要融会贯通的门类交流。

2005 年，西南政法大学本科毕业后我被保送攻读本校宪法与行政法学硕士学位，师从文正邦教授。文老师治学严谨、平易近人，关心我的学业与生活，常常为我指点迷津。2008 年，我有幸被重庆大学陈德敏教授招至门下，继续攻读环境与资源保护法学博士学位。三载苦读岁月，老师关怀备至。我的博士学位论文的选题与完成无不凝聚着陈老师辛勤的付出。陈老师的渊博学识与扎实作风是我学习的榜样，时刻激励着我前行。2011 年，我顺利取得了博士学位并回到母校西南政法大学执教，有幸得到合作导师岳彩申教授的提携，进入博士后流动站从事经济法学的研究工作。岳老师敏锐、细致、谦逊、创新的学术研究风格深深感染着我，使我享益终生。书稿的付梓得益于岳老师的悉心指导与无微关怀。师恩厚重，我将永远铭记！

一路走来，我得到了太多的关爱与帮助。感谢西南政法大学管理学院曹大友院长、敖山书记、聂志毅副院长、张亚副书记、黄胜忠副院长、陈和平教授、范伟红教授、郑国洪教授、白胜副教授、李传宪副教授及全体同仁，你们对年轻教师的支持帮助每每让我感动不已。感谢秦鹏教授、汪太贤教授、谭宗泽教授、蒋后强教授、刘建民教授、孙兵副教授、王晓明博士、何洪涛博士、刘志强博士，你们的鞭策与鼓励是我奋进的动力。感谢同门挚友阳东成博士、阮李全博士、乔兴旺博士、董正爱博士、谭志雄博士、杜建勋博士、杜辉博士、孟甜博士等，亦友亦兄的真挚情谊必将随着岁月陈酿而越发浓厚。感谢同窗好友黄芳博士、周昌发博士、徐信贵博士、周伟萌博士、何培育博士、张荆博士、陈琛博士、王热博士等，朝夕相处的寒窗岁月与情同手足的真挚情谊，是如此珍贵。

感谢四位父母的关爱与呵护，从呱呱落地到长大成人，你们一直是我前进道路上最坚实的支持者，我无以为报，唯有将你们付出的心血化作无尽的动力。感谢我的夫人冯子轩女士，一路走来，因你的陪伴，促使我对生活、工作、学习充满了激情，回首我们共同的读博经历，虽然荆棘坎坷，但苦尽甘来的甜蜜将是我们一生的财富。

在此，原谅我无法逐一致谢生命中的每一份感动，但我对生活的感恩将铭刻于内心深处。光阴荏苒，唯愿在今后的岁月里辛勤耕耘、永不停息！

胡耘通

2013 年 3 月

于重庆